我国港口收费改革理论与实践

眭 凌 等 著

人民交通出版社股份有限公司
北京

内 容 提 要

本书基于港口收费理论,客观评价我国港口各项收费的现状,系统分析我国港口收费改革的实践历程,针对现行港口收费存在的问题,同时结合我国港口体制改革和发展趋势,并在借鉴国外典型国家港口收费经验的基础上,提出我国港口价格改革的总体思路、原则、主要内容、监管机制、价格指数编制等。

本书理论与实践并重,既有理论分析,又有方案设计,还有应用案例,对从事港口与航运管理、经营、研究的人员以及港口服务的相关人员具有参考价值。

图书在版编目(CIP)数据

我国港口收费改革理论与实践 / 眭凌等著. — 北京:人民交通出版社股份有限公司, 2020.12
ISBN 978-7-114-16856-7

Ⅰ. ①我⋯ Ⅱ. ①眭⋯ Ⅲ. ①港口使费—体制改革—研究—中国 Ⅳ. ①F552.5

中国版本图书馆 CIP 数据核字(2020)第 180019 号

Woguo Gangkou Shoufei Gaige Lilun yu Shijian

书　　名:	我国港口收费改革理论与实践
著 作 者:	眭 凌 等
责任编辑:	牛家鸣　闫吉维
责任校对:	孙国靖　扈 婕
责任印制:	张 凯
出版发行:	人民交通出版社股份有限公司
地　　址:	(100011)北京市朝阳区安定门外外馆斜街 3 号
网　　址:	http://www.ccpcl.com.cn
销售电话:	(010)59757973
总 经 销:	人民交通出版社股份有限公司发行部
经　　销:	各地新华书店
印　　刷:	北京交通印务有限公司
开　　本:	787×1092　1/16
印　　张:	13
字　　数:	269 千
版　　次:	2020 年 12 月　第 1 版
印　　次:	2020 年 12 月　第 1 次印刷
书　　号:	ISBN 978-7-114-16856-7
定　　价:	80.00 元

(有印刷、装订质量问题的图书由本公司负责调换)

《我国港口收费改革理论与实践》

编写委员会

主　任：王先进
副主任：欧阳斌　徐　萍

编　写　组

主　编：眭　凌　梁晓杰
成　员：田春林　崔彦博　黄起龙　马　博　余　静
　　　　王思远　王婉佼　刘晓雷　闫　磊　刘　毅
　　　　李燕霞　蒋桂芹　周艾燕　马睿君　李　琼
　　　　丁芝华　王海燕　李　胤　王熠琳　刘晓菲
　　　　张　琦

序

港口作为兼具公益性和经营性的基础设施,在收费管理方面具有特殊性,既需要政府的引导,又要引入市场化。党的十八届三中全会发布的《中共中央关于全面深化改革若干重大问题的决定》提出:"完善主要由市场决定价格的机制。凡是能由市场形成价格的都交给市场,政府不进行不当干预。推进水、石油、天然气、电力、交通、电信等领域价格改革,放开竞争性环节价格。政府定价范围主要限定在重要公用事业、公益性服务、网络型自然垄断环节,提高透明度,接受社会监督。完善农产品价格形成机制,注重发挥市场形成价格作用""大幅度减少政府对资源的直接配置,推动资源配置依据市场规则、市场价格、市场竞争实现效益最大化和效率最优化"。面临新的形势,港口亟须重点加强收费管理研究,着力解决政府在收费管理中的定位以及收费制度的贯彻与执行等问题,进一步适应港航事业发展的要求。2013年2月,交通运输部和国家发展改革委共同启动港口收费改革工作。至今,我国港口收费改革通过不断积极探索,与时俱进,取得显著成绩,且不断深化,建立健全了港口价格形成机制和管理体制。

本书是作者多年探索港口收费的成果集成,也是不断思考港口收费改革实践的结晶。全书共8章,具有以下特点:一是体系完整,内容丰富。既有理论研究,又有数据统计;既有对整个港口收费的综述,又有各个不同收费项目的分述;既有国内政策,又有国际惯例;既有情况介绍和政策说明,又有问题分析和改革取向;即讲收费管理,又讲体制改革。二是结合实际,操作性强。我们始终坚持理论与实践结合,政府、企业与科研机构互动。书中有对我国港口收费改革过程的洞察与思考,从港口在国民经济发展全局中的地位角度,全面、系统、准确地介绍我国港口收费管理的历史过程和当前执行的收费政策。为深入研究,作者及其团队亲身经历和直接参与近年来港口收费改革工作,主要科研人员长期借调在交通运输部水运局支持港口收费管理工作,对一些问题的理解更加透彻,感触也更加深刻。三是案例丰富,可读性强。通过80余次深入基层一线的调研,作者掌握了大量的数据和案例。通过理论、实践相结合的研究路径,本书指出我国港口收费存在的问题并提出切实可行的对策方案,为我国港口收费的改革提供理论依据和技术支撑。经过多年集中精力专门研究港口收费,作者对港口收费领域十分熟悉,对有关法律法规、政策内容理解到位,表述准确、简洁明了。本书的作者是包括我国《港口收费计费办法》在内的10个关于港口收费规范性文件的制定者之一,在《港口收费计费办法》的制定和修订的过程中,总共举办了20余次宣贯培训班,接触港口收费、管理一线人员近2000人次。为了便于读者理解本书内容,特将讲课效果比较好、反响强烈的案例分析及一些港口值得借鉴的做法纳入本书中,进一步增强了全书的可读性。

一直庆幸能够有机会参加港口收费改革工作,这对我来说是一种挑战,但更是一种机遇。感谢交通运输部水运局和国家发展改革委价格司领导的指导与支持,以及行业协会与港航企业广大同仁的理解与帮助。庆幸在这充满挑战与机遇的平凡工作中遇到了那么多热心的人,其中有我的亲人、领导、同事、朋友,甚至是素不相识的人,我衷心感谢他们,他们是我的"良师益友"。本书即将付梓,不胜感慨。七年来,为港口收费改革工作付出辛勤劳动的人实在是太多,而我从一个港口收费的门外汉,到今天能出版一本专著,得到了许多人的帮助,此刻一张张亲切的面容不停地浮现在我的脑海。在这个过程中,我们从事业的伙伴变为生活的朋友,这些经历扩大了我人生的视野,也都将融入我生命的历程。本书即将出版,但港口收费改革的工作还将继续,书中若存在任何纰漏与不足,请广大读者指正,待日后继续改正与完善。让本书的出版见证我们瑰丽的人生!

睢 凌

2019年6月11日

目录

第一章 港口收费理论研究 ························· 1
第一节 港口收费的分类依据及内涵 ················· 1
第二节 非经营服务性收费的理论分析 ················ 5
第三节 港口经营服务性收费的理论分析 ··············· 7
第四节 港口价格的形成和运行 ···················· 11
第五节 我国港口价格机制的内容与定价方法 ············· 16

第二章 港口收费项目和标准 ························ 22
第一节 港口收费分类 ························· 22
第二节 中央政府规定的各项收费 ··················· 28
第三节 企业制定港口收费标准的案例 ················ 45

第三章 我国港口收费的状况与评估 ···················· 64
第一节 收取与使用情况分析 ····················· 64
第二节 港口收费与营收情况分析 ··················· 77
第三节 现行港口收费运行机制存在的问题 ·············· 87

第四章 国外港口收费经验借鉴 ······················ 90
第一节 国外典型港口收费现状 ···················· 90
第二节 港口收费模式分类 ······················ 92
第三节 国外港口收费管理特点 ···················· 94
第四节 外贸本地箱与国际中转箱港口装卸费国内外对比分析 ····· 95
第五节 国外拖轮费比较分析研究 ··················· 98

第五章 我国港口价格改革的实践 ····················· 102
第一节 港口价格改革历程和发展趋势 ················ 102
第二节 港口价格改革方案的思路和原则 ··············· 119
第三节 港口价格改革方案的主要内容 ················ 119
第四节 利益相关方对港口价格改革方案的意见 ············ 127
第五节 港口价格改革内容的影响评估 ················ 133

第六章　港口价格监管研究 146
第一节　港口价格监管的必要性 146
第二节　港口价格监管现存问题 148
第三节　国外价格监管经验借鉴 149
第四节　港口价格监管内容 150

第七章　港口价格运行指数探索研究 152
第一节　价格指数研究综述 152
第二节　港口价格指数的建立 158
第三节　港口价格指数计算方法 161
第四节　样本选择与数据采集 165
第五节　指数编制和发布 169
第六节　集装箱港口作业价格指数编制 170

第八章　完善我国港口收费体系的保障措施 175
第一节　港口非经营性收费的改革措施建议 175
第二节　港口经营性收费（港口价格）的改革保障措施 176
第三节　港口价格监管对策建议 177
第四节　港口价格指数相关建议与保障措施 178

附录一　大连港船舶引航拖轮配备标准 182

附录二　交通运输部和国家发展改革委出台的与港口收费相关的规范性文件清单 192

参考文献 193

第一章

港口收费理论研究

第一节 港口收费的分类依据及内涵

一、港口收费的分类依据

1. 产品的分类

社会产品或服务可根据其在消费上是否存在竞争性、供应上是否存在排他性，以及是否具有外部利益等特征，划分为三种基本类型：公共物品、私人物品和准公共物品。

私人物品兼具供应的排他性和消费的竞争性，消费该类物品只对消费者个人的需求有影响。公共物品则不需要购买，在供应和消费上不具有排他性和竞争性，且在消费时具有外部或溢出效应。介于二者之间的是准公共物品。准公共物品与私人物品的共性在于消费具有排他性，在技术上可以限制消费，只让按价付款的人获得。准公共物品与私人物品的区别在于私人物品具有独立性，没有外部或溢出影响，而准公共物品的消费则不具有独立性，一个人的消费会对其他人的福利产生影响。

2. 港口设施产品属性分类

港口体制改革后，港口投资经营主体多元化，一部分产权关系转移到了私营部门手中，港口从纯公益性服务变为公益性服务与专业性服务相结合。特别是港口设施和港口服务的分离，使得部分港口设施又具有了一定的准公共物品属性。最终水运设施可大致划分为三类：第一类是具有纯公共产品属性的公用基础设施，如公用的航道、防波堤、疏港道路、锚地、公务码头等；第二类是准公共产品的码头水工建筑物、护岸、专用航道、信息系统等；第三类是纯私人产品的经营性设施，如生产性码头泊位、作业浮筒、仓库、堆场、机械、设备等。港口设施产品属性分类详见图1-1。

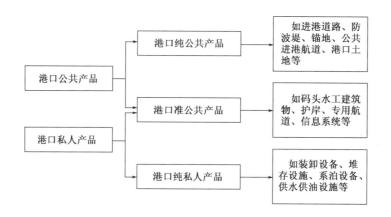

图 1-1　港口设施产品属性分类

二、港口收费的分类

根据《中华人民共和国价格法》(以下简称《价格法》)的有关规定,价格管理实行中央定价目录管理和地方定价目录管理,港口价格中央定价管理的相应定价权在交通运输部和国家发改委。港口企业要追求经济效益,需要针对不同的服务对象、服务内容制定多层次的价格结构,以期在可能的情况下实现利润最大化。港口又属于基础性产业,承担着一定的社会公益服务,要通过制定非经营性服务的收费项目和收费标准弥补公益服务和准公益服务的支出。

因此,根据港口设施经济属性的分类,可以将港口收费分为经营服务性收费和非经营服务性收费两大类,详见图 1-2。港口经营服务性收费,有时也称为港口价格,在我国是指依据《中华人民共和国港口法》(以下简称《港口法》)和《港口经营管理规定》等界定的港口经营的范围,即港口为船舶提供进出、停泊、靠(离)泊,旅客上下,货物装卸、驳运、储存和港口保安等服务收取的费用,包括《港口收费计费办法》规定的 11 项费用,用于港口私人产品的使用、维护和管理。港口非经营服务性收费,指与劳务和成本支出相关性不甚密切,依据政府权力、政府信誉、国家资源、国有资产或提供特定公共服务、准公共服务和管理需要收取的费用,用于满足社会公共需要或准公共需要的财政资金,是政府财政收入的重要组成部分。我国港口现阶段非经营性收费主要包括税收、政府性基金和行政事业性收费。税收包括船舶吨税;政府性基金包括港口建设费;行政事业性收费包括长江干线实行强制引航或移泊时的引航(移泊)费,用于港口公共产品和准公共产品的使用、维护和管理。

三、不属于港口收费的类别

口岸内发生的业务参与单位众多,进出口货物操作流程比较复杂,详见图 1-3、图 1-4。口岸内发生的收费包括政府性基金、行政事业性收费、经营服务性收费。经营服务性收费主体既有政府管理部门、事业单位,也有港口经营人、船公司、代理企业、口岸服务公司等。行业内外经常将一些其他收费误认为属于港口收费,详见图1-5。例如,"一关三检"和其他部门的口岸收费等。其实"一关三检"中的查验费是海关查验产生的费用,熏蒸费是为符合检疫检验要求产生的费用,报关费是海关报关产生的费用。

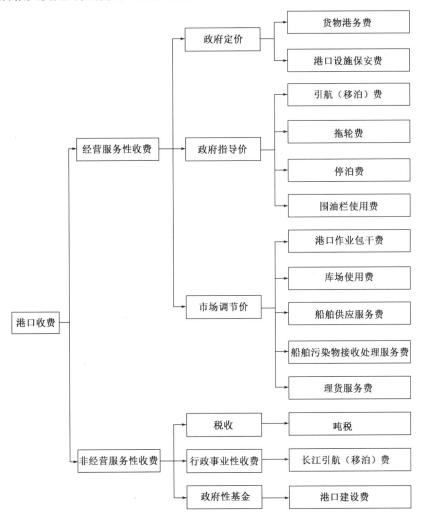

图1-2 港口收费分类

此外,许多以船公司作为征收主体的收费也被误认为是港口收费,例如码头操作费(TCH)、文件费、电放费、铅封费等。

还有一些船代和货代收取的费用,也都被误认为是属于港口收费。

实践中,港口经营人也经常会将这类收费与港口收费一起公示,这样更易引起误解。

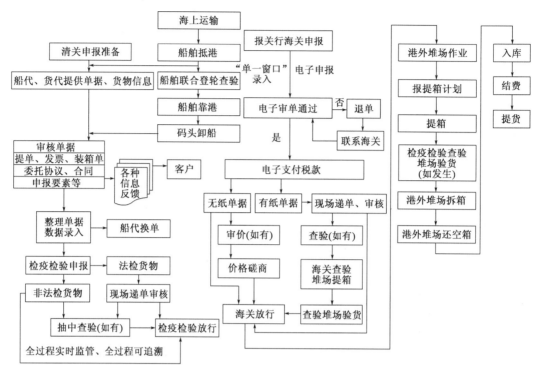

图1-3 进口货物操作流程图

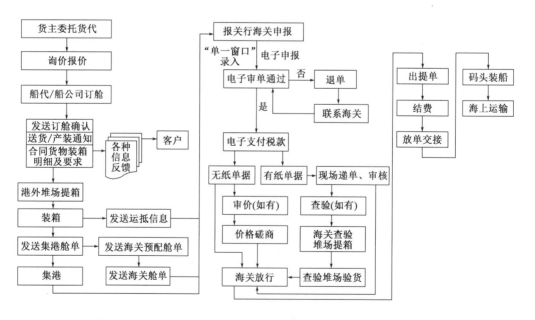

图1-4 出口货物操作流程图

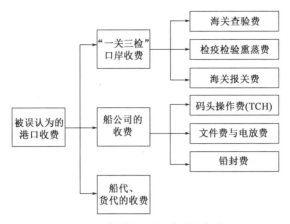

图 1-5 被误认为港口收费的类别

第二节 非经营服务性收费的理论分析

非经营服务性收费与港口公用基础设施建设具有紧密联系，为加强对港口收费的理解，本节将介绍港口公用基础设施的内涵。

一、港口基础设施属性分析

长期以来，航道、港口被看作是基础产业部门，其提供的服务是一种公益性服务，在国家经济发展中具有战略性地位和基础性作用，对于地区经济发展有着明显的带动效应，对于地方金融、信息、贸易、制造等行业发展具有积极促进作用。

一般来说，港口公用基础设施作为一种社会公益性基础设施，其公共物品特性主要表现在三个方面：

(1) 服务功能的基础性。港口公用基础设施作为水运服务的主要承载体，服务于港口生产、流通和消费各部门，并辐射拉动上下游众多相关产业部门，是国民经济发展运行的基础条件。

(2) 服务对象的公共性。港口公用基础设施服务于所有以航道、港口为平台载体运转的生产经营活动，其服务的对象和领域不受设施自身限制，具有广泛性。

(3) 服务效益的社会性。港口公用基础设施服务产生的巨大外部经济效益不易分割，具有较强的社会性和公益性。

二、港口公用基础设施维护管理的责任定位

港口整体上作为基础产业部门，其国民经济的基础性与战略性地位决定了政府始终应在港口的建设与发展中扮演重要角色，其提供服务的公益性特征决定了需要政府在管理和监管上有所作为。也就是说，港口公用基础设施所具有的明显的公共物品特性决定了其存在市场

机制失灵现象,不能完全按照市场竞争原则去进行资源配置,提供产品和服务,必须由政府在管理和提供服务上参与和监管,即港口公用基础设施维护和管理是政府天生职能之所在。政府代表的是公共利益,由政府履行港口公用基础设施维护管理职责,可避免市场提供服务的无效率和不公平问题。

三、港口领域中央与地方财政事权和支出责任的划分

港口公用基础设施维护管理涉及中央与地方的财政事权和支出责任,合理划分中央与地方财政事权和支出责任是政府有效提供基本公共服务的前提和保障,是建立现代财政制度的重要内容,是推进国家治理体系和治理能力现代化的客观需要。

国家有关财政事权的改革,明确了中央在财政事权确认和划分上的决定权,并适度加强中央政府承担基本公共服务的职责和能力,维护中央权威,同时调动和保护地方的积极性和主动性。在此基础上,明确了"体现国家主权、维护统一市场以及受益范围覆盖全国的基本公共服务由中央负责,地区性基本公共服务由地方负责,跨省(区、市)的基本公共服务由中央与地方共同负责"的划分原则,以及"谁的财政事权谁承担支出责任"的原则。

结合上述改革,以及港口作为服务国民经济社会发展重要的基础性、服务性行业的定位,中央政府在港口建设方面应当承担的事权及支出责任如下:

——作为全国性大通道的长江干线航道(含航道附属配套设施)、界河航道(含航道附属配套设施)作为中央事权纳入中央政府投资范畴。

——作为综合运输体系重要组成部分的内河高等级航道,由于跨区域、成网运输、服务长江经济带战略等特点,应纳入中央与地方共同事权,中央政府承担相应职责。

——对其他航道、航电枢纽和通航建筑物,考虑到水运网络效应和低成本比较优势的发挥,以及项目效益差、筹融资难度大、地方自有财力存在收支缺口等因素,中央资金应继续发挥相应的政策引导和转移性支付弥补作用。

——将沿海港口中辐射范围广、对区域经济贡献作用大、综合运输功能突出的重要港区❶的公用基础设施纳入中央与地方共同事权,以更好地引导港口集约化、规模化发展,避免资源的无序开发。

——500人以上岛屿中服务百姓出行的陆岛交通虽然作为地方事权应由地方承担支出责任,但考虑到基本公共服务均等化目标、大部分陆岛交通所处区域政府收支缺口的实际情况,中央资金可通过一般性转移性支付予以弥补。

四、政府性基金征收的公平与效率

政府性基金是我国非税财政收入的重要组成部分,是为支持特定公共基础设施建设和公

---

❶ 重要港区的基本特征:涉及国际民生、能源运输、外贸等运输功能、公益(公用)性强、规模较大、辐射范围跨区域、符合转型升级发展方向的港区。

共事业发展向公民、法人和其他组织无偿征收的具有专项用途的财政资金。根据港口公用基础设施的属性,以及目前财政保障能力,适合采用征收政府性基金方式筹集港口公用基础设施资金,既是解决未来港口发展资金供求矛盾日趋紧张的现实需要,也符合"谁使用,谁付费"的公平税负原则。

——公平。港口设施是重要的国家基础设施,港口设施的改善对于全体人民都是有益的,然而最主要的受益群体无疑是使用港口设施的货主,这一群体对于港口设施改善的要求更为迫切,因而对这一群体征收政府性基金以改善水运条件是较为公平的。

——效率。作为港口设施使用者缴纳基金最公平的方式应当是根据所有货主全部货物的重量吨或者体积吨精确计算,但不同征收对象征收成本不同,对非对外开放港口而言,港口分布较散、规模小,货主多为小微企业,征收量不大,如果纳入征收范围,征收成本比较高,征管难度比较大。因此,在设计征收范围时要考虑征收效率问题。

五、我国港口建设费的基本情况

为加快港口基础设施建设,国务院批准从1986年起,对经由对外开放港口的货物征收港口建设费,作为政府性基金管理,由港务局代征。2002年,港口管理体制改革将港务局拆分为港政管理部门和港口企业,港口建设费由港口企业和港政管理部门代征。港口建设费实行中央财政与代征单位分成,资金用于港口自身建设、港口公共基础设施建设以及海事、救助打捞等航运支持保障系统建设。

随着港口管理体制改革推进,港口企业作为自主经营、自负盈亏的市场主体,从自身利益出发,出现擅自减免、挤占、挪用、欠缴港口建设费等情况;随着财税体制改革不断深化,港口建设费返还港口企业的做法也与政府性基金管理的要求不相符。为此,2011年经国务院批准同意,对港口建设费征收使用政策进行调整:征收主体调整为交通运输部直属海事管理机构;支出主要用于港口公共基础设施、支持保障系统建设;征收标准统一下调20%;取消返还代征单位政策,实行中央与地方政府8:2比例分成,分别缴入相应级次国库。

第三节 港口经营服务性收费的理论分析

根据《中华人民共和国价格法》相关规定和港口收费的管理职能来看,港口经营服务性收费指的就是港口价格。港口价格是港口服务产品价值的货币表现,是港口企业付出相关服务收取费用的标准,是港口企业计算船舶、货物和旅客在港口发生的相关费用、取得生产及服务收入的重要手段。

港口价格是社会商品价格的重要组成部分,在一定程度上综合反映了港口生产发展状况,关系到整个社会再生产的顺利进行。研究港口价格首先要充分了解港口价格概念及内涵,具体表现在港口价格的职能及作用等方面。

一、港口价格的概念及其本质

价格是随着商品的交换、商品生产的发展和货币的出现而产生的,是价值形式发展的必然结果。无论是商品还是劳务,其价值只有在商品交换过程中实现,即一切商品先与货币交换,用货币表现其价值。这种以货币表现商品价值的形式,在经济学上称为商品的价格。

港口是交通运输的重要枢纽,也是现代物流的重要节点,与水路、铁路、公路、管道等多种运输方式有着紧密联系。港口价格是价格的重要组成部分,是商品价格的分支。港口服务产品的价格,是港口相关服务产品价值的货币表现。与其他商品价格一样,它是以港口装卸、堆存、拖带、引航、船舶供应等相关服务产品所耗费的社会必要劳动为基础,同时受到港口供需市场等其他因素的影响。

从概念上看,港口价格的本质表现为价格本身所固有的、决定价格的性质、面貌和发展的根本属性,具体表现在以下两个方面:

一是港口服务产品价值是港口价格的基础。在社会化生产条件下,商品生产和消费存在着地域上的距离,要实现商品从生产领域向消费领域的空间流通,必须依靠物流,而港口装卸、堆存、拖带、引航、船舶供应等相关服务是其中重要的环节,是商品流通过程中的重要组成部分,已成为社会生产的一般共同条件,并具有先行的特征。港口的产品是港口服务对象(客、货)空间的位移,是港口服务业的效用,不具有新的物质形态。虽然港口服务产品具有非实体性,但同样包含劳动的两重性,即具体劳动和抽象劳动。具体劳动作为劳动的具体形式形成港口服务产品的使用价值,满足人们生活对港口相关服务的需求;抽象劳动作为港口服务提供者体力和脑力的支出,虽然不像一般商品凝结在一定物质产品中,但参与了贸易商品价值的形成,同样具有价值。港口价格反映了包含在产品中的社会必要劳动量。港口价格不仅由社会必要劳动时间决定,而且还受到供求状况、货币价值、汇率、政治和经济政策等多种因素的影响。从价值规律来讲,港口价格与价值的偏离贯穿于价格运动的全过程,价格变动受价值规律的支配,价值规律的作用要通过价格表现出来。

二是港口价格是交换关系的表现形式。商品的价值是无形的,是看不见、摸不着的,又不能自我表现,只有通过一种商品与另一种商品的相互比较、相互交换才能表现出来。价值是交换价值的内容,交换价值是价值的必然表现形式。在商品生产与交换的历史过程中,交换价值经历了简单的价值形式、扩大的价值形式、一般的价值形式,最后到了货币的价值形式,所以商品与商品的等价交换关系就由价格表现出来,价格可以说是商品同货币的交换比例的指数。当用货币数量来表现价值时,由此产生了价格的范畴。

总之,抽象劳动作为价值实体,是价值的质的规定性,价值还具有量的规定性。价值量是由商品生产中耗费的人类一般劳动量决定的。港口价格是表现港口服务相关产品价值的货币额,这是价格量的规定性。强调价格量的规定性,是研究当前我国港口价格功能的原则和基础。

二、港口价格的职能

港口价格职能是指港口价格内在具备的机能或功能。港口价格的职能主要有表价、调节、核算、分配、信息等职能,研究港口价格的职能有助于正确认识港口价格的作用。

1. 表价职能

港口价格的表价职能是指价格实现货币的价值尺度的职能,反映了港口价格必须通过货币来表现和度量港口生产服务价值量大小的功能。港口价格的首要职能就是以货币表现港口服务的价值。港口服务产品有了价格也就表现出了它具有价值的大小,也正是有了价格的这一职能,货币才成为交换的媒介。港口服务包括装卸、堆存等多个环节的生产过程,其价格体现为港口费率,是指港口为船舶、货物、旅客提供各种服务所收取费用的标准。

2. 调节职能

调节职能是指港口价格在港口市场经济活动中自动调节的职能,其变化关系到交换双方的经济利益,因而价格在港口市场经济活动中处于调节者的地位。港口价格的调节职能主要通过其不同服务过程表现出来。"按质论价"是价值规律的客观要求,高效港口服务的价格高于劣质、低效的服务价格,就可以给港口企业带来更多的利润,让港口企业有更好的条件拓展服务空间,提高服务水平。

3. 核算职能

港口价格的核算职能是指价格被用来作为计量和核算港口经济效益的功能。港口生产活动不但要耗费物化劳动,也要耗费活劳动,因而要考核其投入与产出的关系,即进行经济核算。而价格就成为核算港口生产中价值指标的工具和手段。从微观看,港口企业可以运用价格的核算职能计算成本、利润、税金,进行成本财务管理,以不断降低经营成本,提高经济效益;从宏观上看,政府可以利用价格建立各种经济指标,制定经济发展规划和经济发展政策,对港口生产资源进行合理配置,促进国民经济和社会整体经济效益的提高。

4. 信息职能

港口价格的信息职能是指港口价格的升降变动以及所表现出来的价格水平,并为港口生产经营者与消费者传递各种经济信息的职能。价格的信息职能通常是通过价格信号表现出来的。价格信号是港口市场行情变动的晴雨表,是港口企业组织生产经营活动的重要参考。港口企业、政府和需求方通过价格传递的各种信息作为自己决策的重要依据。价格信号的准确与否取决于港口市场发展、垄断、有序状况,取决于竞争、供求与价格等市场要素之间的有机联动状况。因此价格的信息职能要正常有效发挥作用,关键在于价格能准确、灵敏地反映港口服务产品价值和港口市场供求关系的变化。如果价格不合理,价格扭曲,传递出来的信息也是扭曲和失真的。

港口价格的四种职能是相互联系、相互依存的,却并不是并列的关系。表价职能是从价格的本质中产生出的职能,是最基本的职能,是调节职能、核算职能和信息职能的基础。而调节职能、核算职能和信息职能则是在表价职能的基础上派生出来的,是表价职能的外延。在港口价格的统一体中,四种职能相辅相成,既有其各自独立的质的规定性,又是密切联系,在运用港口价格职能时必须统筹兼顾,全面考虑。

三、港口价格的作用

港口价格的作用是在实现自身职能时,对国民经济运行所产生的效果,是价格职能的外在表现。港口价格作为一种经济杠杆,其作用主要有以下方面:

一是促进港口企业效率结构优化。港口企业为了发展,必然在港口市场上展开激烈的竞争。在市场经济条件下,市场竞争很大程度上表现为价格竞争,而一般价格竞争的内容又表现为成本竞争。在具备其他条件的情况下,港口企业获得利润的多少,取决于港口生产成本的高低以及港口企业的效率水平。港口市场通过价格作用以及和其他机制的共同作用,优胜劣汰,使港口企业效率结构得到优化。

二是促进港口资源优化配置。港口资源配置是指对港口生产资源在各种不同的使用方向之间做出分配,使港口资源获得最佳使用效果,产出尽可能多的社会需求的产品和劳务。港口市场通过供求机制、价格机制、竞争机制的共同作用引导港口资源合理流动并得到优化配置,而供求机制以及竞争机制都是围绕价格机制发挥作用的。港口市场的供求机制的作用主要是由港口生产服务的供给和需求之间的互相作用,并通过价值规律实现的。

三是促进港口企业的技术进步。在以价格竞争为前提的情况下,港口企业为增强在港口市场上的竞争力,占有更多的市场份额,会采取降低港口价格的措施,而价格降低幅度又取决于港口生产成本的降低,所以说价格竞争表现为降低成本的竞争。港口企业为降低成本会不断对现有港口设备、生产设备、技术流程进行优化,采用新的生产设备、工艺以及新的技术和手段,以实现港口资源的最优组合。合理的港口价格可刺激货主、航运企业从成本和效益方面选择挂靠港、服务种类等,促进港口企业的技术进步。

四是影响国民收入再分配。在市场经济条件下,港口价格联系着各关系方的经济利益。在港口生产活动中,港口价格的变动和高低直接关系到港口市场供求双方的经济利益,关系到港口企业的收入水平。任何港口价格的变动都会引起不同港口企业、航运企业、货代企业、货主企业等各方之间的经济利益的重新分配,从而客观上起到国民收入再分配的作用。合理的港口价格有利于各关系方的经济利益协调一致,不合理的港口价格则会引起经济利益的对立。而经济利益的变化会引起经济单位生产和消费积极性的变化。合理的港口价格会促进港口企业生产经营的积极性和港口市场需求方的消费的动力。

第四节　港口价格的形成和运行

一、港口价格的形成基础

1. 港口价格运动的规律和趋势

港口价格形成基础是指港口价格运动的规律和趋势。马克思的劳动价值论认为:价值是价格的基础,价格是价值的货币表现。价格以价值为轴心,围绕价值上下波动。而港口价格形成的基础体现在:港口价格形成的质的基础是凝结在商品中的无差别的人类劳动;港口价格的量的基础是社会必要劳动时间决定的价值量;港口价格与价值之间是相一致、相符合的关系。

港口价格从形成基础的演变轨迹来看,符合以价值为基础变化的规律。随着商品经济的不断发展,港口价格形成的基础经历了一个由个别劳动时间→产品平均必要劳动时间→部门平均必要劳动时间→生产价格的演变过程。在社会主义市场经济条件下,生产价格是价格形成的客观基础,是价格波动的中心。一方面生产价格是社会化大生产的产物,社会主义市场经济是建立在社会化大生产基础上的;另一方面,市场经济条件下的企业具有独立的经济利益和权力,竞争和资本在不同部门之间流动是一种客观存在。在市场竞争和资本流动过程中,利润最大化是企业经营的目标。各个部门的利润率从长期来看具有平均化的客观趋势,生产价格是价格波动的中心。

港口价格形成以价值或其转换形态为基础,是价值规律的客观要求,是由价格的本质决定的。港口服务产品的价值同其他商品一样,由三个部分组成:已消耗的物化劳动的价值(C);生产者为自己劳动创造的价值(V);生产者为社会劳动创造的价值(M)。港口价格具体表现为:①在港口生产过程中消耗生产资料的转移价值的货币表现,如港作机械折旧、修理费、燃物料消耗、堆场维护费用等的支出;②港口生产者为自己劳动创造的价值的货币表现,如工资、奖金、各种津贴等的支出;③港口生产者为社会劳动创造价值的货币表现,如港口装卸、堆存的利润、税金等。

2. 港口价格并非越低越好

港口企业提供的服务都有成本,具体分为全成本、现金成本和纯服务成本三类。其中全成本指港口企业在提供服务时,将其地租、税费、利息和企业运营以及最初的市场研发、技术更新费用等全部加在已经提供的服务上,整体计算的服务金额;现金成本,有时也称现金操作成本,是在完全不考虑前期的研究、市场研发、技术更新费用的基础上,只考虑税费、租金、分成、人员工资等,纯粹计算现金的投入,得出的新提供一项服务的收费金额;纯服务成本,有时也称边际成本,是港口企业在纯粹的服务过程中所涉及的成本,不考虑租金、分成和税费,只考虑服务过程涉及的作业、材料、人工、资金利息等费用,计算得出的服务金额。

港口收费只有高于其全成本价格,港口企业才会积极去改扩建码头,开发新技术,引入新设备,努力提高服务水平和服务质量。港口收费高于现金成本,低于全成本,港口企业就会采取在已有的港区进行作业,尽可能维持和提高作业数量,却不会去开发新港区。港口收费低于现金成本而高于纯服务成本,那么港口企业的市场研发和技术更新活动就会完全停止,不但不会开发新港区,甚至还会缩小规模,尽可能提高作业数量。如果港口收费低于企业的纯服务成本,那么企业只能停产,绝对不会再向市场提供港口服务。

港口间的竞争不可避免,尤其是货源腹地相同的港口企业间最容易采取价格竞争。适度的价格竞争可以提高货源的配置效率,过度的价格竞争则会扰乱市场秩序,使所有的参与者都受到伤害。如果将港口收费标准定得过低,或者港口企业之间相互"杀价"进行恶性竞争,那么会导致企业经营困难,企业零利润甚至负利润,扰乱港口经营的正常秩序。

港口企业竞争力的核心在于提高船舶装卸效率和改善港口与腹地之间集疏运条件,而非单纯依靠压低港口装卸作业包干费。港口企业若在市场竞争中放弃了以追求效率取胜的目标,一味靠低价揽取货源,必然是在市场经济中处于弱势地位,迟早被兼并或者自行消亡。

为促进和保护港口市场的公平竞争,应遵照国家颁布的《中华人民共和国价格法》《中华人民共和国反不正当竞争法》《制止牟取暴利的暂行规定》等法规,按照市场规则和港口的技术经济特性,站在社会公共利益的高度,制定法律、法规和相应的监管规则,调控价格水平,规范价格行为,维护公平竞争的市场秩序,逐步完善港口价格形成机制。

二、市场供求在港口价格形成中的作用

价值是价格形成的基础,是价格波动的中心。但价值并不是决定价格的唯一因素。当港口市场的供求平衡时,价格才会符合价值。港口市场供求可以分为两大类:长期供求关系和短期供求关系。长期供求关系通过对价值的影响调节港口价格的变动,而短期供求关系是通过价格和价值的偏离状况而影响着港口价格的变动。因此港口市场供求关系对港口价格起到两方面作用:一是对港口价格形成基础的作用;二是对港口价格变动的作用。

1. 市场供求对港口价格形成基础的作用

市场供求对港口价格形成基础的作用主要体现在供求对价值量大小的重要作用。市场供求通过影响社会必要劳动时间的确定,决定着个别劳动耗费能否转移、能在多大程度上转移为社会必要劳动耗费,从而影响着港口服务产品价值的实现及实现的程度,影响着作为价格形成基础的价值量的大小。因此,需要从社会必要劳动时间的角度,分两层含义来理解:

第一层含义的社会必要劳动时间是指生产商品所耗费的平均必要劳动时间。它所强调的是一个部门(行业)中,某种商品的价值取决于这个部门(行业)的平均劳动耗费。若某个港口企业提供服务所耗费的劳动时间低于社会必要劳动时间,这个港口企业能获得额外收益;若某个港口企业所消耗的劳动时间超过社会必要劳动时间,其超过部分不一定能得到补偿。无论如何,在供求基本平衡的前提下,单位港口服务产品的价值量就是由这种社会平均劳动时间所

决定。

第二层含义的社会必要劳动时间是指根据社会需要按比例分配给不同生产部门的社会必要劳动时间。它从社会需要的角度强调了在资源有限的条件下，社会生产各个部门所耗费的必要劳动必须符合社会化对每个生产部门特定需求。各种商品总量的价值量是由社会为满足对各种商品的需求，从社会总劳动中按比例分配给各部门的劳动时间所决定的。可能会出现三种情况：即供求大致平衡、供大于求、供不应求。

2. 市场供求对港口价格变化的作用

市场供给与需求变化和港口价格变化是互为因果关系的，主要表现为以下方面：

一是市场供需变化引起港口价格变化。一般而言，当港口市场供给大于需求时，港口价格下跌；当供给小于需求时，港口价格就会上涨。

二是港口价格的变化又会反作用于市场供需变化。港口市场景气，港口价格上升，会使港口市场供给增加，新建或扩建码头，提供更多的港口服务等，港口市场需求可能会减少；港口市场不景气，港口价格下降，会使港口市场供给减少，市场需求则会增加。市场供需关系与港口价格变化互为因果，并以相反方向循环。

综上所述，在短期内港口市场价格水平的高低取决于这一时期的港口市场供求状况，这并不违背价格是以价值及其转化形态为基础的理论。在市场经济条件下，供求机制主要表现为港口市场价格围绕价值上下波动。价格波动所产生的价格机制的作用影响着供求各方利益的变动，市场供求变化与运价变化周而复始地循环运动。

港口价格是调节市场供求双方经济利益关系的杠杆，市场价格的上下波动过程实际上是利益在供求之间分配的调整过程。市场机制正是通过港口价格这一利益杠杆来调整供求关系的平衡。在正常的市场机制作用下，港口市场的价格下滑将导致一部分经营成本较高的港口企业从市场中被淘汰（但不排除政府的干预，如补贴扶持、免去债务等），使港口市场的供求关系达到平衡。被迫退出港口市场的港口企业可以通过资产重组等方式，重新参与港口市场的竞争，或经过调整从事其他产业的经营活动。

3. 影响港口价格形成的其他因素

影响港口价格形成的因素是多方面的，除上述的港口价格的形成基础即产品价值及市场供求关系外，港口价格还受到货币价值、港口生产成本、国家经济政策、技术更新、收费方式等因素的影响。这些因素在一定时期内通过一定的方式左右港口价格水平的高低。

社会上经常存在将一项港口收费的某一个环节相互比较的误区。例如有的船公司对各个挂靠港口的引航费或拖轮费进行比较，将在国外空载的白班与国内重载的节假日夜班费用比较，得出国内引航费和拖轮费过高的结论。

此外，社会上还有人试图通过用同一艘船挂靠多个港口来比较同项费用的高低。其结论同样不准确。以 5 万净吨集装箱船的引航费为例，首先各个国家收费标准和方法不同，有的以船舶净吨为收费单位,有的按船舶的总吨计收,有的按船舶吃水计收,即便同一艘船以上参数都不变,并且只考虑正常情况下必然发生或经常发生的费用,在引航服务的时间、距离和质量相同的情况下,因船舶挂靠不同港口的装卸货物量不同,船舶吃水也不同,引航费率的高低也会不同。即便同一艘船装载相同的货物,在每个港口装卸货物量相同,船舶吃水相同,但因船舶到港的时间不同,各个国家收取的引航费夜班和节假日附加费标准不同,也会影响引航费率的高低。若一定要比较,也要细分为正常白班、夜班、节假日、节假日夜班四个不同状态。因此,即便理论上获得了这样的理想数据,也因各个国家的币种和币值不同、汇率的随时变化,以及各地物价、消费水平、劳动力成本的不同,导致引航费的水平比较结果很难准确无误。特别是进行长期数据比较,更得不到准确、稳定的汇率数据。

因此,鉴于港口收费的费目多,统计口径差异大,不同港口的外界环境、地理位置和港口发展策略对港口收费也具有很大的影响,很难进行各个国家的港口费率高低排序,由此社会上得出的我国港口费率高的结论也是不准确的。理想的数据比较在现阶段还不具备实践操作的条件。很少有货主或者船公司把港口一项收费的高低作为选择是否挂靠该港口的依据。各方都希望有一个可参照的港口价格指数,但在现阶段要达到这个目标还有许多工作要做。这需要港口价格主管部门、行业协会和研究机构有专人负责搜集和整理港口价格信息,及时掌握港口价格动态,测算港口价格成本,研究港口价格指数编制方法,建立成本监审制度、港口价格信息网络,发布港口价格指数。只有这样的数据才具有参考价值和说服力。

三、港口价格的形成机制

经济学中广义的价格机制包含价格形成机制和价格运行机制。在市场经济体制中,市场是资源配置和经济运行条件的基础性机制,在港口领域则要求充分竞争的港口服务价格实施市场化,以市场机制来制定和调节港口价格,竞争不充分或者不适宜竞争的港口服务价格还需要政府加强管理。

港口价格形成机制是指依据一定的价格形成理论,利用价值规律作用的价格决策制度。它主要包括港口价格形成的主体(即价格决定权在谁手中)和价格形成的方式。这两方面的内容是相互联系和相互制约的,港口价格形成机制决定价格在港口市场经济活动中的变化规则,影响价格变动的方向和幅度。

港口价格形成机制和价值规律的作用形式及程度密切相关,而价值规律发挥的作用及其程度又受到经济体制的影响,因此价格形成机制归根结底是由经济体制决定的。不同经济制度的国家,价格、形成机制不同;同一国家在不同的经济体制模式下,其价格形成机制也有明显的差别。

四、港口价格的运行机制及与其他经济杠杆的关系

港口价格运行机制是指港口价格在港口市场经济活动中的调节作用,反映的是港口市场

供给与需求同价格之间的有机联系和运行规律。港口价格的运行机制是包含在港口市场运行机制中的价格、供求、竞争等各市场因素之间的相互联系、相互作用所形成的市场机制。从港口市场机制的运行可以看出,港口价格的运行机制是关键和中心。通过港口价格运行机制的作用,港口资源在港口各部门之间进行配置。

港口价格运行机制对港口资源的配置,不仅可以使效率高的港口企业得到资源,也避免效率低的港口企业排挤效率高的港口企业(即"劣币驱逐良币")。而港口价格运行机制的作用能促进港口投资、运营等方法决策更趋于市场资源的有效分配。

港口价格不断变化,与财政、税收、投资等经济杠杆有着密切联系。

1. 港口价格与财政杠杆

财政是国家的重要分配杠杆。价格是商品交换的货币尺度,也具有分配的职能,财政与价格在分配领域里互相联系,相互制约,均牵涉国家、企业和个人三者之间的利益分配问题。建立社会主义市场经济,发挥市场对资源配置的基础性作用,最主要的是要使价格机制的作用得以充分发挥。财政不仅是价格稳定的基础,而且还是价格调整的基础。港口行业属于交通基础设施,具有很强的社会公益性。许多缺乏自我消化能力的港口企业,需要财政给予补贴。

随着整个运输市场机制作用的日益增强,政府也从过去的直接干预港口市场价格转变为充分发挥市场机制的调节作用,同时加强财政支出对港口市场的调价作用。财政支出是政府调控港口市场的重要手段,对于港口市场供求总量和供求结构的调整具有重要的作用。政府通过创造良好的市场环境间接影响价格水平,促进港口价格的合理化。

2. 港口价格与税收杠杆

税收是指国家按照法律规定的税制无偿地取得财政收入的一种手段,是国家权力作用于经济关系的表现,也是国民收入再分配的重要手段之一。港口价格是港口服务产品价值的货币表现,也具有分配国民收入、调节经济利益的作用。在市场经济调节下,港口价格逐步形成市场化,税收负担的公平化。只有港口价格形成市场化才能促进税收负担的公平合理,有利于港口市场的公平竞争。只有税收负担的公平化,才能减少港口价格扭曲,使港口价格信息准确反映成本与供求的变化,充分发挥港口机制的调节作用。

3. 港口价格与投资杠杆

根据社会主义市场经济的要求,市场化取向是价格改革和投资改革的共同点。投资体制正逐步向投资主体多元化、投资来源多渠道化及投资方向市场化的新模式转化。港口基础设施投资周期长、投资规模较大、资金周转较慢。当市场调节难以发挥其作用时,需要政府在政策上给予扶持,加强宏观调控。

综上所述,政府通过上述经济政策措施的运用来管理和调控港口价格,就在于这些经济杠杆可以改变影响港口价格形成和运行的各种主要因素,使各种因素按照有利于港口价格合理形成的方向变化,以促进价格的合理运行。

第五节　我国港口价格机制的内容与定价方法

一、我国港口价格机制的内容

价格形成机制是依据一定的价格形成原理,通过价值规律的作用形成价格决策制度。价格形成机制包括以下3个方面内容。

1. 港口价格管理权限

港口价格管理权限是指港口价格形成主体,即港口价格制定、调整及管理的主体,在港口价格形成机制中起决定性作用。一般来讲,港口价格形成主体有3种形式:①主要由中央政府主管部委统一制定价格,我国采用的是这种形式;②由当地政府主管部门制定价格(例如美国);③由行业协会负责调整同一行业的价格,并负责与其他行业的协调(例如日本)。

我国港口行政管理体制经历了由中央集权管理向地方政府管理的转变。改革开放以前,国内港口主要实行中央集权管理,即由交通部统一管理全国主要港口。1984年,国家对港口行政管理体制进行了重大改革,除秦皇岛港继续由交通部管理外,其他沿海和长江干线主要港口全部实行由中央与地方政府双重领导、以地方政府为主的管理体制。2001年,国务院下发了《关于深化中央直属和双重领导港口管理体制改革的意见》(以下简称《意见》),明确中央直属和双重领导的港口全部下放地方管理。至此,全国所有港口均由地方政府管理。2003年颁布实施的《中华人民共和国港口法》将港口行政管理体制固化下来,并要求地方政府加大对港口公用基础设施建设和维护的投入,组织建设港口配套基础设施。与港口行政管理体制改革同步,沿海和长江干线主要港口均已实现政企分开,按照现代企业制度的要求建立了港口集团,港口集团不再承担行政管理职能。

我国港口行政管理体制经历了由中央集权管理向地方政府管理的转变,港口价格形成的主要主体一直是中央政府,并由国家发改委和交通运输部共同管理,未下放交由地方管理。这样做一是为了避免地方趋利行为和地区保护;二是港口价格比较专业复杂,避免由于地方物价部门管理而造成"外行管理内行"的现象。

现阶段港口价格的管理权限包括以下5方面的内容:

1)中央政府收费计费的范围

中华人民共和国沿海、长江干线主要港口及其他所有对外开放港口,提供船舶进出、停泊、靠泊,旅客上下,货物装卸、驳运、储存和港口保安等服务,由港口经营人和引航机构等单位向船方、货方或其代理人等计收港口经营服务性费用,属于国家发改委和交通运输部定价的范围。

2)内地(大陆)各港与香港、澳门、台湾之间运输的港口收费计费规定

内地(大陆)各港与香港、澳门、台湾之间运输的港口收费,比照国家发改委和交通运输部

有关航行国际航线船舶和外贸进出口货物及集装箱的有关规定执行。

3）其他港口的收费计费规定

其他港口的收费计费办法，依据地方定价目录规定的定价权限和具体适用范围制定，可参照国家发改委和交通运输部有关规定执行。一般由省级交通运输主管部门和价格主管部门制定。

4）长江干线船舶引航（移泊）的收费计费

长江干线船舶引航（移泊）的收费计费办法另行规定。不在交通运输部和国家发改委定价范围内。

5）地方政府港口收费的管理事项

（1）港口所在地港口行政管理部门将引航（移泊）费的具体收费标准抄报省级交通运输、价格主管部门，由引航机构对外公布执行。

（2）港口所在地港口行政管理部门确定并对外公布港口的引航距离，同时抄报省级交通运输主管部门。

（3）港口行政管理部门确定并对外公布港口所在地夜班作业时间起讫点。

（4）沿海省级交通运输主管部门公布本辖区各港口的拖轮艘数标准并报交通运输部；交通运输部长江航务管理局公布长江干线各港口的拖轮艘数标准并报交通运输部（以大连为案例，详见附录一）。

2. 港口价格形式

港口价格形式是指港口价格形成的方式、途径和机理。港口价格的形成涉及面比较广，不同的历史条件、市场竞争情况、收费性质、社会经济发展水平、航运市场发展状况对价格的形成都有很大影响。在我国，首先由国家发改委和交通运输部共同形成港口价格调整方案，再由两个部门发布调整收费项目和标准的通知，最后由交通运输部根据两部门下发的通知，修订《港口收费规则（内、外贸部分）》（以下简称《收费规则》）或《港口收费计费办法》（以下简称《计费办法》），《收费规则》或《计费办法》会签国家发改委后发布。

《收费规则》或《计费办法》制定的政策依据主要包括《中华人民共和国港口法》《中华人民共和国价格法》《中央定价目录》《中央涉企经营服务收费目录清单》《中央涉企进出口环节经营服务收费目录清单》和《港口经营管理规定》。

《收费规则》或《计费办法》一般分为总则、各项收费和附则3部分。第一部分"总则"规定了《收费规则》或《计费办法》的适用范围、收费项目及共性计费方法；第二部分"各项收费"明确了港口各项收费的服务内容、收费主体、付费主体、收费标准等；第三部分"附则"主要对《收费规则》或《计费办法》中出现的专有名词进行解释等。

3. 港口价格调控方式

港口价格调控方式是指港口价格调控的对象、目标和措施。我国港口价格主要依据《收费规则》或《计费办法》的规定。它们主要规定了收费项目和费率，对价格的调控偏重于价格水平和价格结构两个方面,对政府定价和政府指导价的港口价格实行内、外贸不同的收费标准。港口价格调控方式取决于当期的宏观经济管理体制。在市场经济条件下,市场作为资源配置的有效手段,反映到港口价格上就是以市场变化为基础制定价格,从而形成较为灵活的价格形成机制。政府要转换港口价格的调控方式,采用间接调控方式调整港口价格调控对象和目标,并不断优化调控手段和措施。加强港口价格的宏观调控,为港口企业提供公平、有序的竞争环境。

二、港口价格的执行及确定方法

港口定价比较复杂,定价体系要满足不同定价主体的需求,不同定价主体选择的主要定价目标不同:政府希望合理配置港口资源,行业稳定发展;港口经营人希望产出、利益最大化;港口使用者,如货主或承运人,希望价格透明合理,能够反映成本等。港口定价的目标不唯一,一般要全面分析港口运营环境,明确港口经营主体和策略,实施符合港口实际的定价策略,在确定主要目标的同时兼顾其他目标。

1. 政府制定价格

1) 政府制定价格的范围

政府价格行为涉及的是国计民生的战略性、资源性商品,有效制定这类商品的价格是政府宏观调控经济的手段之一。政府在制定价格时,不仅要考虑企业生产成本、能源稀缺状况、相关产品价格,还要考虑宏观经济形势、相关政策、消费者的承受能力等多种因素。如果政府通过价格干预维持低价,扭曲价格信号的正确表达,破坏市场价值规律,生产者的生产积极性受到打击,必然导致公共产品提供不足,影响经济正常发展;如果政府调高公用商品价格或任由"市场"发挥作用,则会增加消费者的购买成本,引发通货膨胀,影响社会稳定。

政府制定价格可以弥补市场调节价的缺陷,从全局的角度着眼,更好地作用于整个宏观经济,实现国民经济重大比例关系合理化,使经济综合平衡发展,避免经济发展中的剧烈波动导致的资源浪费,提高宏观经济效益;保证国计民生必需品的生产和供应,有利于解决人民最紧迫的生活需要,稳定经济,从而稳定社会;有利于保持物价稳定,消除通胀因素。但同时,政府价格行为也有不足之处,即政府干预定价不能有效淘汰过剩生产力和过时的机器设备,使生产潜力不能充分释放,降低了生产效率;使得企业自主性降低,企业生产动力不足,组织和管理效率低下,不利于推动技术进步和革新;容易滋生主观主义和官僚主义;信息掌握不完全,容易导致供求脱节及宏观经济比例重大失调。

总之,政府价格行为适用于与国民经济发展和人民生活关系重大的极少数商品价格、资源稀缺的少数商品价格、自然垄断经营的商品价格、重要的公用事业价格、重要的公益性服务价格。

港口价格具有一定的区域垄断性,须由政府制定部分价格。港口建设受一定的地理和水文条件限制,具有相对固定的腹地和辐射区域。港口的生产组织结构特点和技术经济特性使得港口行业难以像电力、石化、电信等行业那样实施"拆分"引入竞争,需部分由政府对其收费进行管理、监管。随着经济体制改革的不断深化,市场经济的逐步建立以及《中华人民共和国价格法》的颁布,港口价格要实行并逐步完善在宏观调控下主要由市场形成价格的机制。

2)政府制定价格的形式

外界经常会认为港口具有区域垄断属性,在价格谈判中具有强势地位。这个问题不能一概而论。根据港口的具体业务环节,港口主要提供船舶进出港、货物装卸、集装箱装卸、旅客上下船等服务。不同的作业环节竞争状况不同。总体来看,船舶进出港环节市场竞争不太充分,货物装卸、集装箱装卸、旅客上下船环节市场竞争较为充分。

从船舶服务环节方面看,船舶进入港区后,引航机构提供引航服务,拖轮运营企业提供拖轮服务,港口集团或者其他码头企业提供停泊等服务。其中引航机构多从港口集团中独立出来,与港口集团的业务较为密切。而拖轮运营企业市场化改革还不够充分,有些由港口集团实际控制,后续的船舶服务一般也多由港口集团完成,因此港口在船舶服务环节市场竞争中具有一定优势地位。

散杂货装卸作业环节方面,由于货主较为分散,对港口收费的敏感度较高,选择装卸港口以及港口内码头的自主性较强,因此港口间以及港口码头内部市场竞争相对充分,特别是在当前我国经济增速放缓、外贸进出口增长缓慢的情况下更为明显。

集装箱装卸作业环节方面,由于集装箱装卸较为方便、快捷,一般附加值较高,适宜采取"班轮运输"的方式。集装箱运输班轮一般选择停靠航线途经的货运量较大、方便快捷的港口,货主根据实际情况选择合适的运输班轮,并向船公司支付包干运费,既包括海运运费,也包括本应由货主向港口相关单位支付的费用。之后由船公司直接向港口相关单位缴纳相关费用。随着我国集装箱码头数量逐年增多,可供船东和货主选择的范围逐步扩大,集装箱在装卸环节的市场竞争相对充分。

旅客上下船环节方面,由于近年来我国水路客运量、旅客运周转量占全社会总量的比例逐年下降,铁路、民航、公路等其他运输方式对水路客运形成了较强的分流。当前水路客运主要集中在琼州海峡、渤海湾、浙江舟山群岛、长江中上游等区域。旅客可选择的运输方式较多,客运码头的竞争比较充分。

综上所述,由于服务区域交叠,接驳货物种类相同,加上其他运输方式的分流,处于同一港口群的港口间市场竞争比较充分。不同港口的不同作业环节市场竞争情况不同:货物装卸环节市场竞争较为激烈,特别是散杂货装卸,货主较为分散,选择装卸港口的自主性较强;船舶进出港环节,船公司难以自主选择服务主体,港口在市场竞争中具有一定的优势地位。这也是目前出台的《计费办法》对港口作业包干费实行市场调节价,对船舶费实行政府指导价、上限管理的原因之一。

目前从中央政府管理价格的角度来看,港口价格形成有政府定价、政府指导价和市场调节价3种形式。

1）政府定价

政府定价是指依照《中华人民共和国价格法》的规定，由中央政府价格主管部门或者其他有关部门按照定价权限和范围制定价格。

目前针对港口收费的政府定价主要有货物港务费、港口设施保安费等。实行政府定价的港口收费必须按照规定的收费标准计收。

2）政府指导价

政府指导价是指依照《中华人民共和国价格法》的规定，由政府价格主管部门或者其他有关部门按照定价权限和范围规定基准价及其浮动幅度，指导经营者制定价格。

政府指导价包含3种类型：一是上限管理，是由政府确定指导价作为价格上限，企业可在上限控制下引入多样化的收费组合方案，只要不突破上限，即有权决定业务的价格；二是下限管理，是政府设置收费的最低标准，企业不得以低于下限的价格从事经营服务，以低于成本的掠夺性价格进行恶性竞争，导致市场无序；三是上下限管理，由政府同时规定价格的上限与下限标准，允许企业在价格的上下限之间制定和调整价格。

实行政府指导价的港口收费包括引航（移泊）费、拖轮费、停泊费、围油栏使用费共4项。实行政府指导价的港口收费应以规定的收费标准为上限，港口经营人和引航机构可在不超过上限收费标准的范围内自主制定具体收费标准。

3）市场调节价

市场调节价是指由经营者自主制定，通过市场竞争形成的价格。

实行市场调节价的港口收费包括：港口作业包干费、库场使用费、船舶供应服务费、船舶污染物接收处理服务费、理货服务费，共5项。实行市场调节价的港口收费由港口经营人根据市场供求和竞争状况、生产经营成本和服务内容自主制定收费标准。

2. 企业制定价格

除政府定价外，政府指导价和市场调节价均需要企业制定价格，企业制定价格包括三种类型。

1）成本导向定价

成本导向定价是根据港口经营人提供服务的成本确定港口的价格，通常是成本加上其目标利润。成本导向定价分为平均成本定价、边际成本定价、盈亏平衡点定价等。在缺乏港口市场资料时，成本导向定价最为简便易行，但其没有考虑港口市场的需求强度和竞争状况，具有一定盲目性，不易激发港口经营人的市场活力。

2）需求导向定价

需求导向定价是根据港口使用者对港口服务的需求、对价格的反映和接受程度确定港口的价格。需求导向定价分为认知价值定价法、需求心理定价法等。需求导向定价不仅要考虑成本和利润，还要关注港口服务市场的需求强度，以及港口使用者对价格的要求和接受程度，因而更合乎实际。

3）竞争导向定价

竞争导向定价是根据港口服务市场竞争的状况确定港口的价格。竞争导向定价包括通行价格定价与排他型定价等。一般有两种形式：一是为鼓励港口经营人自由竞争，港口价格管理部门仅制定基准价或最低价；二是港口经营人为提高市场占有率，以主要竞争对手的价格为依据，根据自身在竞争中的地位，制定合理的价格水平。

第二章

港口收费项目和标准

第一节 港口收费分类

一、按照港口收费对象分类

按照相关规定,港口收费的收取对象分为船舶、货物和旅客。实际收费主体主要包括引航机构、港口企业、专用码头企业(是指由企业自行投资建设、运营维护,主要为本企业生产经营服务的码头,在对外营业时收取相关费用)。

港口收费分为货运码头收费和客运码头收费,详见图2-1。

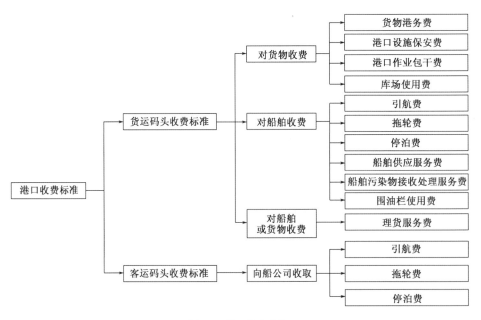

图2-1 港口收费分类

1. 货运码头收费标准

区分收取对象和服务内容,中央管理港口价格的货运码头收费主要包括三类:①对货物的收费,主要有港口作业包干费和库场使用费,港口作业包干费由港口经营人向货主收取。②对船舶的收费,由引航机构或港口经营人向船公司收取,其中的引航费、拖轮费、停泊费、围油栏使用费等,这部分收费实行政府指导价;其中的船舶供应服务费、船舶污染物接收处理服务费等,这部分收费实行市场调节价。③对船舶或货物收费,由理货经营人向提出申请的船公司或货主收取理货服务费,实行市场调节价。

2. 客运码头收费

客运码头收费包括向船公司收取的引航费、拖轮费、停泊费等,实行政府指导价,采取上限管理;向船公司和旅客收取的港口作业包干费,实行市场调节价,由船公司统一支付给港口经营人,并在船票中回收相关支出。

二、按照制定港口价格形式分类

按制定港口价格形式、港口价格可分为政府定价、政府指导价和市场调节价 3 种。

1. 政府定价和政府指导价的港口收费

现行的《收费办法》包括 2 项政府定价和 4 项政府指导价。2 项政府定价和 3 项政府指导价(拖轮费除外)的港口收费一览详见表 2-1,政府指导价的拖轮费收费标准详见表 2-2 ~ 表2-4。

2. 节假日、夜班附加费的相关规定

我国对引航节假日、夜班附加费的规定是:

(1)中华人民共和国法定节假日或夜间对航行国际航线船舶进行引航(移泊)时,引航(移泊)费在基本费率的基础上加收附加费,加收比例为基本费率的45%,节假日的夜班附加费加收基本费率的90%。

(2)引航(移泊)节假日、夜班的作业时间占全部作业时间一半及以上,或节假日、夜班的作业时间大于等于半小时时,节假日或夜班附加费按45%计收,节假日的夜班附加费按90%计收。

(3)港口所在地港口行政管理部门可在晚21时至次日早8时时段内选取连续8小时时间段作为夜班起讫时间,并对外公布。

引航夜班和节假日附加费,应在所定基本费率的基础上附加计算,即:

$$夜班附加费 = 基本费率 \times 45\%$$
$$节假日附加费 = 基本费率 \times 45\%$$
$$节假日的夜班附加费 = 基本费率 \times 90\%$$

表 2-1   2 项政府定价和 3 项政府指导价的港口收费一览表

收费性质	项目	航行国际航线船舶（外贸）					航行国内航线船舶（内贸）			收费规模
		计费单位	费率（元）		说明	计费单位	费率（元）	说明	
			进口	出口					
政府定价	货物港务费	重量吨	1.20	0.60	煤炭、矿石、矿砂、矿粉、盐、砂土、石料、磷灰土、砖瓦、水泥、纯碱、粮食、钢材（不包括废钢）、钢管、钢坯、钢锭、有色金属块锭、轻泡货物	重量吨	0.4250	适用沿海港口货物	52亿元（2014年）
		体积吨	0.70	0.35			0.85	适用内河港口货物	
		重量吨	5.60	2.80	生铁、炭、半焦、块煤、焦炭、化肥		0.21	适用沿海港口货物	
		体积吨	3.70	1.850			0.42	适用内河港口货物	
		重量吨	2.80	1.40	一级危险货物、冷藏货物、古画、古玩、金器、银器、珠宝、玉器、胡琴、珊瑚、玛瑙、水晶、钻石、玉刻、木刻、各种雕塑制品、贝雕制品、漆制器皿、古瓷、景泰蓝、地毯、壁毯、刺绣				
		体积吨	1.80	0.90					
		箱（20英尺）①	34.00	17.00	其他货物	箱（20英尺）	7.00	适用沿海和内河港口装载一般货物的集装箱	
		箱（40英尺）	68.00	34.00		箱（40英尺）	14.00		
		箱（20英尺）	68.00	34.00	装载一般货物的集装箱、商品箱	箱（20英尺）	14.00	适用沿海和内河港口装载一般货物的集装箱、商品箱	
		箱（40英尺）	136.00	68.00	装载一级危险货物的集装箱、冷藏箱（重箱）	箱（40英尺）	32.00	适用沿海和内河港口装载一级危险货物的集装箱（重箱）、冷藏箱	

① 1英尺=0.3048米。

续上表

收费性质	项目	收费标准							收费规模
		航行国际航线船舶（外贸）				航行国内航线船舶（内贸）				
		计费单位	费率（元）		说明	计费单位	费率（元）		说明	
政府定价	港口设施保安费	20英尺	8.00							7.5亿元（2016年）
		40英尺	12.00							
		重量吨或体积吨	0.20							
政府指导价	引航费	计费吨	A	0.45	40000净吨以下部分	计费吨·海里	A	0.18		405579.03（2012—2014年三年均值）
				0.40	40001~80000净吨部分		B	0.0018	引领国内航线船舶在港内移泊	
		计费吨·海里	B	0.375	80000净吨以上超程部分	计费吨	C	0.135		
				0.004	10海里以上超程部分		D	0.12	引领国内航线船舶航行黑龙江水系在港内移泊	
		计费吨	C	0.14	过闸引领					
		计费吨	D	0.20	港内移泊					
政府指导价	停泊费	计费吨·日	A	0.25	锚地停泊	计费吨	A	0.08		76393.07（2012—2014年三年均值）
		计费吨·小时	B	0.15			B	0.12		
		计费吨·日	C	0.05						
政府指导价	围油栏使用费	船·次		3000.00	1000净吨以下船舶	船·次	1000.00		500净吨以下船舶	收费规模较小，数据不掌握
				3500.00	1000~3000净吨船舶		1200.00		500~1000净吨船舶	
				4000.00	3000净吨以上船舶		1400.00		1000净吨以上船舶	

航行国际航线船舶拖轮费基准费率表　　　　　　　　　　　　　表 2-2

序号	船长（米）	船舶类型（元/拖轮艘次）		
		集装箱船、滚装船、客船	油船、化学品船、液化气体船	散货船、杂货船及其他
1	80 及以下	6000	5700	5300
2	80～120	6500	7800	7400
3	120～150	7000	8500	8000
4	150～180	8000	10500	9000
5	180～220	8500	12000	11000
6	220～260	9000	14000	13000
7	260～275	9500	16000	14000
8	275～300	10000	17000	15000
9	300～325	10500	18000	16000
10	325～350	11000	18600	16500
11	350～390	11500	19600	17800
12	390 及以上	12000	20300	19600

航行国内航线船舶拖轮费基准费率表（沿海港口）　　　　　　　表 2-3

序号	船长（米）	船舶类型（元/拖轮艘次）		
		集装箱船、滚装船、客船	油船、化学品船、液化气体船	散货船、杂货船及其他
1	80 及以下	3300	3300	3000
2	80～120	3700	4300	4100
3	120～150	4200	4900	4700
4	150～180	4500	6100	5100
5	180～220	4800	6900	6100
6	220～260	5200	8500	7500
7	260～275	5500	9500	8000
8	275～300	5700	10000	8500
9	300～325	6100	10500	9000
10	325～350	6400	10700	9400
11	350～390	6700	11300	9900
12	390 及以上	7100	11900	11300

航行国内航线船舶拖轮费基准费率表(内河港口)　　　　　表2-4

序号	船长(米)	船舶类型(元/拖轮艘次)		
		集装箱船、滚装船、客船	油船、化学品船、液化气体船	散货船、杂货船及其他
1	80 及以下	4900	4700	4200
2	80~120	5400	6100	5800
3	120~150	5800	6900	6500
4	150~180	6500	8600	7300
5	180~220	6800	9900	9000
6	220~260	7300	11700	10600
7	260~275	7900	13300	11700
8	275~300	8200	14000	12400
9	300~325	8700	14900	13100
10	325~350	9100	15400	13700
11	350~390	9600	16300	14700
12	390 及以上	10000	17100	16200

注:本表内河港口包括长江干线港口和其他对外开放的内河港口。

引航节假日、夜班附加费收取实例

例:某港夜班是22时至次日凌晨6时,节假日是0时至24时。

(1)如开始引航的时间为星期五的21时40分:

①引航结束的时间为星期五的22时15分。

全部作业时间=22时15分-21时40分=35分钟,全部作业时间的一半=17.5分钟;夜班作业时间=22时15分-22时=15分钟,因夜班作业时间小于全部作业时间的一半且小于半小时,则不计收夜班附加费。

②引航结束的时间为星期五的22时25分。

全部作业时间=22时25分-21时40分=45分钟,全部作业时间的一半=22.5分钟;夜班作业时间=22时25分-22时=25分钟,因夜班作业时间大于全部作业时间的一半,则按45%计收夜班附加费。

③引航结束的时间是星期六的凌晨0时25分。

全部作业时间=星期六0时25分-星期五21时40分=2小时45分钟,全部作业时间的一半=1小时22.5分钟;夜班作业时间=星期六0时25分-星期五22时=2小时25分钟,因夜班作业时间大于全部作业时间的一半,则按45%计收夜班附加费;节假日作业时间=0时25分-0时=25分钟,因节假日作业时间小于全部作业时间的一半且小于半小时,则不计收节假日附加费。

④引航结束的时间是星期六的凌晨0时35分。

全部作业时间=星期六0时35分－星期五21时40分=2小时55分,全部作业时间的一半=1小时27.5分;夜班作业时间=星期六0时35分－星期五22时=2小时35分,节假日作业时间=0时35分－0时=35分,因夜班作业时间大于半小时且节假日作业时间也大于半小时,则按90%,计收节假日的夜班附加费。

(2)如开始引航的时间是星期五的23时40分:

①引航结束的时间是星期六的凌晨0时15分。

全部作业时间=星期六0时15分－星期五23时40分=35分,全部作业时间的一半=17.5分;夜班作业时间=星期六0时15分－星期五23时40分=35分,因夜班的作业时间大于全部作业时间的一半,则按45%计夜班附加费;节假日作业时间=0时15分－0时=15分,因节假日作业时间小于全部作业时间的一半且小于半小时,则不计收节假日附加费。

②引航结束的时间是星期六的凌晨0时25分。

全部作业时间=星期六0时25分－星期五23时40分=45分,全部作业时间的一半=22.5分;夜班作业时间=星期六0时25分－星期五23时40分=45分,节假日作业时间=0时25分－0时=25分,因夜班作业时间大于半小时且节假日作业时间大于全部作业时间的一半,则按90%计收节假日的夜班附加费。

区分引航费与移泊费的实例

"引航"是指船舶进出港口的引领。船舶在港区内的引领均为移泊。引航锚地与装卸锚地为同一锚地的港口,船舶最初的进港及最后的出港为引航,其他引领均为移泊,但船舶进港后再由引航员引领进出港口校对罗经、试车等应视作引航,计收引航费。

第二节 中央政府规定的各项收费

一、货物港务费

1. 定义和性质

经由港口吞吐的货物和集装箱,由负责维护防波堤、进出港航道、锚地等港口基础设施的单位,按照政府规定的费率标准,对进港或出港分别征收一次货物港务费。

货物港务费用于码头和前沿水域等港口基础设施的维护和管理。

2. 历史沿革

20世纪50年代,交通部所属海港港口费收规则规定,对大连、秦皇岛、天津等14个沿海港口征收货物港务费。1984年,国家物价局批准在长江干线港口开征货物港务费,货物港务费自此在全国沿海和内河港口全面开征。《关于明确港口政企分开后货物港务费征收有关问题的通知》(交水发〔2003〕125号)规定,经由港口吞吐的外贸进出口货物和集装箱,先由负责维护防波堤、进港航道、锚地等港口公共基础设施的港务管理部门(港务局)按规定征收货物港务费,然后向码头所属单位(租用单位或使用单位)返回50%,用于码头及其前沿水域的维护。由此可见,在港政一体的情况下,货物港务费是港口基础设施的维护和管理的一项资金来源。根据2015年发布的《中央定价目录》和《计费办法》,货物港务费收费范围为:"中华人民共和国沿海、长江干线主要港口及其他所有对外开放港口。"《计费办法》从2016年3月份开始施行,货物港务费的收费范围自此开始略有缩小。2019年4月开始,货物港务费的收费标准降低了15%。货物港务费,大多数沿海港口是作为经营性收费管理的,长江干线及其他内河港口是作为行政事业性收费管理的(也是作为事业单位的地方港航管理部门的主要经费来源)。

3. 收费方式

货物港务费按照《计费办法》规定的收费标准执行。

货物港务费可以由港口所在地负责港口公用基础设施的维护和管理的行政事业单位收取,也可以由有权收费的行政事业单位委托港口经营单位收取。

收取货物港务费的行政事业单位在收取该费用后向码头所属单位(租用单位或使用单位)返还50%,用于码头及其前沿水域的维护。

货物港务费的缴费义务主体是货方。承运人可以先行代为缴付,再向货方按实际支出金额收取,并将货物港务费的收费凭证转交给货方。如果货物港务费的凭证涉及多家货方的,需向具体货方明确告知其按货物的实际重量吨、体积吨或集装箱内容积实际分摊的货物港务费金额。

4. 工作流程

港口经营人在港口生产等信息系统中记录本地非中转重箱箱号、箱型、尺寸、内外贸等属性,有协议的货代按协议结算,客户从港口经营人的网站下载账单明细核对,非协议客户在提箱时当场结算费用。

计收费主要流程节点:港口经营人根据业务数据计费,交费主体交费后,经营人出具收费票据和收费明细清单,货物港务费工作流程详见图2-2。

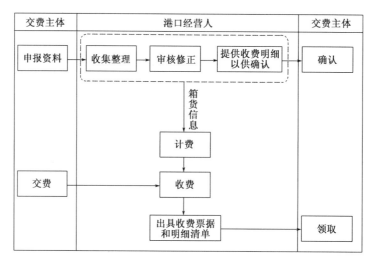

图 2-2 货物港务费工作流程图

二、港口设施保安费

1. 定义和性质

2004 年 7 月 1 日,国际海事组织通过的《1974 年国际海上人命安全公约》(以下简称"SOLAS 公约")海上保安修正案和《国际船舶和港口设施保安规则》(以下简称"ISPS 规则")开始全面实施。为履行公约,投入资金配备港口保安设施、培训人员,2006 年 4 月交通部和国家发改委发布《关于收取港口设施保安费的通知》(交水发〔2006〕156 号),规定由取得有效"港口设施保安符合证书"的港口设施经营人对进出对外开放港口的外贸进出口货物(含集装箱)收取港口设施保安费。

港口设施保安费专款用于配备港口保安设施、培训人员等履行 SOLAS 公约和 ISPS 规则的相关事项。各地港口行政管理部门负责港口设施保安费收取及使用的监督管理工作。

港口设施保安费属于政府定价的经营服务性收费。

2. 收费方式

港口设施保安费按照《计费办法》规定的收费标准执行。

港口设施保安费的收费主体是取得有效"港口设施保安符合证书"的港口设施经营人,缴费义务人是货方。

港口设施保安费仅对外贸进出口货物(含集装箱)收取,不得对内贸货物(含集装箱)收取。

港口设施保安费的缴费义务主体是货方。货方代理人可以先行代为缴付,再向货方按实际支出金额收取,并将货物港务费的收费凭证转交给货方。如果港口设施保安费的凭证涉及多家货方的,需向具体货方明确告知其按货物的实际重量吨或体积吨实际分摊的港口设施保安费金额。

外贸进口货物及集装箱因故停留中途港不再经水运前往到达港或其他港口的,港口设施保安费由中途港计收;因故停留中途港未办理清关手续并继续经水运前往原到达港或其他港口的,港口设施保安费由到达港计收。

3. 工作流程

港口经营人在港口生产等信息系统中记录外贸货物的种类、重量吨、体积吨、箱号、箱型、尺寸、贸易属性等,根据业务数据向货方或其代理人结算费用,费用结算可以按照实际情况采用当场结算或其他方式协商支付。各地港口经营人负责港口设施保安费收取及使用,港口行政管理部门负责监督管理工作。

计收费主要流程节点:经营人根据业务数据计费,交费主体交费后,经营人出具收费票据和收费明细清单,港口行政管理部门负责港口设施保安费收取及使用的监督管理工作,详见图2-3。

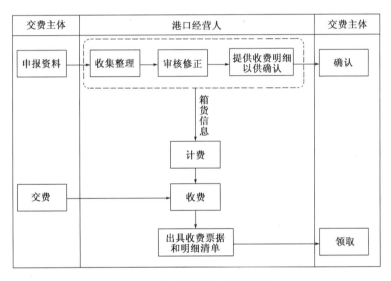

图2-3 港口设施保安费工作流程

三、引航(移泊)费

1. 定义和性质

引航是指在港口或内河等一定的水域内,由引航员登上船舶,为船舶指引航向,把船舶安全地引进、带出港口;移泊是指船舶或在港内移泊。

引航提供的服务是由引航员为船舶指引航向,把船舶安全地引进、带出港口、通过水道、船闸或桥梁等特殊区域。移泊提供的服务是引导船舶在港口内移动泊位。

1983年颁布的《中华人民共和国海上交通安全法》第十三条规定:"外国船舶进出中华人民共和国港口或者在港内航行、移泊以及靠离港外系泊点、装卸点等,必须由主管机关指派引航员引航。"这是我国强制引航制度的法律依据。2002年颁布的《船舶引航管理规定》第九条对《中华人民共和国海上交通安全法》第十三条作了补充,规定了3类船舶"在中华人民共和国引航区内应当申请引航",包括:外国籍船舶;为保障船舶航行和港口设施的安全,由海事管理机构会同市级地方人民政府港口主管部门提出报交通部批准发布的应当申请引航的中国籍船舶;法律、行政法规规定应当申请引航的其他中国籍船舶。我国对于所有外籍船舶实施强制引航,对于中国籍船舶原则上不强制引航。

由于港口的航道条件构成了一个国家天然的屏障,事关一国的国防,因而按照国际惯例,引航员必须由本国人担任,并且对出入港口的外籍船舶实行强制引航。国内船舶也可以根据需要申请引航机构为船舶指引航向,提供引航服务。

引航(移泊)费属于政府指导价的经营服务性收费,由国家交通主管部门批准的引航机构负责提供服务并收费,交费主体是船方或其代理人。

2. 历史沿革

引航(移泊)费一直是由中央政府定价。2015年制定的《计费办法》,取消了引航费中的引航员滞留费和引航计划变更费,航行国际航线船舶引航费起码计费吨由500净吨提高到2000净吨,40001~80000净吨部分、超过80000净吨部分收费标准(引航距离在10海里以内)分别降低到每净吨0.45元、0.425元,并对大型船舶引航费实行收费总额封顶控制。节假日、夜间对航行国际航线船舶引航费加收的比例由50%降为45%。对引航(移泊)费实行政府指导价、上限管理,引航(移泊)费调整后的收费标准为上限,引航机构可在不超过上限收费标准范围内,自主制定具体收费标准。2017年修订的《计费办法》规定引航服务以外引领海上移动式平台在我国水域航行的技术服务费实行市场调节价,由引航服务单位与委托方协商确定价格。2019年修订的《计费办法》将引航(移泊)费的40000净吨及以下部分、40001~80000净吨部分、超过80000净吨部分收费标准(引航距离在10海里以内)分别降低到每净吨0.45元、0.40元、0.375元;引航附加费降低到最高不超过每净吨0.27元。

3. 收费方式和标准

引航(移泊)费按照《计费办法》第十六条、第十七条、第十九条、第二十条规定的收费标准执行。国际航线船舶过闸,引航费加收过闸引领费,按规定的费率计收。

引航(移泊)费的收费主体是国家交通主管部门批准的引航机构,缴费义务人是船方。

引航费按第一次进港和最后一次出港各一次分别计收。移泊费按提供移泊服务的次数计收。

根据《计费办法》第十七条的规定,引领航行国内航线船舶进出港,对于引航距离10海里以内的部分、超过10海里至锚地的部分、超出锚地以远的部分分别按不同费率计收引航费。

根据《计费办法》第二十一条的规定,航行国际航线船舶节假日或夜班的引航(移泊)作业应根据实际作业情况加收引航(移泊)费附加费。根据第十六条第(四)项的规定,对除大连、营口、秦皇岛等20个港口之外的港口(港区),引航费加收引航附加费,最高不超过每计费吨0.27元。

根据《计费办法》第二十二条的规定,航行国际航线船舶的港口引航、移泊起码计费吨为2000计费吨;航行国内航线船舶在黑龙江水系的港口引航、移泊起码计费吨为300计费吨;其他航行国内航线船舶的港口引航、移泊起码计费吨为500计费吨。

根据《计费办法》第二十四条的规定,对拖轮拖带的船舶、驳船、木竹排或水上浮物,被拖带附属物的计费吨与拖轮计费吨合计计收。

黑龙江水系的引航(移泊)费费率单列,根据《计费办法》第二十条规定执行。

引航服务以外引领海上移动式平台在我国水域航行的技术服务费实行市场调节价。

4. 作业流程

引航机构受理引航申请,对引航申请进行审核,制订并发布引航计划,并由引航员实施引航计划。引领船舶进出港航行,船长签署引航签证单,引航机构根据引航签证单进行计费审核,通知船方或其代理人交费,引航机构出具收费票据。

工作流程如下(图2-4):

业务主要流程节点:交费主体向引航机构提出申请,引航机构进行审核并受理后,开展工作,船长签署引航签证单。

计收费主要流程节点:引航机构根据业务数据计费,交费主体交费后,经营人出具收费票据和收费明细清单。

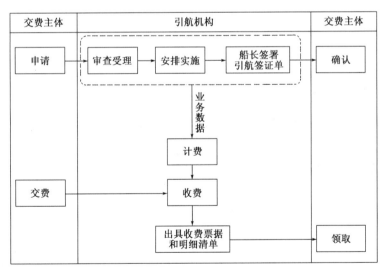

图2-4 引航(移泊)费工作流程

四、拖轮费

1. 定义和性质

船舶靠(离)泊、移泊、护航、监护使用拖轮,由提供拖轮服务的港口经营人向船方计收拖轮费。

拖轮费属于政府指导价的经营服务性收费。

2. 历史沿革

拖轮费一直是由中央政府定价,《计费办法》(交水发〔2016〕206号)规定,港口经营人可以在不超过按拖轮功率(马力)、作业时间确定的收费标准范围内,根据接受拖轮服务的船舶吨位、船长、进出港次数等情况综合计收拖轮费。节假日、夜间对航行国际航线船舶的拖轮费加收的比例由50%降为45%。拖轮费实行政府指导价、上限管理,拖轮费以调整后的收费标准为上限,港口经营人可在不超过上限收费标准范围内,根据市场供求和竞争状况自主制定具体收费标准。

2016年7月修订《计费办法》改变了拖轮的计费方式,2018年6月进一步规范了拖轮费的管理。2019年4月航行国内航线拖轮费的收费标准降低了5%。

3. 收费方式和标准

拖轮费按照《计费办法》第二十五条的规定收费,拖轮费计费方式由按拖轮功率(马力)和工作时间收费改为按被拖船类型和大小收费,分为国际航线船舶、国内航线船舶和国内内河航线船舶3个标准。拖轮费按照不同船舶类型被拖船舶的船长确定单价,再乘以使用拖轮数量计收;沿海港口的船舶靠离泊和引航或移泊使用拖轮艘数的配备标准由所在地港口行政管理部门会同海事管理机构提出,各省级交通运输主管部门对其合规性、合理性进行审核后公布。长江干线拖轮艘数的配备标准由交通运输部长江航务管理局会同沿江相关省级交通运输主管部门制定,并对外公布。

拖轮费的收费主体是提供拖轮服务的港口经营人,缴费义务人是船方。

根据《计费办法》第二十六条的规定,被拖船舶靠离的泊位与最近的拖轮基地距离超过30海里但小于等于50海里的,其拖轮费可按基准费率的110%收取;距离超过50海里的,可按120%收取。

除法律、法规、规章、国家标准或行业标准规定外,任何部门、单位不得强制要求使用拖轮进行护航或监护。

液化天然气船舶在港区内航行,按照液化天然气船舶安全作业标准规范等要求必须使用拖轮进行护航的,拖轮费按《计费办法》有关规定执行;其他船舶在港区内航行,自愿申请使用拖轮进行护航的,拖轮费由船方或其代理人与拖轮服务提供方协商确定。船舶在港区外航行,自愿申请使用拖轮或者根据有关规定使用拖轮护航的,拖轮费由船方或其代理人与拖轮服务提供方协商确定。

大、中型液化天然气船舶在港口靠泊时,按照液化天然气船舶安全作业标准规范等要求,必须使用消拖两用船进行监护的,相关收费按实际工作时间折算成拖轮艘次计费,实际工作时间每5小时计为1拖轮艘次(不足5小时按5小时计),每拖轮艘次费率按照《计费办法》规定执行。

4. 工作流程

根据来港船舶动态计划,船方或其代理人向拖轮经营人提出拖轮服务需求;拖轮经营人根据船方或其代理人申请,结合来港船舶动态情况,制订拖轮作业计划;拖轮经营人根据拖轮作业计划派出拖轮作业,特殊情况下可对计划调整;拖轮作业结束,到港船舶的船长在拖轮作业单上签字并填写作业时间、作业地点;拖轮经营人出具收费票据。

工作流程如下(图 2-5):

业务主要流程节点:交费主体向拖轮经营人提出申请,拖轮经营人受理后制订计划,开展工作,船长确认作业时间和地点。

计收费主要流程节点:拖轮经营人根据业务数据计费,交费主体交费后,经营人出具收费票据和收费明细清单。

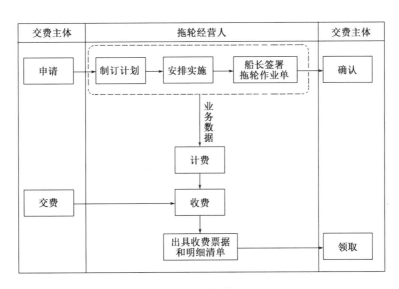

图 2-5 拖轮费工作流程

五、停泊费

1. 定义和性质

停泊在港口码头、浮筒的船舶,由提供停泊服务的港口经营人向船方计收停泊费。停泊费是港口经营人为船舶提供泊位所收取的费用。

停泊费属于政府指导价、上限管理的经营服务性收费,缴费义务主体为船方或其代理人。

2. 历史沿革

停泊费一直是由中央政府定价,为了适应行业发展新情况,减少收费项目和收费档次,

《计费办法》取消了内外贸船舶开关舱费和系解缆费,在停泊费中分别统筹考虑,航行国际航线船舶的停泊费收费标准由 0.23 元/(净吨·日)调整为 0.25 元/(净吨·日);航行国内航线船舶的停泊费收费标准由 0.06 元/(净吨·日)调整为 0.08 元/(净吨·日)。

2017 年 7 月修订《计费办法》,放开国际航线船舶多点挂靠停泊费的 30% 优惠。

3. 收费方式和标准

停泊费按照《计费办法》第二十八条、第二十九条、第三十条执行,收费标准分为 A、B、C 三档。对于一般航行国际、国内航线船舶,停泊费按照 A 标准以计费吨·日收取,综合考虑船舶的重量和停泊天数。对于特殊航行国际、国内的船舶,包括货物及集装箱装卸或上、下旅客完毕 4 小时后,因船方原因继续留泊的船舶、非港口原因造成的等修、检修的船舶(等装、等卸和装卸货物及集装箱过程中的等修、检修除外)、加油加水完毕继续留泊的船舶、非港口工人装卸的船舶、国际客运和旅游船舶,按照 B 标准以计费吨·小时收取停泊费。对于停泊在港口锚地的航行国际航线船舶,由负责维护港口锚地的单位向船方按照 C 标准以计费吨·日收取停泊费。

减免收费情形:由于港口原因或特殊气象原因造成船舶在港内留泊,以及港口建设工程船舶、军事船舶和执行公务的公务船舶留泊,免收停泊费。

4. 工作流程

船方或其代理人预报船舶靠泊时间,港口经营人安排停泊计划,完成船舶停泊,填写装卸作业签证单。船方核对作业签证单并签字,港口经营人审核单证,无误后开票。

工作流程如下(图 2-6):

业务主要流程节点:交费主体向港口经营人提出申请。港口经营人受理后制订计划,填写装卸作业签证单。船方核对单证并签字。

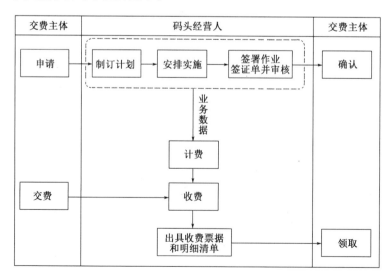

图 2-6 停泊费工作流程

计收费主要流程节点:港口经营人根据业务数据计费。交费主体交费后,经营人出具收费票据和收费明细清单。

六、围油栏使用费

1. 定义和性质

海面或水面发生溢油事故时,为了防止油层扩散,便于溢油清除,需用围油栏限制油层。船舶按规定使用围油栏,由提供围油栏服务的单位向船方收取围油栏使用费。

围油栏使用费属于执行政府指导价的经营服务性收费。

2. 计费方法

航行国际航线船舶的围油栏使用费,1000 净吨以下船舶按每船·次 3000 元计收,1000～3000 净吨船舶按每船·次 3500 元计收,3000 净吨以上船舶按每船·次 4000 元计收;航行国内航线船舶的围油栏使用费,500 净吨以下船舶按每船·次 1000 元计收,500～1000 净吨船舶按每船·次 1200 元计收,1000 净吨以上船舶按每船·次 1400 元计收。

3. 工作流程

工作流程如下(图 2-7):

业务主要流程节点:交费主体向围油栏经营人提出需求。围油栏经营人受理后制订计划,开展工作。

计收费主要流程节点:围油栏经营人根据业务数据计费。交费主体交费后,经营人出具收费票据和收费明细清单。

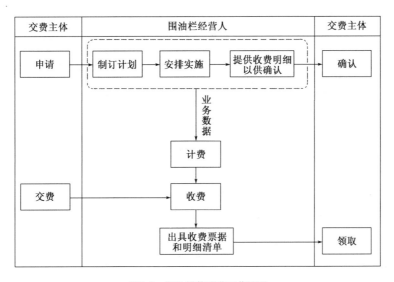

图 2-7 围油栏使用费工作流程

七、港口作业包干费

1. 定义和性质

根据《交通运输部国家发改委关于放开港口竞争性服务收费有关问题的通知》（交水发〔2014〕253号）中关于简化港口收费项目的要求，对于港口作业的全过程实行包干计费。

国内客运和旅游船舶港口作业费的收费标准在《计费办法》制定前，一直是《水路旅客运输规则》规定的内容，但其实际属于港口作业的范围，为了协调一致，顺利衔接，经两部委协商，继续执行《关于修改〈水路旅客运输规则〉的决定》（交通运输部令2014年第1号）规定的收费标准，在《计费办法》中增加国内客运和旅游船舶港口作业费收费的相关内容，《水路旅客运输规则》下次修订时，不再涵盖国内客运和旅游船舶港口作业费的内容。2017年7月修订调整《计费办法》，其中已将国内客运作业费纳入港口作业包干费，实行市场调节价。此次修订取消国内客运作业费政府定价，实行市场调节价。

货物及集装箱从进港到出港的全过程，港口经营人在向多数用户普遍提供的服务作业基础上，按照用户需求，增减作业环节或者服务内容时，可以根据实际作业环节、服务内容差异，分别制定不同的港口作业包干费收费标准，按规定公示后执行。

港口经营人为船舶运输的货物及集装箱提供港口装卸等劳务性作业，向船方、货方综合计收港口作业包干费；港口经营人为客运和旅游船舶提供港站使用等服务，向客运和旅游船舶运营企业综合计收港口作业包干费，由客运运营企业向港口经营人支付，不直接向旅客收取。

港口作业包干费属于执行市场调节价的经营服务性收费。

2. 计费方法

港口经营人应分别将货物及集装箱港口作业、客运港口服务所收费用纳入港口作业包干费，不得单独设立收费项目另行收费。港口作业包干费不得包含实行政府定价、政府指导价的收费项目。

港口包干作业费由港口经营人自主制定，对于该费用对应的服务内容和收费标准，应以目录清单的形式明码标价，不得随意变更。

3. 工作流程

1）集装箱

集装箱装卸流程包括：

集装箱从船上（集装箱车上）卸到堆场堆存或装上货方集装箱车（船）离港。汽车、火车、驳船的集装箱装卸及其他各类场内搬移作业等根据作业委托人的申请执行。

在完成各项港口作业内容后，港口经营人在港口生产信息系统中记录单船集装箱箱号、箱型、尺寸、内外贸、中转等属性，以及客户申请的场内作业，按单船核对港口经营人信息系统的数据与船东发送的整船箱量报告，审核无误后，根据实际发生的作业内容向不同付费人计收港口作业包干费。

工作流程如下(图2-8):

业务主要流程节点:交费主体向港口经营人提出需求,港口经营人受理后制订计划,开展工作。

计收费主要流程节点:港口经营人根据业务数据计费,交费主体交费后,港口经营人出具收费票据和收费明细清单。

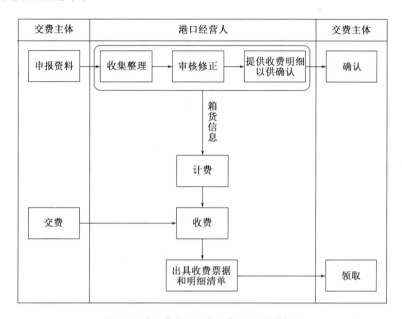

图2-8　港口作业包干费工作流程(集装箱)

2)散杂货

港口经营人与作业委托人签订单航次港口作业合同;港口经营人根据货物种类、性质、作业要求进行港口作业,作业完毕后复核数据,计收港口作业费用。

工作流程如下(图2-9):

业务主要流程节点:交费主体向港口经营人提出需求。港口经营人受理后制订计划,开展工作。

计收费主要流程节点:港口经营人根据业务数据计费。交费主体交费后,港口经营人出具收费票据和收费明细清单。

3)客运和旅游船舶

港口经营人与客运和旅游船舶公司签订年度客运作业合同。港口经营人通过检验确认船票后,提供港口相应的作业服务每月度统计汇总,并与船方或其代理人结算港口作业包干费用。

工作流程如下(图2-10):

业务主要流程节点:交费主体向港口经营人提出需求,港口经营人受理后制订计划,开展工作。

计收费主要流程节点:港口经营人根据业务数据计费,交费主体交费后,港口经营人出具收费票据和收费明细清单。

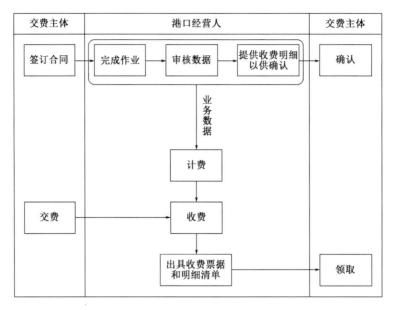

图2-9　港口作业包干费工作流程(散杂货)

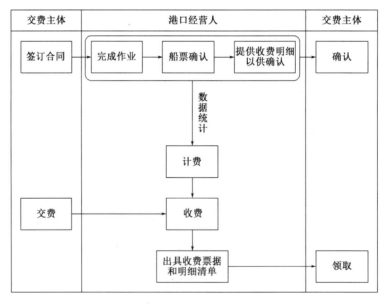

图2-10　港口作业包干作业费工作流程(客运和旅游船舶)

八、库场使用费

1. 定义和性质

货物及集装箱在港口仓库、堆场堆存,或经港口经营人同意,在港口库场进行加工整理、抽样等,由港口经营人向货方或其代理人计收库场使用费。

库场使用费属于执行市场调节价的经营服务性收费。

2019年3月修订的《计费办法》将堆存保管费、库场使用费合并名称为库场使用费。

2. 计费方法

库场使用费的计收应符合《计费办法》第四十条的规定,具体收费标准由港口经营人自主制定并向社会公示。

3. 作业流程

业务主要流程节点:库场使用委托人向港口经营人提出申请委托,双方根据库场使用情况签订委托协议和签订委托书,费用结算可以按照实际情况采用当场结算或其他协商方式支付。

计收费主要流程节点:港口经营人根据双方确认的数据及收费标准计费,委托人交费后,港口经营人出具收费发票,详见图2-11。

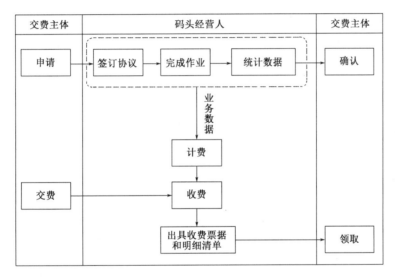

图2-11 库场使用费工作流程

九、船舶供应服务费和船舶污染物接收处理服务费

1. 定义和性质

为船舶提供供水(物料)、供油(气)、供岸电等供应服务,由提供服务的单位向船方或其代理人收取船舶供应服务费。

为船舶提供垃圾接收处理、污油水接收处理等船舶污染物接收处理服务,由提供服务的单位向船方或其代理人收取船舶污染物接收处理服务费。

船舶供应服务费和船舶污染物接收处理服务费属于执行市场调节价的经营服务性收费。

2019年3月修订的《计费办法》将供水(物料)服务费、供油(气)服务费、供电服务费合并称为船舶供应服务费;将垃圾接收处理服务费、污油水接收处理服务费合并称为船舶污染物接收处理服务费。

2. 计费方法

船舶供应服务和船舶污染物接收处理服务的收费标准由港口经营人自主制定并向社会公示。水、油、气、电价格按照国家规定价格政策执行。

3. 作业流程

客户申请提供加淡水服务、岸电服务、垃圾接收处理等，港口经营人按客户申请及实际情况填写供水、供电、垃圾接收处理签证单，按签证单数据开票，一船一结。

工作流程如下（图2-12）：

业务主要流程节点：交费主体向港口经营人提出需求。港口经营人受理后制订计划，开展工作。

计收费主要流程节点：港口经营人根据业务数据计费。交费主体交费后，港口经营人出具收费票据和收费明细清单。

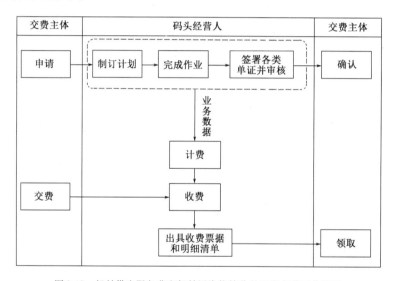

图2-12 船舶供应服务费和船舶污染物接收处理服务费工作流程

十、理货服务费

1. 定义和性质

港口经营人提供国际、国内航线船舶货物或集装箱理货、理箱；集装箱装、拆箱理货；货物计量、丈量；船舶水尺计量；监装、监卸；货损、箱损检验与鉴定；出具理货单证及理货报告；理货信息咨询以及易流态化固体散装货物取样监装等相关理货服务，港口经营人向船方或其代理人或其他委托方（以下简称"委托方"）收取理货服务费。

理货服务费属于执行市场调节价的经营服务性收费。

2. 历史沿革

中国外轮理货总公司成立以来,理货费实行中央政府定价,经多次修改完善,交通部于1993年和1994年先后颁发《航行国际航线船舶及外贸进出口货物理货费收规则》(交财发〔1993〕272号)和《关于调整航行国际航线船舶理货费、救捞费、代理费的通知》(交财发〔1994〕16号)(即《航行国际航线船舶理货费率表》),理货机构据此计收理货费。2014年12月8日,《关于废止37件交通运输规章的决定》(交通运输部令2014年第17号)废止了交财发〔1993〕272号文。2016年6月1日,交通运输部《关于废止一批政策性文件的决定》(交办发〔2016〕95号)废止了交财发〔1994〕16号文。2017年7月12日,交通运输部、国家发改委发布《关于印发〈港口收费计费办法〉的通知》(交水发〔2017〕104号),确定自2017年9月15日起,理货服务费实行市场调节价,由理货公司与委托方协商确定具体收费标准。

3. 计费方法

理货服务费的收费标准由港口经营人根据理货服务内容与委托方协商确定。

4. 工作流程

1)集装箱船舶理货

理货经营人根据与委托方签署的长期或单船理货协议,依据舱单信息或委托方提供的其他理货依据,以箱为单元,船舷为界,核对集装箱箱号、箱型、尺寸,检查箱体外表状况,指导和监督货物装卸船,协助做好配积载等工作,记录和绘制实际集装箱积载图,汇总船图以及办理集装箱交接签证,向委托方提供船图报文、分港集装箱明细等相关信息服务。

在完成集装箱船舶理货服务后,理货经营人根据与船方交接办理的理货单证,按单船核对委托人发送的船舶装卸集装箱信息,无误后根据理货协议约定向委托方计收理货服务费。

2)件杂货船舶理货

理货经营人根据与委托方签署的长期或单船理货协议,依据舱单信息或委托方提供的其他理货依据,以票为单元,船舷为界,核对货物标志,按票理清货物数量、分清货物种类和归属,检查货物包装或外表是否异常,指导和监督货物装卸船,协助做好配积载工作,记录货物实际积载状况并编制货物积载图,办理货物双边交接签证、出具实际装卸船货物状态和数量的记录或证明,向委托方提供装卸进度查询等相关信息服务。

在完成件杂货船舶理货服务后,理货经营人根据与船方交接办理的理货单证,按单船与委托方核对实际装卸货物数量,无误后,向委托方计收理货服务费。

3)装拆箱理货

理货经营人根据与委托方签署的理货协议,依据舱单信息或委托方提供的其他理货依据,以箱为单元,按票核对货物标志,理清货物数量、分清货物种类和归属,检查箱体及货物包装或外表是否异常,指导和监督货物装拆箱,协助做好配积载工作,记录货物实际积载状况并出具实际装拆箱货物状态和数量的记录或证明。

在完成装拆箱理货服务后,理货经营人根据与委托方签订的理货协议,计收理货服务费。

4)监装监卸

理货经营人根据与委托方签署理货协议,对于货物装卸船、装拆箱等作业环节,按照要求和规定实施过程监控、指导和记录并提供相应的监装监卸报告。

在完成监装监卸理货服务后,理货经营人根据与委托方签订的理货协议,计收理货服务费。

5)船舶水尺计量

理货经营人根据与委托方签署的理货协议,按照要求和规定通过查看船舶水尺计算船舶、货物重量,并提供相应水尺计量报告。

在完成船舶水尺计量服务后,理货经营人根据与委托方签订的理货协议,计收理货服务费。

6)货物计量、丈量

理货经营人根据与委托方签署的理货协议,使用合格的计量工具按照要求和规定对于货物所占仓容、货物体积、重量等进行测量并出具相应的计量、丈量报告。

在完成货物计量、丈量服务后,理货经营人根据与委托方签订的理货协议,计收理货服务费。

7)理货信息咨询服务

理货经营人根据与委托方签署理货协议,按照理货协议的约定向委托方提供信息。

在完成提供理货信息后,理货经营人根据与委托方签订的理货协议,计收理货服务费。

8)易流态化固体散装货物取样监装

理货经营人根据与委托方签署理货协议,按照规定从货堆上取得能够代表本批货物的样品;取得能够代表货物特性的试样送检;留存样品备查;从检验机构取得检测结果并转交客户。装船出运过程中,全过程对货物含水率变化情况实施监控,汇总监测结果,出具客观翔实的已装船货物含水率汇总报告。

在完成易流态化固体散装货物取样监装服务后,理货经营人根据与委托方签订的理协议,计收理货服务费。

9)工作流程

工作流程如下(图2-13):

业务主要流程节点:委托方与理货经营人签订理货协议。理货经营人根据理货协议制订计划,开展工作。

计收费主要流程节点:理货经营人根据业务数据计费。委托方交费后,理货经营人出具收费票据和收费明细清单。

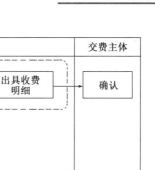

图 2-13 理货服务费工作流程

第三节 企业制定港口收费标准的案例

在交通运输部和国家发改委的收费政策出台后,各港口经营人将根据两部委的收费规定,制定各港的服务收费项目标准。下面以宁波港口集团为例和天津中联理货有限公司为例具体说明。

一、宁波舟山港集装箱服务收费项目标准

1. 总则

(1)根据交通运输部、国家发改委《关于放开港口竞争性服务收费有关问题的通知》(交水发〔2014〕253号)及交通运输部《关于明确港口收费有关问题的通知》(交水发〔2014〕255号)(以下简称《通知》)、《港口收费收费办法》(交水发〔2015〕206号)等有关规定,结合本港实际制定。

(2)本标准适用于宁波舟山港集团(以下简称"集团公司")及下属的在宁波舟山港域内从事港口经营的全资子公司、分公司、控股子公司(以下简称"基层公司"),集团公司投资设立的其他公司可参照本标准执行。

(3)本标准自 2016 年 1 月 1 日 00:00 起实行。

(4)本标准内未明确的港口收费项目和收费标准,按国家有关规定和标准执行。

(5)本标准所公布的收费标准为最高价格,实际收费标准和费用结算方式按照与班轮公司约定的《港航协议》、与货方约定的《港口费收协议书》以及其他委托作业协议等执行。

(6)集装箱港口作业包干费应根据实际作业环节、服务内容(表 2-5)分别制定不同的港口

作业包干费收费标准,最高收费不超过本标准所公布的服务作业项目收费标准之和,并按实际发生的服务作业内容向不同付费人分摊计收。

服务作业内容　　　　　　　　表2-5

对象	作业方式	服务作业内容
船方	作业方式1	装/卸船(包括翻装)
	作业方式2	场内作业
	作业方式3	辅助查验
	作业方式4	管空服务
	作业方式5	装/卸船、场内作业
	作业方式6	装/卸船、辅助查验
	作业方式7	装/卸船、管空服务
	作业方式8	装/卸船、场内作业、辅助查验
	作业方式9	装/卸船、场内作业、管空服务
	作业方式10	装/卸船、辅助查验、管空服务
	作业方式11	装/卸船、场内作业、辅助查验、管空服务
货方	作业方式1	场内作业
	作业方式2	火车集疏港
	作业方式3	辅助查验
	作业方式4	集装箱货运站
	作业方式5	管空服务
	作业方式6	场内作业、管空服务
	作业方式7	场内作业、火车集疏港
	作业方式8	管空服务、火车集疏港
	作业方式9	场内作业、管空服务、火车集疏港

(7)本费率表由集团公司业务部负责解释。

2.港口作业包干费收费标准

(1)装/卸船(表2-6)

装/卸船收费标准(单位:元)　　　　　　　　表2-6

箱型		外贸	内贸	中转
20英尺①	装载一般货物的集装箱	608.36	305.54	250
	空箱	420.49	152.77	160
	装载危险货物的集装箱	912.54	458.31	280
	冷藏重箱	668.98	333.31	280
	冷藏空箱	463.38	166.66	180

---

① 1英尺=0.3048米。

第二章 港口收费项目和标准

续上表

箱 型		外 贸	内 贸	中 转
40英尺	装载一般货物的集装箱	912.60	458.30	375
	空箱	630.66	229.15	240
	装载危险货物的集装箱	1368.90	687.45	420
	冷藏重箱	1003.68	499.97	420
	冷藏空箱	695.00	249.98	270

注:1.总重超过箱体最高限重(限重小于32吨的按32吨计)但不超过40吨的,超限箱、非标准箱超限部分宽度左右各不超过(含)50厘米,或长度前后各不超过(含)50厘米,或高度不超过(含)120厘米的按相应箱型加收100%;超过范围之一的按相应箱型加收200%。非标准集装箱是指尺寸与标准箱不同的集装箱、变形箱和超限箱,但长宽与标准箱相同的高箱、不调换装卸索具的开顶箱及四周不超限的框架箱,按相应箱型标准箱计费。

2.45英尺、53英尺集装箱按40英尺集装箱费率加收50%。

3.中转作业一程船和二程船各按50%分别计收,另行约定除外。

4.装/卸船作业过程包括:

(1)进口重箱的包干范围:将重箱的一般加固拆除,从船上卸到堆场,分类堆存,从堆场装上集装箱车出场。

(2)出口重箱的包干范围:将重箱从集装箱车卸到堆场或从港方本码头集装箱货运站(仓库)送回堆场,分类堆存,装船并进行一般加固。

(3)进口空箱的包干范围:将空箱的一般加固拆除,从船上卸到堆场,分类堆存;从堆场装上集装箱车出场。

(4)出口空箱的包干范围:将空箱从集装箱车卸到堆场,装船并进行一般加固。

(5)箱体检验、重箱过磅以及编制有关单证。

5.翻装:

(1)船舶实际靠泊前提前6小时提出申请,20英尺、40英尺集装箱分别向申请人计收297元、445.8元;冷藏箱20英尺、40英尺分别计收322.2元、495元。

(2)船舶实际靠泊前6小时内提出申请,20英尺、40英尺集装箱分别向申请人计收396元、594.4元;冷藏箱20英尺、40英尺分别计收429.6元、660元。

(3)45英尺、53英尺集装箱按40英尺集装箱费率加收50%。

(4)总重超过箱体最高限重(限重小于32吨的按32吨计)但不超过40吨的,超限箱、非标准箱超限部分宽度左右各不超过(含)50厘米,或长度前后各不超过(含)50厘米,或高度不超过(含)120厘米的按相应箱型加收100%。

(5)超过范围之一的按相应箱型加收200%。

(2)场内作业(表2-7)

场内作业收费标准(单位:元)   表2-7

服务作业内容		收 费 标 准	
搬移	客户提出申请发生的搬移作业及进口重箱堆存期超过15天后转栈产生的搬移作业等	20英尺	99
		40英尺	148.6

注:1.搬移:根据客户申请,每申请1次(单次不论申请几种搬移作业)计1次,同一集装箱进出港、同一付费人在同一船名航次内以实际发生先后次序最高按二次收费标准计收。搬移集装箱需相应搬移其他箱子时,其他箱子不另行计收。

2.甬舟公司短驳和调箱门另行按实际发生计收,其中,短驳:宁波港域对接码头至甬舟公司短驳普通重箱20英尺、40英尺分别计收49.5元、74.3元,冷藏重箱20英尺、40英尺分别计收53.70元、82.50元,危险品重箱按相应普通箱型加收50%;调箱门:20英尺、40英尺统一按20元计收。

3.搬移:冷藏20英尺、40英尺分别计收107.4元、165元;危险品重箱按相应普通箱型加收50%;45英尺、53英尺集装箱按40英尺集装箱费率加收50%;总重超过箱体最高限重(限重小于32吨的按32吨计)但不超过40吨的,超限箱、非标准箱超限部分宽度左右各不超过(含)50厘米,或长度前后各不超过(含)50厘米,或高度不超过(含)120厘米的按相应箱型加收100%;超过范围之一的按相应箱型加收200%。

— 47 —

(3) 火车集疏港（表 2-8）

火车集疏港收费标准（单位：元）　　　　　　　　　表 2-8

箱　型		港站装卸	铁　　路	火车集疏港（包干）
20 英尺	重箱	150	52	202
	空箱	150	30	180
40 英尺	重箱	225	104	329
	空箱	225	60	285

注：1. 港站装卸作业为集装箱进出港站发生的火车、汽车装卸作业以及与堆场之间的往返；铁路部分包括铁路线使用和货车取送，分别按到达和发送各计收 1 次。

2. 非海铁联运集装箱相关基层公司可在以上收费标准上实行下浮；海铁联运集装箱火车集疏港由集团公司在公布费率的基础上另行明确优惠政策。

(4) 辅助查验（表 2-9）

辅助查验收费标准（单位：元）　　　　　　　　　表 2-9

服务作业内容			单位	收 费 标 准	
				20 英尺	40 英尺
空箱查验（包干）		视频查验包括 2 次装卸车和开箱门	元/箱	130	180
		人工查验包括 4 次装卸车和开箱门		230	330
辅助查验倒箱作业（包干）	开箱门	包括开箱门、装卸车、拖运	元/箱次	300	450
	开箱掏 1/2	包括开箱门、装卸车、拖运、重箱半掏箱或全掏箱	元/箱次	450	600
	开箱全掏			600	900
H986 机辅助查验作业（包干）		提供为透视机查验的作业服务和过磅	元/箱次	215	365

注：1. 辅助查验倒箱费（包干）以 1 个作业指令、归位确认为限定，不得分解作业重复性收费。同一辅助查验作业项目、同一集装箱进出港、同一付费人发生 2 次以上作业时，择高计收 1 次。

2. 45 英尺、53 英尺集装箱按 40 英尺集装箱费率加收 25%；辅助查验倒箱作业（包干）只限于一般的普通货物，如属冷藏货物、危险品货物、冷藏危品货物，则在相应包干费率基础上加收 50%，空箱查验除外。

3. 辅助查验倒箱作业（包干）范围外发生的查验货物出入库收费按照集装箱货运站货物（包干）提货的收费标准计收，货物体积以集装箱装载的实际货物体积为准。查验货物出入库收费最高价格如下：20 英尺集装箱为 30 立方米；40 英尺平箱为 60 立方米，40 英尺高箱为 70 立方米，45 英尺、53 英尺集装箱为 80 立方米计收，不得另行收取各类分项的作业费用。

(5) 集装箱货运站（表 2-10）

集装箱货运站收费标准（单位：元）　　　　　　　　　表 2-10

服务作业内容		计费单位	20 英尺	40 英尺
装、拆箱（包干）	包括装卸车和集装箱货物装、拆箱人工作业，但不包括指定堆场的装、卸车	元/箱	600	900

续上表

服务作业内容			计费单位	20英尺	40英尺
汽车拆箱(包干)		包括拆铅封、开箱门、解除商品车绑扎、集装箱搬移、吊装、重箱称重、汽车提车等作业	元/箱	415	550
货物(包干)	提货	货物提货、卸货作业以及对货物及其包装进行简单加工处理等	W/M	20	
	拼箱		W/M	40	
	卸货		W/M	30	

注:1. 装、拆箱(包干):进口拼箱以及同一个箱子发生拆箱、装箱作业均在相应箱型的基础上加收50%;货物掏空后装入另一集装箱的装、拆箱作业,按拆箱、装箱分别计收1次装、拆箱作业包干费。
2. 货物(包干):按重量吨和体积吨择大计算。
3. 库场使用费由各基层公司根据实际情况自行确定,并对外公布;拖运费、外理费等接受第三方委托使用港口经营人发票的代收代付款,基层公司在作业协议中另行明确收费项目及标准,并与第三方签订委托代收代付协议。
4. 基层公司可根据本单位的具体情况,在以上收费标准上实行下浮。

(6) 管空服务(表2-11)

管空服务收费标准(单位:元)   表2-11

服务作业内容		收费标准	
		20英尺	40英尺
空箱管理(包干)	空箱管理服务	30	50
冷箱预冷处理(包干)	冷箱预冷处理服务	225	275
搬移	提取或归还空箱等产生的搬移作业	50	75

注:1. 45英尺、53英尺集装箱按40英尺集装箱费率加收50%。
2. 若发生材料费、修箱费属港口经营收费范围外的收费项目及标准,基层公司在作业协议中另行明确。残损箱等特殊作业与委托方自行协商,按协议约定计收。
3. 基层公司可根据本单位的具体情况,在以上收费标准上实行下浮。

(7) 港口作业包干费最高价格(表2-12)

港口作业包干费最高价格(单位:元)   表2-12

类别	箱型		服务作业内容						合计
			装/卸船	场内作业	火车集疏港	辅助查验	集装箱货运站	管空服务	
船方	20英尺	普通货物	608.36	198	—	—	—	—	806.36
		空箱	420.49	198	—	230	—	30	878.49
	40英尺	普通货物	912.6	297.2	—	—	—	—	1209.8
		空箱	630.66	297.2	—	330	—	50	1307.86

续上表

类别	箱型		服务作业内容						合计
			装/卸船	场内作业	火车集疏港	辅助查验	集装箱货运站	管空服务	
货方	20英尺	普通货物	—	267.5	202	815	600	—	1884.5
		空箱	—	198	180	—	—	50	428
	40英尺	普通货物	—	391.5	329	1265	900	—	2885.5
		空箱	—	297.2	285	—	—	75	657.2

注:1. 冷藏、危险品等不同箱型的集装箱以及不同作业方式等加收收费分别按照港口作业包干费各服务作业标准执行。
2. 客户提出租用特殊平板需求,按500元/(箱·天)加收港口作业包干费。

3. 堆存保管费收费标准及免堆期❶

(1) 堆存保管费(空箱、进出口重箱)(表2-13)

堆存保管费(空箱、进出口重箱)[单位:元/(TEU·天)]　　表2-13

箱型	箱别	普通货	冷藏箱	危险品			备注
				5~7天	8~10天	10天以上	
20英尺	重	4	6	8	16	32	冷藏重箱电费另计
	空	4	4	4	4	4	
40英尺	重	8	12	16	32	64	冷藏重箱电费另计
	空	8	8	8	8	8	

注:1. 45英尺、53英尺堆存保管费按相应箱型加收100%;超限箱、非标准箱超限部分宽度左右各不超过(含)50厘米,或长度前后各不超过(含)50厘米,或高度不超过(含)120厘米的,堆存保管费按相应箱型加收100%;超过范围之一的堆存保管费按相应箱型加收200%。
2. 退关危险品箱无免费堆存期,1~4天堆存费按5~7天标准计收。
3. 对于堆存保管费(管空服务)、堆存保管费(火车集疏港),基层公司可在以上收费标准的基础上实行下浮,并与委托方自行协商,按协议约定计收。

(2) 堆存保管费(集装箱货运站)(表2-14)

堆存保管费(集装箱货运站)　　表2-14

收费项目	计费单位	收费标准	
堆存保管费(货物)	元/(计费吨·天)	最高免堆期、超额免堆期自行制定,最高免堆期结束至超额免堆期按0.3元/(计费吨·天)计收;超出超额免堆期2元/(计费吨·天)计收	0.3
			2

---

❶ 在2019年3月31日发布的《计费办法》中,堆存保管费已经与库场使用费合并称为库场使用费。

续上表

收费项目	计费单位	收费标准	
堆存保管费(货物)	元/计费吨	货物超过最高免堆期或者客户另行需求的货物在库场之间发生位移计收盘栈	10
堆存保管费(汽车)	元/(天·台)	免堆15天,16~30天10元/天,30天以后20元/天	

注:基层公司可根据本单位的具体情况,在以上收费标准上实行下浮。

(3)免堆期(表2-15)

免堆期(单位:天)   表2-15

箱 别	进 出 口	中 转
重	4	免收堆存费
空	4	14

注:1.进、出口箱免费堆存4天,退运箱免费堆存4天,退关箱无免费堆存期。
　　2.中转空箱免费堆存14天,中转重箱免收堆存费。

4.供水费(表2-16)

供 水 费   表2-16

收费项目			单 位	费率(元)
供水费(码头)	外贸	水费	元/吨	5.95
		劳务费	元/吨	8
	内贸	水费	元/吨	5.95
		劳务费	元/吨	4

注:水费按照宁波市物价局文件《关于调整城市供水价格和污水处理费标准的通知》(甬价管〔2009〕111号)计收,劳务费包括供水手续(劳务)费、节假日及夜班附加费。

5.供电费❶(表2-17)

供 电 费   表2-17

收费项目	包干期	箱型(英尺)	费率(元)
供电费(船舶使用岸电)	—	—	2元/(千瓦·时)(实际用电量)
供电费(冷藏箱制冷)	进口包干4天	20	250
		40	450
	出口包干3天	20	200
		40	380
	包干期外以及中转和翻装进场的	20	80元/(箱·天)
		40	145元/(箱·天)

注:转码头冷藏箱制冷包干天计算超出实际发生天数的,由转出的码头公司减少1天计收。

二、宁波港股份有限公司货物港口作业包干费标准(表2-18)

三、天津中联理货有限公司理货服务费收费标准(表2-19、表2-20)

---

❶ 在2019年3月31日发布的《计费办法》中,将供水(物料)服务费、供油(气)服务费、供电服务费合并称为船舶供应服务费。

表 2-18

宁波港股份有限公司货物港口作业包干费标准（外贸）

编号	货类	操作过程	港口作业包干费（元/吨）			计费单位	备注
			费率一	费率二	费率三		
1	铁矿（粉）	船-场-船	23.5	27.1	30.5	重量吨	所包含按实计收:驳运3元/吨;取制样0.4元/吨;困难作业3元/吨
		船-场-火车	29.45		33.25		所包含按实计收:驳运3元/吨;泡沫堵漏服务0.8元/吨;困难作业3元/吨
		船-场-汽车	20.6	23.6	25.6		所包含按实计收:驳运3元/吨;泡沫堵漏服务0.8元/吨;困难作业3元/吨
		船-场-流程-火车	25.45		29.25		所包含按实计收:困难作业3元/吨
		船-场	20		23		所包含按实计收:困难作业3元/吨
		船-船	22.5		24.5		所包含按实计收:困难作业2元/吨
2	铁矿（块、球）	船-场-船	27.3	29.9	34.3		所包含按实计收:驳运3.6元/吨;取制样0.4元/吨;困难作业3元/吨
		船-场-火车	33.15		36.95		所包含按实计收:困难作业3元/吨;泡沫堵漏服务0.8元/吨
		船-场-汽车	29.15		32.95		所包含按实计收:困难作业3元/吨;泡沫堵漏服务0.8元/吨
		船-场	20.6	23.6	25.6		所包含按实计收:困难作业3元/吨
		船-船	23.2		26.2		所包含按实计收:困难作业2元/吨
3	金属矿（除铁矿）	船-场	26.3		28.3		所包含按实计收:困难作业2元/吨
		船-场-船	33.1	36.1			所包含按实计收:驳运3元/吨;困难作业3元/吨
		船-场-火车	32.6	35.6			所包含按实计收:驳运3元/吨;困难作业3元/吨
		船-场-汽车	32.4	35.4			所包含按实计收:驳运3元/吨;困难作业3元/吨
		船-船	35.4				所包含按实计收:困难作业2元/吨
4	精矿（除铁矿）	船-场-船	25	28	30		所包含按实计收:驳运3元/吨;困难作业2元/吨
		船-场-火车	26.6	29.6	31.6		所包含按实计收:驳运3元/吨;困难作业2元/吨
		船-场-汽车	22.6	25.6	27.6		所包含按实计收:驳运3元/吨;困难作业2元/吨
		船-船	19		21		所包含按实计收:困难作业2元/吨

续上表

编号	货类	操作过程	港口作业包干费(元/吨) 费率一	费率二	费率三	计费单位	备注
5	非金属矿、砂土	船-船	38.1			重量吨	
		船-场-火车	37.6				
		船-场-汽车	35.6				
		车-库-船	35.1				
		车-场-船	31.7				
6	加工成形的石料	船-场-船	37.4				
		船-场-火车	36.9				
		船-场-汽车	34.9				
7	卵石	船-场-船	37.4				
		船-场-火车	36.9				
		船-场-汽车	34.9				
8	石油焦	船-场-船	28	33	30		所包含按实计收:驳运5元/吨
		船-场-火车	27.5	32.5	31.5		所包含按实计收:驳运5元/吨
		船-场-汽车	27.5	32.5	31.5		所包含按实计收:驳运5元/吨
		船-船	18	23	19		所包含按实计收:驳运5元/吨
9	煤炭(北仑港区)	船-场-船	23	28			所包含按实计收:驳运5元/吨;困难作业2元/吨
		船-场-火车	24.5	29.5			所包含按实计收:驳运5元/吨;困难作业2元/吨
		船-场-汽车	24.5	29.5			所包含按实计收:驳运5元/吨;困难作业2元/吨
		船-船	17				所包含按实计收:驳运4元/吨;困难作业2元/吨
		船-场-船	25	29	33.2		所包含按实计收:驳运4元/吨;困难作业2元/吨;取样0.2元/吨

续上表

编号	货类	操作过程	港口作业包干费（元/吨） 费率一	费率二	费率三	计费单位	备注
9	煤炭（镇海港区）	船-场-火车	24.5	28.5	32.7	重量吨	所包含按实计收;驳运 4 元/吨;困难作业 4 元/吨;取样 0.2 元/吨
		船-场-汽车	24.5	28.5	32.7		所包含按实计收;驳运 4 元/吨;困难作业 4 元/吨;取样 0.2 元/吨
10	水泥	船-管道-汽车	12.2				
11	水泥熟料	船-场-汽车	22.6				
		车-场-船	24.9				
12	糖	船-场-船	35.9				
		船-场-火车-汽车	35.4				
13	盐	船-场-船	27.5	32.5			所包含按实计收;驳运 5 元/吨
		船-场-火车	26.5	31.5			所包含按实计收;驳运 5 元/吨
		船-场-汽车	25.5	30.5			所包含按实计收;驳运 5 元/吨
		船-车	22.4	27.4			所包含按实计收;驳运 5 元/吨
		船-船	22.5				
14	化肥	船-场-船,火车,汽车 车-场-船	34.5				危险货物加收 20%。所包含按实计收;灌包 15 元/吨
		车-场-船,火车,汽车	32.5		47.5		
15	小麦,玉米,大麦,大豆,油菜籽	船-场,船,火车,汽车	27.4				所包含按实计收;困难作业 15 元/吨
		船-筒仓-船	17		32		
			21.7		36.7		

— 54 —

续上表

编号	货 类	操作过程	港口作业包干费（元/吨）			计费单位	备 注
			费率一	费率二	费率三		
16	木薯片	船-场(库)-汽车	40.5				
17	金属矿（大袋包装）	船-汽车	38.5				
		船-场-汽车	36.5				
		船-场-汽车	34.5				
		场-灌包装船	19				
18	非金属矿（除石墨）、砂土（大袋包装）	船-场-船	33.8				
		船-场-火车	31.9				
		船-场-汽车	33.3				
19	化肥（小袋包装）	船-场-船	52.1			重量吨	危险货物加收20%,所包含按实计收;困难作业15元/吨;灌包15元/吨;第二次过磅1元/吨
		船-场-火车	49.4				
		船-场-汽车	48.3				
		车-场-船	35.5		66.5		
		船-场-船	31.1				
20	石墨（大袋包装）	船-场-火车	30.6				
		船-场-汽车	29.6				
		火车-场-船	28.9				
21	水泥（大袋包装）	船-场-船	31.9				小袋包装加收50%
		船-场-火车	31.2				
		船-场-汽车	29.2				

续上表

编号	货类	操作过程	港口作业包干费(元/吨) 费率一	费率二	费率三	计费单位	备注
22	鱼粉(小袋包装)	船-场-船	56.8			重量吨	
		船-场-火车	56.3				
		船-场-汽车	54.1				
23	PTA(大袋包装)	船-场-船	33				
		船-场-火车	32.5				
		船-场-汽车	30.4				
24	塑料粒子、PTA(小袋包装)	船-场-船	57.9				
		船-场-火车	57.4				
		船-场-汽车	55.2				
25	大米、小麦、玉米、大麦、大豆、油菜籽(小袋包装)	船-场-船	40.2				
		船-场-火车	39.7				
		船-场-汽车	38.6				
26	钢材类-钢结构-件重不超过5吨	船-场-火车	111.9				
		船-场-汽车	101.9				
27	钢材类-钢结构-件重5吨及以上	船-场-火车	141.9				
		船-场-汽车	131.9				
28	钢材类-钢坯、钢板、型材-非成捆钢管-件重不超过5吨	船-场-船	51				
		船-场-火车	50.5				
		船-场-汽车	45.5				

续上表

编号	货类	操作过程	港口作业包干费（元/吨）			计费单位	备注
			费率一	费率二	费率三		
29	钢材类-钢坯、钢板、型材、非成捆钢管-件重5吨及以上	船-船 船-场-火车 船-场-汽车	61 60.5 55.5			重量吨	
30	钢材类-其他-件重不超过5吨	船-场-船 船-场-火车 船-场-汽车	38 37.5 35.5				
31	钢材类-其他-件重5吨及以上	船-场 船-场-火车 船-场-汽车	48 47.5 45.5				
32	废碎金属（废铁、废钢，废五金）	船-场-车	49.4		49.9		所包含者按实计收；过磅0.5元/吨
33	废碎金属（废钢丝、废电缆，废电线）	船-场-车	64.4		64.9		
34	废碎金属[废碎金属、废不锈钢，有色金属（轻泡铁，铝）]	船-场-车	74.4		74.9		
35	超10吨大件	船-场-车 船-场	94.4 46.4				超重，超长不再加收
36	木材	船-场-船 船-场-汽车	44.7 38.7			体积吨	装车作业由货主自理的，核减2.00元/吨

续上表

编号	货类	操作过程	港口作业包干费(元/吨) 费率一	费率二	费率三	计费单位	备注
37	硫黄(液体)	船-管道池-船	36				
		船-管道池-火车	35.5				
		船-管道池-汽车	33.5				
38	硫黄(固体)	船-管道池-船	37.4				
		船-管道池-火车	36.9				
		船-管道池-汽车	34.9				
39	冷冻货物	船-驳	83.1				
		船-汽车	73.1				
40	组成车辆、游艇-轿车	船-码头(吊上吊下)	79.4				1. 船机作业或自行租用起吊设备作业的(不使用包干费的70%计收。滚上滚下作业(不使用港方动力和劳动力)的,按船机作业包干费的30%计收。
41	组成车辆-其他	船-码头(吊上吊下)	61.4				2. 进场目由港方作业的,加收20%。 3. 集装箱船捎带的,加收100%
42	设备-件重不超过5吨	船-船、汽车	123.8			重量吨	1. 每件长度超过12米满16米加收20%;每件长度超过16米满20米加收50%;每件长度超过20米加收100%。 2. "空容器",加收100%。
	设备-件重超过5吨满30吨	船-船、汽车	158.8				3. 集装箱船舶捎带的,加收100%。 4. 进场目由港方作业的,加收20%。
	设备-件重超过30吨满70吨	船-船、汽车	183.8				5. 船机作业或自行租用起吊设备作业的,按包干费的50%计收。
	设备-件重超过70吨满150吨	船-船、汽车	243.8				6. 滚装作业的,按包干费的50%计收。 7. 班轮条款按船方、货方以7:3比例分别计收包干费。
	设备-件重超过150吨满300吨	船-船、汽车	313.8				8. 对港口作业另有要求的,按实协商
	设备-件重超过300吨	船-船、汽车	403.8				

续上表

编号	货类	操作过程	港口作业包干费(元/吨) 费率一	费率二	费率三	计费单位	备注
43	原油	船→储罐→管道(管输)	15.93			重量吨	
		扣分成后的管道公司包干费	12.16				
		船→储罐→管道(算山卸货)	17.48				
		船→储罐→船(内贸)	17.78				
		船→管线→船(内贸)	19.58				
		船→锚地→船(内贸)	19.64				
		锚地(内贸)→船(内贸)	19.14				
44	汽油	船→储罐	25.3				不包括汽车装卸费用
45	柴油	船→储罐	17.2				不包括汽车装卸费用
46	燃料油	船→储罐	17.2				不包括汽车装卸费用
47	液体沥青	船(外贸进口)→储罐	25.9				
		储罐→船	25.9				
		船→车	29				
48	一般液体	火车、汽车→储罐(外贸)→船	19.15				1.包干费仅指发生在码头前沿的货物装卸船舶的港口作业包干费用。 2.从货主自有储罐管经管线直接装卸船的港口作业包干费执行现行协议价
		火车汽车、汽车→储罐(外贸)→船	17.2				
		储罐→船(内贸)	25.6				
		船(外贸、内贸)→储罐(外贸)	35.45				

续上表

编号	货类	操作过程	港口作业包干费（元/吨） 费率一	费率二	费率三	计费单位	备注
48	一般液体	船（外贸）→船（内贸）	25.6			重量吨	1. 包干费仅指发生在码头前沿的货物装卸包干费用。 2. 从货主自有储罐经管线直接装卸船的港口作业包干费执行现行协议价
		船（外贸,内贸）→船（外贸,内贸）	35.45				
		火车、汽车、储罐→船（外贸）	23.8				
		船（外贸,内贸）→火车、汽车、储罐	25.3				
49	危险液体	船（外贸）→储罐→船（外贸）	28.9				
		储罐→船（外贸）	40.4				
		船（外贸,内贸）→船（外贸）	28.9				
		储罐→船（外贸）	40.4				
50	乙烯	船-管道疏运	152.1				
51	豆粕(DDGS玉米酒糟粕)	船-船	20		35		所包含按实计收;困难作业15元/吨
52	出口桔子	场-船	59.4				
53	生铁	船-车	41.2		47.2		所包含按实计收;困难作业5元/吨,第一次过磅1元/吨
		船-场-车	45.9		51.9		
		船-场	43.2		49.2		
		船-船	51.2		57.2		
54	卷钢	船-库(场)-船	46.9		51.9		所包含按实计收;困难作业5元/吨
		车-场-船	46.9		51.9		

续上表

编号	货类	操作过程	港口作业包干费（元/吨）			计费单位	备注
			费率一	费率二	费率三		
55	纸浆	船底-船边	38.8			重量吨	所包含按实计收：困难作业 5 元/吨
		船边-场车	19.4		24.4		
56	滚装汽车	船边-船舱	30.3			取重量吨、体积吨较大值	
		堆场（仓库）-船边	19.21				

注：1. "费率一"为基础服务作业内容作业费用；"费率二"含基础服务作业内容和按实计收的驳运作业费用；"费率三"为最高价格包含基础服务作业内容和所有按实计收的作业费用，所按实计收费标准和费用根据客户需求按实约定。

2. 本费率表所公布的收费标准为最高价格，实际收费标准和费用结算方式根据客户作业协议按实约定。

3. 铁路部分港口作业包干费在本费率表基础上按实际发生计收，收费标准为：
(1) 北仑港区：①矿石（矿1、矿2、矿4、矿5、矿6）为1.05元/吨；②煤炭、工业盐、化肥等散杂货（1、3、4、7道）为1.05元/吨；③沥青（M13、M14道）为1.65元/吨；④其他散杂货（杂货线）为1.25元/吨。
(2) 镇海港区（M15、M16、M17、M18）为1.05元/吨；②液体化工（化工线）为2.25元/吨。

4. 本费率表由宁波港股份有限公司业务部负责解释。

天津中联理货有限公司理货服务费收费标准

表2-19

项目	类别	服务内容	计费单位	费率(元)
件杂货	1. 危险货物,冷冻、冷藏货物,有色金属	根据舱单信息,核对货物标志;按票理清货物数量,分清货种类和归属,检查货物包装外表是否异常,分清工残、原残;指导和监督货物装卸船,协助做好配积载工作;办理货物双边交接签证,出具实际货卸船积载图;记录货物实际积载状况并编制货卸船积载图;办理货物双边交接签证,出具实际装卸货物状态和数量的记录查询、个性化报文等相关信息服务;及时准确向海关传输理货报告	吨/立方米	6.80
	2. 每一吨重不足2立方米的列名外件货		吨	5.70
	3. 每一吨重满2立方米,不足4立方米的列名外件货		立方米	2.75
	4. 每一吨重满4立方米的各类货物		立方米	1.40
	5. 金属制材、原木		吨/立方米	3.40
	6. 袋装货、新闻纸、纸浆		吨	5.5
	分规格、分唛、挑小号	按照不同票、不同规格或标志细分货物类型归属的理货服务	吨/立方米	2.75
	内贸船舶理货业务	根据舱单信息,核对货物标志;按票理清货物数量,分清货种类和归属,检查货物包装外表是否异常,分清工残、原残;指导和监督货物装卸船,协助做好配积载工作,协助做好配积载图;办理货物双边交接签证,出具实际装卸货物状态的记录查询;提供装卸进度查询	吨	0.5
其他	散货水尺计重	通过对承运船舶的吃水及船用物料的测算,测算船舶排水量和有关物料重量,出具相关计量报告	吨	0.15
	监装监卸	掌握装卸货物明细资料,对装卸数字、实施全过程的监控,对卸货前、装卸货中、装卸完毕时,如实做好记录,对于装卸货过程中货物状态相关信息,根据客户需求实时向各客户提供装卸报告,图像资料,电子版材料等理货服务	票	500～3000
	易流态固体散装货物取样	受客户委托,严格按照规定从货堆上取得能够代表本批货物的样品,取得能够代表货物特性的试样送检;留存样品备查;从检验机构获得检测结果并转交客户	单批次质量≤15000吨	815
			15000吨＜单批次质量≤60000吨	1315
			单批次质量＞60000吨	1815

续上表

项目	类别	服务内容	计费单位	费率(元)
其他	易流态固体散装货物监装	装船出运过程中，全过程对货物含水率变化情况实施监控，汇总监测结果，出具客观详实的已装船货物含水率汇总报告	吨	0.3

散货理货费 暂行管理办法：
进口/出口散装货以单船货自然申报人为收费单位，每船次/自然申报人500元。因我司以外原因造成的删单重新发送，每次200元。

天津中联理货有限公司出证收费标准

表2-20

	出证项目	单证张数	价格
对外出证	散货形式理货出口证明	3张	免费
	理货删单申请	1张	免费
	件杂货残损证明	1张	每票100元
	出运证明/件杂货退关证明	3张	每票100元
	到港证明	3张	每票100元
拆装箱出证			100元/TEU

注：1. 出舱翻舱货理货，按相应费率加倍计收。
2. 船舶理货服务费最低收费标准为500元/艘次，内贸水尺计重理货服务费最低标准为750元/艘次。
3. 单件长度超过12米（不含原木）或质量大于10吨（不含金属制材）的非集装箱货物，按照相应类别加收30%理货服务费。
4. 计费单位为重量吨，尺码吨，计费原则采用择大计收原则。
5. 无法按理货量统计的理货服务，按原则计费，800元/天计收费用。
6. 如发生以上公示内容未包含的新业务，由双方平等协商达成价格协议。
7. 本收费标准制定依据：《港口收费计费办法》（交水发[2017]104号），自2017年9月15日起执行。

我国港口收费的状况与评估

第一节 收取与使用情况分析

一、港口建设费

2011年,中央直属海事机构接管港口建设费征管工作以来,设立了专门征收机构,配备了征管人员和软硬件设施,制定了征收规定,开发了征收管理系统,依托船舶签证、口岸查验,建立了"按货收费、按船验放"的港口建设费征管机制。具体征收环节,港口建设费由中央直属海事机构所属的政务中心、海事处及委托代收单位征收,对货主码头海事管理机构一般直接征收,对规模较大、经营实体单一的港口,由港口经营人代为征收,对零散的小货主,由船舶代理公司、货物承运人代为征收。2015年共设置海事直收站点1015个、委托代收站点423个。

2015年港口建设费征收额为196亿元(图3-1)。其中,海事直收29亿元,占15%;委托代收167亿元,占85%。内贸货物50亿元,占26%;外贸货物146亿元,占74%。

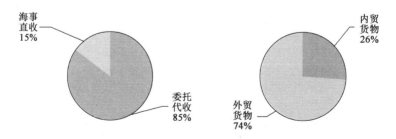

图3-1 2015年港口建设费征收情况

二、货物港务费

随着港口管理体制的改革,港口管理下放地方,实行政企分开。货物港务费执行情况复杂,各地情况不一。从收费性质看,大多数沿海港口是作为经营性收费管理的;长江干线及其他内河港口是作为行政事业性收费管理。从征收主体看,货物港务费的征收主体主要分为两类:港口行政管理部门和港口经营人。全国有19个省征收货物港务费;征收的19个省中:有6个省由港口经营人和港口行政管理部门同时征收;7个省由港口行政管理部门征收;6个省完全由港口经营人自收自用。由港口行政管理部门作为征收主体,采取的主要征收方式有三种:

(1)委托港口经营人代收:此种情况较为普遍,主要是由港口行政管理部门与港口经营人签订相关委托协议,由港口经营人代为征收。

(2)按定额征收:对于比较难以确认实际吞吐量的(如一些货主码头),采用一定的定额进行征收,分时期进行上缴。

(3)直接征收:是指由各市港航管理局的下属分局或管理所,采取直接向货主征收的形式。部分港口由于货物采用联运方式,很难找到货主或收货人,针对这种情况,一些地方已经明确货物进港或出港时由港口行政管理部门向承运人征收。

征收标准目前按照《港口计费收费办法》计收,2016年,全国港口货物港务费共收取56.6亿元(2017年上半年为30.0亿元)。

港口建设费和货物港务费具体征管情况详见表3-1。

长期以来,货物港务费一直由政企合一的港务局征收,主要用于港区基础设施维护和管理。随着港口体制改革,港口企业下放到所在地政府管理,货物港务费的管理也发生了变化。

由图3-2可知,根据调研的情况,2016年全国港口货物港务费共收取56.6亿元(2017年上半年为30.0亿元)。其中沿海港口收取52.2亿元,占总额的92%,浙江(除宁波港)、福建、广东(深圳港已取消、广州港由港口行政管理部门分成的50%已取消)、广西四省

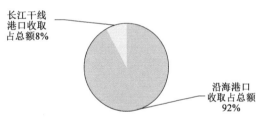

图3-2 2016年全国港口货物港务费收取情况

(区)由港口行政管理部门收取(均按经营服务性收费征收,总额为10.4亿元,并按50%向港口企业返还,其中广州港2018年由地方政府留存的50%取消),其余省份主要由港口企业收取,且大部分全部留在港口企业。长江干线港口共收取4.4亿元(按行政事业性收费征收,并按50%向港口企业返还),占收费总额的8%,2017年上半年降至1.6亿元。目前,仅剩下安徽继续按行政事业性收费收取,江苏内河港口已取消收取,江苏海港仅连云港港继续按经营服务性收费收取,江西、湖南先后于2017年6月、5月取消,其余内河省份大多于2015年取消。只有湖北明确了财政予以统筹安排,江苏、江西、湖南没有明确后续的省级财政保障措施。全国货物港务费收取情况详见表3-2。

货物港务费是港口企业和地方港政部门维护和管理港口基础设施的重要资金来源,征收的货港费为港口基础设施良好运行提供了有力保障,不仅使防波堤、航道、锚地等港口公用基础设施和码头及其前沿水域得到了有效维护,而且还激励了港口企业进一步加大了码头及其前沿水域建设和疏浚的投入,适应了船舶大型化,促进了港口规模化、集约化经营。

港口建设费和货物港务费具体征管情况

表 3-1

规费名称	港口建设费	货物港务费
性质	政府性基金	多数沿海港口作为经营性收费管理；长江干线及其他内河港口作为行政事业性收费管理
征收主体	港口所在地海事管理机构	1. 港口管理部门作为征收主体：一般在内河港口、地方性港口，港口经营企业在港口经营中不是一家独大的情况下，货物港务费都由港口管理部门征收。 2. 港口经营企业作为征收主体：主要是针对企业所属、控股或参股码头，这种情况在原双重领导下的港口所在地普遍存在
征收对象	经对外开放口岸港口辖区范围内所有码头、浮筒、锚地、水域装卸（含过驳）的货物	进出港口的货物和集装箱
义务缴纳人	货物的托运人（或其代理人）或收货人	货主是货物港务费征收的责任对象，目前大部分港口由于很难找到货主或托运人，向货主征收货物港务费或出港时由港口管理机构向承运人征收。部分港口通过直接或委托代收等方式向货物进港或出港征收，一些地方已经明确货物进港或出港征收
征收标准	1. 国内出口货物每重量吨（或换算吨）4元；国外进出口货物每重量吨（或换算吨）5.6元。 2. 国内出口集装箱和内支线集装箱 20 英尺每箱 48 元，40 英尺每箱 96 元；国外进出口 20 英尺每箱 32 元，40 英尺每箱 64 元，40 英尺每箱 96 元。 3. 部分货物减半征收或免征或缓征收 20 英尺和 40 英尺以外的其他非标准型集装箱按照相近箱型的收费标准征收。 3. 部分货物减半征收或免征或缓征港口建设费	按照《港口计费办法》相关规定： 1. 货物：内贸部分收费标准为沿海港口 0.50 元/吨（其中，福州港的收费标准为 1.00 元/吨），内河港口 1.00 元/吨，外贸进出口货务费征收标准不同而有较大差异，详见《港口计费办法》表 2 要求。 2. 集装箱：根据集装箱的性质和港口性质（沿海、内河）不同；内贸收费标准为每标箱 8.00～32.00 元；外贸收费标准为每标箱 20.00～160.00 元
费收归属	港口建设费 80% 部分上缴中央国库，20% 部分缴入所在城市对应级次国库	地方

续上表

规费名称	港口建设费	货物港务费
主要用途	遵循以收定支、专款专用原则： 1. 中央分成的港口建设费主要用于：沿海港口公共基础设施建设支出，内河水运建设支出，专项性支出（如交通建设发展前期工作经费，支持保障系统建设等），征管经费或代征手续费等。 2. 地方分成的港口建设费主要用于：辖区内港口公共基础设施支持航运以及基础设施的建设和维护	原用于港口公用基础设施的维护和管理
征收依据	《港口建设费征收使用管理办法》（财综〔2011〕29号）	1.《港口计费收费办法》（交水发〔2003〕473号）、《关于明确港口内贸收费有关问题的通知》（交水发〔2005〕234号）、《关于调整港口内贸收费规定和标准的通知》（交水发〔2017〕104号）、《交通部关于明确港口政企分开后货物港务费征收有关问题的通知》（交水发〔2003〕125号）等。 2. 各省、地市细化或补充的相关文件规定
征收规模	2015年共计征收196亿元	2016年共计征收56.6亿元

全国货物港务费收取情况统计表（单位：万元）　　　　表 3-2

序号	省（区、市）	港口名称	收费主体	2016 年	2017 年 1—6 月	备注
1	辽宁	大连港	大连港口与口岸局	2744	1501	2017 年 8 月取消
		营口港	营口港务集团	0	0	2015 年取消
		丹东港	丹东港集团	4884	2595	
		锦州港	锦州港股份	2196	0	2017 年取消
		盘锦港	盘锦港集团	85	99	
		葫芦岛港	葫芦岛港集团	419	228	
2	河北	秦皇岛港	秦皇岛港集团	10100	6600	
		唐山港	唐山港集团	59600	31700	
		黄骅港	港口企业	14900	9200	
3	天津	天津港	天津港集团	47378	23000	
			临港港务集团	5064	2500	
			南港港务公司	462	230	
4	山东	青岛港	青岛港集团	53000	29000	
		日照港	日照港集团	34906	18325	
		烟台港	烟台港集团	13000	6450	
		其他港口	其他港口企业	10000	5000	
5	上海	上海港	上海国际港务集团	58888	31216	
			上海码头管理中心	7600	4000	
6	江苏	连云港港	连云港港公管中心	8000	0	江苏内河 2015 年取消。连云港管理部门 2017 年 1—6 月未收
			连云港港口集团	12000	6000	
7	浙江	宁波港	宁波港集团	41501	21554	
		温州港	温州市港航管理局	1511	857	
		嘉兴港	嘉兴市港务管理局	4554	2869	
		舟山港	舟山市港航管理局	13985	13360	
		台州港	台州市港航管理局	1593	834	
8	福建	福州港	福州港口管理局	7406	3700	
		厦门港	厦门港口管理局	6252	4186	
		湄洲湾港	湄洲湾港口管理局	9443	4643	
		泉州港	泉州港口管理局	1785	858	

续上表

序号	省(区、市)	港口名称	收费主体	2016年	2017年1—6月	备注
9	广东	广州港	广州港务局	9398	4840	2018年取消
			广州港集团	6956	3149	
		中山港	中山市港航管理局	1292	652	
		茂名港	茂名市港航管理局	703	356	
		肇庆港	肇庆市交通运输局	1150	602	
		阳江港	阳江市港航管理局	1294	625	
			阳江港口企业	1294	625	
		江门港	江门港航管理部门	1724	1067	
		湛江港	湛江市交通运输局	7178	4181	
			湛江港集团	2720	747	
			其他港口企业	4698	3435	
		珠海港	珠海市港口管理局	8972	5548	
			珠海市港口企业	8972	5548	
		汕头港	汕头市港口管理局	2745	1315	
		潮州港	潮州市港口管理局	799	303	
			港口企业	789	297	
		惠州港	惠州市港务管理局	1263	774	
		汕尾港	港口行政管理部门	60	60	
		揭阳港	港口行政管理部门	574	261	
		东莞港	东莞市港口管理局	7344	4075	
10	广西	北部湾港	北部湾港口管理局	13215	8400	
11	海南	海口港等	港口企业	5064	6939	
12	安徽	芜湖港	芜湖港航管理局	4956	2177	
		宣城港	宣城港航管理局	213	2	
		马鞍山港	马鞍山港航管理局	5199	2489	
		池州港	池州市港口管理局	3317	1425	
		铜陵港	铜陵市港口管理局	4761	2060	
		安庆港	安庆市港航管理局	889	487	
13	江西	九江港等	港口行政管理部门	17295	6467	2017年6月1日取消
14	湖南	岳阳港等	港航管理机构	7742	522	2017年5月取消
15	湖北	武汉港等	港口行政管理部门	0	0	2015年5月取消
		合计		565831	299931	

三、引航费

1. 总收入分析

2012—2014年46家引航机构引航费总收入三年平均值是410342.36万元,其中内贸船舶引航费收入19209.39万元,约占引航费总收入的4.75%;外贸船舶引航费收入385417.33万元,约占引航费总收入的95.25%,如图3-3所示。外贸船舶引航费收入中,节假日附加费收入53241.66万元,约占外贸船舶引航费收入的13.81%,夜班附加费收入46964.79万元,约占外贸船舶引航费收入的12.19%,如图3-4所示。2012—2014年引航费汇总统计见表3-3。

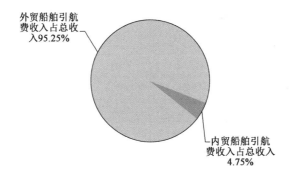

图3-3 2012—2014年引航机构引航费总收入情况

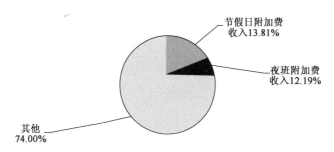

图3-4 2012—2014年外贸船舶引航费收入情况

2012—2014年引航费汇总统计(单位:万元)　　　　表3-3

统计项目	引航费总收入			
	内贸船舶引航费收入	外贸船舶引航费收入		
			节假日附加费收入	夜班附加费收入
2012年	386241.36	18690.09	351628.95	51560.49	44638.66
2013年	415092.42	19382.7	415092.54	53613.6	47675.7

续上表

统 计 项 目	引航费总收入			
	内贸船舶引航费收入	外贸船舶引航费收入		
			节假日附加费收入	夜班附加费收入
2014 年	429693.29	19555.38	389530.5	54550.88	48580.02
三年的平均值	410342.36	19209.39	385417.33	53241.66	46964.79
占引航费总收入的比例	—	4.68%	93.93%	—	—
归一化处理	—	4.75%	95.25%	—	—
占外贸船舶引航费收入的比例	—	—	—	13.81%	12.19%

2. 费用结构分析

2012—2014 年 46 家引航机构引航费总收入三年平均值是 410342.36 万元,其中 10 海里内引航费收入 190142.69 万元(外贸船舶引航费收入 178963.08 万元,占 94.12%),占引航费总收入 70.13%;超过 10 海里超程部分的引航费收入 50686.63 万元(外贸船舶引航费收入 47515.49 万元,占 93.74%),占引航费总收入 18.69%;超出各港引水锚地超出部分的引航费收入 8238.75 万元(外贸船舶引航费收入 8121.76 万元,占 98.58%),占引航费总收入 3.04%;移泊费收入 8727.92 万元(外贸船舶引航费收入 8069.20 万元,占 92.45%)占引航费总收入 3.22%;非基本港引航附加费收入 13315.67 万元(外贸船舶引航费收入 12880.10 万元,占 96.73%),占引航费总收入 4.91%;引航员滞留费收入 12.94 万元(外贸船舶引航费收入 11.21 万元,占 86.65%),占引航费总收入比例很少,可以忽略不计;取消引航计划费收入 7.16 万元,占引航费总收入比例很少,可以忽略不计,占比如图 3-5 所示。2012—2014 年 46 家引航机构引航收入构成统计情况见表 3-4。

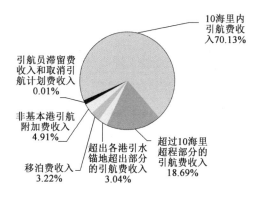

图 3-5 2012—2014 年 46 家引航机构引航费总收入占比情况

表3-4

2012—2014年46家引航机构引航收入构成统计（单位：万元）

统计项目	10海里内引航费收入		超过10海里超程部分的引航费收入		超出各港引水锚地超出部分的引航费收入		移泊费收入		非基本港引航附加费收入		引航员滞留费收入		取消引航计划费收入
		外贸船舶引航费收入		外贸船舶引航费收入		外贸船舶引航费收入		外贸船舶引航费收入		外贸船舶引航费收入		外贸船舶引航费收入	
2012年	183214.71	172748.99	46399.11	43264.76	7618.02	7512.67	8244.49	7327	11329.01	11015.77	14.154	12.184	7.83
2013年	192767.29	182533.49	50352.56	47186.24	7968.22	7831.33	9063.2	9063.2	14030.86	13598.99	12.204	10.394	8.94
2014年	194446.07	181606.75	55308.21	52095.47	9130	9021.27	8876.08	7817.41	14587.14	14025.53	12.451	11.051	4.7
三年平均值	190142.69	178963.08	50686.63	47515.49	8238.75	8121.76	8727.92	8069.20	13315.67	12880.10	12.94	11.21	7.16
外贸船舶引航收入占所在港引航费收入的比例	—	94.12%	—	93.74%	—	98.58%	—	92.45%	—	96.73%	—	86.65%	—
占引航总收入的比例	46.34%	12.35%	—	2.01%	—	2.13%	—	3.25%	—	0.00%	—	0.00%
归一化处理	70.13%	18.69%	—	3.04%	—	3.22%	—	4.91%	—	0.00%	—	0.00%

3. 引航机构支出分析

2012—2014 年引航机构三年平均支出总额为 259085.86 万元,详见表 3-5。

2012—2014 年引航机构支出统计(单位:万元)　　　表 3-5

统计项目	合　　计	人员费年支出总额		设备设施年支出总额	其他年支出总额
			引航员年支出总额		
2012 年	241106.68	102958.17	76523.82	57582.22	80566.29
2013 年	249455.74	113528.58	84174.06	54020.97	81906.19
2014 年	286695.15	124323.68	92844.08	67020.95	95350.52
三年平均值	259085.86	113603.48	84513.99	59541.38	85941.00

四、拖轮费

1. 拖轮费收入统计

通过调查,获取全国 29 家主要拖轮公司的收入情况和作业拖带船舶艘次的基础数据,2012—2014 年我国主要拖轮公司收入情况汇总详见表 3-6。

2012—2014 年我国主要拖轮公司收入情况汇总(单位:万元)　　　表 3-6

统计项目	总　收　入	内贸船舶拖轮费收入	外贸船舶拖轮费收入	节假日附加费+夜班附加费	拖带船舶总艘次	拖带内贸船舶艘次	拖带外贸船舶艘次
2014	374650.39	82821.31	284797.07	29464.96	316422	117703	176549
2013	370435.94	80236.97	286894.95	31210.36	317574	117685	176639
2012	341990.72	74593.14	260002.84	28453.08	302300	112210	168521
平均占比	—	22%	78%	11%	—	37%	63%
小计	1087077.05	237651.42	831694.86	89128.4	936296	347598	521709

注:附加费占比 11% 是节假日和夜班附加费的总和占外贸船舶拖轮费收入的比例。

根据 2013 年交通统计资料汇编,全国货物吞吐量 1176705 万吨,其中所函调的 29 家主要拖轮公司的吞吐量约为 621650 万吨,占全国货物吞吐量的 52.83%。据此,推测 2013 年全国拖轮费总收入 370435.94/52.83% = 701184.82 万元,内贸船舶拖轮费收入 80236.97/52.83% = 151877.66 万元,外贸船舶拖轮费收入 286894.95/52.83% = 543053.09 万元,节假日附加费+夜班附加费 31210.36/52.83% = 59076.96 万元。

2. 拖轮费支出统计

通过调查问卷,获取了全国 27 家主要拖轮公司的支出情况基础数据,主要包括燃油费、折旧费、人员费、修理费、管理费、其他费共 6 类支出费用项目。

2010—2014 年,我国主要拖轮公司燃油费支出情况如图 3-6 所示,从 2010 年的 61445.76 万元逐步上升至 2012 年 79262.35 万元,2 年上升了 30%;而后逐步下跌,2014 年降至 72444.07

万元,2 年回落了 8.6%。总体上,拖轮公司燃油费用支出总体保持稳定并略有下滑发展态势,这与全球油价市场波动密切相关,相关统计数据详见表 3-7。

图 3-6　2010—2014 年我国主要拖轮公司燃油费与总支出费用变化图

2010—2014 年我国主要拖轮公司燃油费、总支出汇总表(单位:万元)　表 3-7

统计项目	年份				
	2010	2011	2012	2013	2014
燃油费	61445.76	75461.08	79262.35	73750.93	72444.07
总支出	231267.475	268458.445	290643.28	309064.965	319973.735
燃油占比	27%	28%	27%	24%	23%
平均占比	26%				

五、停泊费、开关舱费以及系解缆费

比较分析了调研的 22 家港口企业 2012—2014 年停泊费、开关舱费以及系解缆费三项费用的收入情况,详见表 3-8、表 3-9 与图 3-7。三项费用的总收入在 7 亿～9 亿元。

2012—2014 年停泊费、开关舱费以及系解缆费比较(单位:万元)　表 3-8

统计项目	2012 年		2013 年		2014 年	
	收入	占三项费用的比例	收入	占三项费用的比例	收入	占三项费用的比例
停泊费	57128.54	77.22%	67713.17	78.79%	72257.04	79.54%
开关舱费	10861.76	14.68%	11535.39	13.42%	12099.67	13.32%
系解缆费	5987.06	8.09%	6688.11	7.78%	6487.77	7.14%
合计	73977.36	100.00%	85936.67	100.00%	90844.48	100.00%

停泊费、开关舱费及系解缆费 2012—2014 年汇总(单位:万元)　表 3-9

统计项目	停泊费	开关舱费	系解缆费	合计
2012 年	57128.54	10861.76	5987.06	73977.36
2013 年	67713.17	11535.39	6688.11	85936.67

续上表

统计项目	停泊费	开关舱费	系解缆费	合计
2014 年	72257.04	12099.67	6487.77	90844.48
三年平均值	65699.58	11498.94	6387.647	83586.17
占三项费用的比例	78.60%	13.76%	7.64%	—
占停泊费用的比例	—	17.50%	9.72%	—

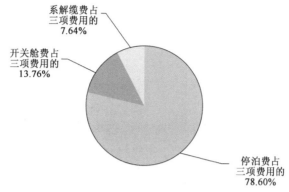

图 3-7 停泊费、开关舱费及系解缆费占比情况

1. 停泊费收入分析

2012—2014 年 22 家港口企业停泊费收入三年平均值是 65699.58 万元,其中外贸船舶约占 85.56%,内贸船舶约占 8.92%。详见表 3-10。

2012—2014 年停泊费汇总统计(单位:万元)　　　　　表 3-10

统计项目	停泊费收入				
		内贸船舶停泊费收入	内贸船舶停泊费收入占停泊费收入比例	外贸船舶停泊费收入	外贸船舶停泊费收入占停泊费收入比例
2012 年	57128.54	5276.95	9.24%	47766.84	84.72%
2013 年	67713.17	6180.37	9.13%	57960.09	85.60%
2014 年	72257.04	6116.71	8.47%	62920.15	87.08%
三年平均值	65699.58	5858.01	8.92%	56215.69	85.56%

2. 开关舱费收入分析

2012—2014 年 22 家港口企业开关舱费收入三年平均值是 11498.94 万元,其中外贸船舶比内贸船舶的比例大很多,经综合测定,内贸船舶的开关舱费收入占整个开关舱收入的 10.44%,外贸船舶的开关舱费收入占整个开关舱收入的 88.09%。详见表 3-11。

3. 系解缆费收入分析

2012—2014 年 22 家港口企业系解缆费收入三年平均值是 6387.65 万元,其中内贸船舶的系解缆费收入占整个系解缆费收入的 34.29%,外贸船舶的系解缆费收入占整个系解缆收入的 54.56%。详见表 3-12。

2012—2014年开关舱费汇总统计（单位：万元）

表3-11

统计项目	开关舱费收入	内贸船舶开关舱费收入		外贸船舶开关舱费收入				
		内贸船舶开关舱费收入	占开关舱费收入的比例	外贸船舶开关舱费收入	占开关舱费收入的比例	节假日附加费收入	占外贸船舶开关舱费收入比例	夜班附加费收入	夜班附加费收入占外贸船舶开关舱费收入比例
2012年	10861.76	902.87	8.31%	9665.17	88.98%	2305.8	23.86%	1304.08	13.49%
2013年	11535.39	1446.31	12.54%	10225.99	88.85%	2412.86	23.60%	1350.15	13.20%
2014年	12099.67	1252.99	10.36%	10495.74	86.74%	2510.55	23.92%	1393.05	13.27%
三年平均值	11498.94	1200.72	10.44%	10128.97	88.09%	2409.74	23.79%	1349.09	13.32%

2012—2014年系解缆费汇总统计（单位：万元）

表3-12

统计项目	系解缆费收入	内贸船舶系解缆费收入	占系解缆费收入的比例	外贸船舶系解缆费收入	占系解缆费收入的比例	节假日附加费收入	节假日附加费收入占外贸船舶系解缆费收入比例	夜班附加费收入	夜班附加费收入占外贸船舶系解缆费收入比例
2012年	5987.06	2067.32	34.53%	3192.83	53.33%	535.03	16.76%	305.87	9.58%
2013年	6688.11	2276.55	34.04%	3641.11	54.44%	549.06	15.08%	299.34	8.22%
2014年	6487.77	2226.72	34.32%	3621.8	55.82%	580.16	16.02%	304.64	8.41%
三年平均值	6387.65	2190.20	34.29%	3485.25	54.56%	554.75	15.92%	303.28	8.70%

4. 船舶平均停泊天数分析

比较分析了调研的 22 家港口企业 2012—2014 年服务船舶平均停泊天数情况,详见表 3-13。经综合测算,22 家港口企业的服务船舶平均停泊天数是 2.02 天。

22 家港口企业 2012—2014 年服务船舶平均停泊天数统计(单位:天)　　表 3-13

序号	单 位	2012年平均停泊天数	2013年平均停泊天数	2014年平均停泊天数	平均值
1	大连港股份有限公司	—	—	—	—
2	营口港务集团有限公司	2.10	2.30	2.80	2.40
3	锦州港股份有限公司	—	—	—	—
4	唐山港集团股份有限公司	1.34	1.31	1.33	1.33
5	神华黄骅港务有限责任公司	0.76	1.45	1.10	1.10
6	青岛港集团有限公司	0.85	0.92	0.94	0.90
7	日照港集团有限公司	4.18	3.54	2.81	3.51
8	连云港港口集团有限公司	2.05	1.87	2.13	2.02
9	张家港港务集团有限公司	2.10	2.30	2.80	2.40
10	南京港集团有限公司	0.93	0.71	0.75	0.80
11	南通港集团有限公司	1.11	1.12	1.10	1.11
12	上海国际港务集团有限公司	1.50	1.20	1.00	1.23
13	宁波港股份有限公司	0.75	0.74	0.74	0.74
14	舟山港股份有限公司	2.40	2.40	2.30	2.37
15	芜湖港口有限责任公司	—	—	—	—
16	安庆港务总公司	2.00	2.00	1.50	1.83
17	温州港集团有限公司	—	0.65	0.80	0.73
18	厦门港务控股集团有限公司	0.71	0.67	0.56	0.65
19	广州港股份有限公司	4.00	3.10	3.00	3.37
20	珠海港控股集团有限公司	1.51	1.28	1.36	1.38
21	湛江港集团股份有限公司	2.60	2.40	2.70	2.57
22	广西北部湾港股份有限公司	8.10	8.16	7.81	8.02
	平均值	2.17	2.01	1.98	2.02

第二节　港口收费与营收情况分析

一、港口企业收费情况统计

1. 19 家港口企业收费情况分析

根据对全国 19 家沿海、内河不同地域、规模港口企业的抽样统计,2012 年,19 家港口企业所在港口的货物吞吐量占全国的37%,集装箱吞吐量占全国的56%,19家港口企业收费总额为557.2亿元,其中对货物的收费总额为508.3亿元,占港口收费总额的91%;对船舶的收费总额为47.2亿元,占港口收费总额的9%;旅客服务收费1.7亿元。对货物收费中,装卸包干费447.4亿元,占货物收费总额的88%。对船舶的收费中,拖轮费24.3亿元,占船舶收费总额的51%,详见图3-8、表3-14。

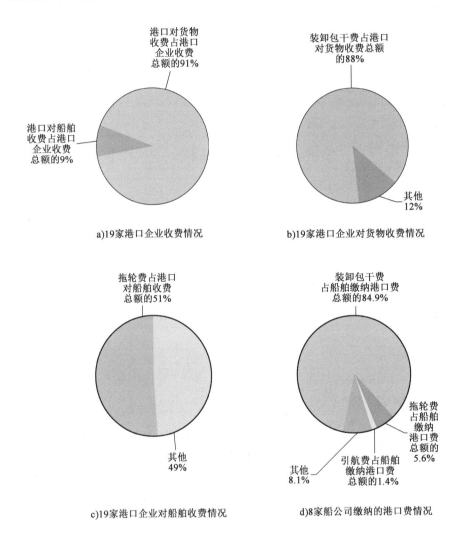

图3-8 2012年经营服务性收费情况

上述19家抽样港口企业2012年收费总额中,内贸货物收费约182.9亿元,外贸货物收费约362.1亿元。对散杂货的收费约309.8亿元、占56.8%;对集装箱的收费约235.3亿元、占43.2%。

抽样19家港口企业收费汇总表详见表3-15。

第三章 我国港口收费的状况与评估

抽样19家港口企业收费明细统计表

表 3-14

序号	单位	所在港口货物吞吐量（万吨）	所在港口集装箱吞吐量（万TEU）	港口收费（万元）						
				货物收费总额	装卸包干费	船舶收费总额	拖轮费	旅客服务费总额	总计
1	大连港股份有限公司	37426.00	806.40	296439.00	229878.00	26231.64	14236.00	9731.00	332401.64
2	营口港务集团有限公司	30107.00	485.10	389475.59	351089.00	25209.32	18235.00	594.10	415279.01
3	神华黄骅港务有限责任公司	12630.00	10.20	230617.10	230363.70	6665.97	4376.59	—	237283.07
4	天津港（集团）有限公司	47697.00	1230.30	846634.94	785448.19	47697.78	18940.02	83.83	894416.55
5	山东威海港集团有限公司	3511.00	55.70	12114.00	10385.00	4315.70	2253.00	—	16429.70
6	上海国际港务（集团）股份有限公司	63740.00	3252.90	1257983.00	1162442.00	199832.00	104624.00	3107.00	1460922.00
7	宁波港股份有限公司	45303.00	1567.10	795145.32	695685.78	71701.95	27984.00	—	866847.27
8	泉州港务集团有限公司	10372.00	169.70	20625.19	16781.11	6000.35	3162.98	—	26625.54
9	惠州港业股份有限公司	5118.00	30.40	7042.97	6947.08	281.43	186.86	—	7324.40
10	广州港（集团）股份有限公司	43517.00	1454.70	399144.64	356462.50	38583.51	21546.00	—	437728.15
11	湛江港（集团）股份有限公司	17092.00	41.20	203913.69	170562.35	18582.59	10237.46	—	222496.28
12	北海港股份有限公司	1757.00	8.02	22051.38	20490.48	1597.61	1237.00	1437.78	25086.77
13	钦州市港口（集团）有限责任公司	5622.00	47.39	53022.77	43545.95	2860.81	340.97	—	55883.58
14	防城港北部湾港有限公司	10058.00	27.02	147016.82	4766.00	3130.94	—	—	150147.76
15	南京港（集团）有限公司	19197.00	230.00	103882.00	95705.00	6512.00	5000.00	—	110394.00
16	张家港港务集团有限公司	24226.00	150.20	48500.00	46500.00	11600.00	11000.00	—	60100.00

续上表

序号	单 位	所在港口货物吞吐量（万吨）	所在港口集装箱吞吐量（万TEU）	货物收费总额		港口收费（万元）				总计
					装卸包干费	船舶收费总额		旅客服务费		
							拖轮费	总额		
17	马鞍山港口（集团）有限责任公司	6809.00	8.90	20802.00	19794.00	754.00	—	—		21556.00
18	武汉港务集团公司	7632.00	76.50	19646.52	18780.70	148.96	111.20	—		19795.48
19	重庆港务物流集团有限公司	12502.00	79.60	209280.00	208500.00	380.00	—	2400.00		212060.00
	合计	40.4亿吨	1.0亿TEU	508.3亿元	447.4亿元	47.2亿元	24.3亿元	1.7亿元		557.2亿元
	货物收费总额占港口收费总额百分比	—	—	91%	—	—	—	—		—
	船舶收费总额占港口收费总额的百分比	—	—	—	—	9%	—	—		—
	装卸包干费占货物收费总额的百分比	—	—	—	88%	—	—	—		—
	拖轮费占船舶收费总额的百分比	—	—	—	—	—	51%	—		—
	全国港口货物吞吐量	107.76亿吨	—	—	—	—	—	—		—
	全国港口集装箱吞吐量	—	1.77亿TEU	—	—	—	—	—		—
	19个港口货物吞吐量占全国货物吞吐量的百分比	37%	—	—	—	—	—	—		—
	19个港口集装箱吞吐量占全国集装箱吞吐量的百分比	—	56%	—	—	—	—	—		—

抽样 19 家港口企业收费汇总表 表 3-15

类别		具体收费项目	2011年收费总额（万元）	2012年		
				收费总额（万元）	较上年增幅（%）	占本类收费总额的比例（%）
内贸	集装箱	装卸包干费	288685.26	312850.02	8.4	94.1
		船舶使费	9966.64	10427	4.6	3.1
		货物港务费	6351.22	6957.49	9.5	2.1
		其他劳务性收费	2229.63	2380.17	6.8	0.7
		集装箱收费小计	307232.75	332614.68	8.3	100.0
	散杂货	装卸费	1228346.84	1280028.86	4.2	85.5
		堆存保管费	85563.89	93063.06	8.8	6.2
		船舶使费	71589.78	59955.13	−16.3	4.0
		货物港务费	31847.29	26423.92	−17.0	1.8
		其他收费	50607.02	37158.54	−26.6	2.5
		散杂货收费小计	1467954.82	1496629.51	2.0	100.0
	总计	收费合计	1775187.57	1829244.19	3.0	—
外贸	集装箱	装卸包干费	1677509.95	1712410.15	2.1	84.7
		船舶使费	170358.16	168470.35	−1.1	8.3
		货物港务费	32412.94	68820.70	112.3	3.4
		港口保安费	35600.75	44510.19	25.0	2.2
		其他收费	24997.75	26407.16	5.6	1.3
		集装箱收费小计	1940879.55	2020618.55	4.1	100.0
	散杂货	装卸费	1002451.37	1171764.46	16.9	73.2
		堆存保管费	79351.37	93502.08	17.8	5.8
		船舶使费	119292.88	125360.82	5.1	7.8
		货物港务费	56527.90	69289.52	22.6	4.3
		港口设施保安费	16600.11	18259.18	10.0	1.1
		其他收费	116507.01	122483.81	5.1	7.7
		散杂货收费小计	1390730.64	1600659.87	15.1	100.0
	总计	收费合计	3302939.19	3621278.42	9.6	—
内外贸总计		收费合计	5078126.76	5450522.61	7.3	

2. 17 家上市港口企业生产经营情况

17 家上市的港口企业年营业收入 1112 亿元，其中港口业务收入 527.1 亿元，占总收入的 47.4%。上市港口企业 2012 年生产经营情况详见表 3-16。

17家上市港口企业2012年生产经营情况　　　　　　　　　　　　　表3-16

序号	企业名称	营业收入（亿元）	营业成本（亿元）	毛利率（%）	净利润（亿元）	净资本收益率（%）	港口业务收入（元）（亿元）	港口费收入占总收入的比例（%）	港口经营成本（亿元）	港口业务税前利润（亿元）	港口经营毛利率（%）
1	大连港	46.4	39.4	15.1	6.0	4.6	45.0	97.1	30.0	15.0	33.3
2	营口港	34.4	27.6	19.8	5.0	5.4	33.1	96.2	21.0	12.1	36.6
3	锦州港	11.7	10.3	12.2	1.3	3.2	4.4	37.6	2.6	1.8	40.9
4	唐山港	39.5	30.3	23.3	6.5	12.4	30.7	77.7	16.2	14.5	47.1
5	天津港	135.0	118.5	12.2	10.0	8.4	61.8	45.8	34.3	27.5	44.5
6	日照港	48.0	39.0	18.8	7.9	9.1	44.5	92.7	32.3	12.2	27.3
7	上港集团	284.0	218.4	23.1	49.7	10.4	174.1	61.3	99.3	74.8	43.0
8	连云港	16.2	14.8	8.8	1.5	5.9	16.1	99.3	11.9	4.1	25.7
9	宁波港	78.0	48.0	38.5	26.8	9.9	76.3	97.8	40.7	35.6	46.6
10	厦门港务	30.0	28.0	6.7	2.4	12.1	5.8	19.5	4.5	1.3	22.3
11	深赤湾A	17.8	10.4	41.4	4.7	12.7	17.0	95.4	8.3	8.6	50.8
12	盐田港	3.2	1.8	43.0	4.1	9.0	2.8	87.3	—	—	—
13	珠海港	6.5	5.0	23.9	1.6	8.2	2.5	38.8	1.8	0.7	29.6
14	北海港	21.0	20.5	2.4	0.4	10.0	2.8	13.3	1.7	1.1	40.0
15	南京港	1.7	1.4	20.1	0.3	4.8	1.7	99.4	0.9	0.8	45.0
16	芜湖港	324.0	309.0	4.6	3.9	8.4	1.9	0.6	1.9	0	-2.1
17	重庆港九	14.6	13.7	6.0	0.7	3.2	6.6	44.9	3.4	3.1	47.9
	合计	1112.0	936.0	15.8	132.6	8.9	527.1	47.4	311.1	213.2	40.7

3.邮轮码头的运营和收费情况

为促进邮轮旅游业的发展,提升水路客运服务品质,近年来国家加快了邮轮停靠码头建设,目前已建成专业化邮轮停靠码头5个(天津、上海国客、上海淞江口、海南三亚、福建厦门),邮轮码头的收费标准是依据交通部《关于修订公布国际客运、旅游船舶和旅客码头收费试行办法的通知》(交运字〔91〕433号)、《外贸港口收费规则》确定,包括向船公司收取的拖轮费、停泊费、系解缆费等,以及向旅客收取的码头服务费、出境旅客港站使用服务费、行李装卸费等。收费标准实行政府定价。实际执行中,上述收费均由船公司支付,船公司在票价中回收相关费用支出。2012年完成旅客运量63万人、占全国水路客运总量的0.24%,实现港口收费收入5679万元,具体详见表3-17。

2006—2012年邮轮码头的运营和收费情况   表3-17

邮轮码头	年份	接待人数（万人）	接待邮轮（艘次）	码头收费（万元）	停泊（%）	系解缆（%）	码头服务（%）	行李装卸（%）	供水（%）	其他（%）
天津	2006年	3	16	157	84	1	16	0	—	—
	2007年	4	19	171	82	1	17	0	—	—
	2008年	3	17	154	81	1	18	0	—	—
	2009年	3	11	145	84	0	16	0	—	—
	2010年	9	40	370	80	1	19	0	—	—
	2011年	7	31	598	39	0	49	12	—	—
	2012年	12	35	978	44	0	45	10	—	—
上海国客	2006年	8	59	—	—	—	—	—	—	—
	2007年	9	47	395	65	0	28	6	1	1
	2008年	11	63	565	42	0	40	14	1	2
	2009年	13	80	1606	42	0	40	16	1	1
	2010年	25	93	2473	40	0	40	18	1	1
	2011年	19	95	2101	46	0	37	14	2	1
	2012年	7	61	882	59	0	24	8	1	7
上海吴淞口	2011年	2	10	269	49	0	36	14	1	0
	2012年	28	60	3002	45	0	40	13	0	0
厦门	2006年	1	4	24	84	1	15	0	0	0
	2007年	3	14	68	69	1	27	0	0	3
	2008年	7	28	149	75	1	24	0	0	0
	2009年	2	13	53	72	1	27	0	0	0
	2010年	2	19	43	52	2	36	0	0	0
	2011年	1	11	42	55	1	34	3	0	7
	2012年	4	19	162	49	0	46	2	0	3
海南三亚	2006年	1	8	37	—	—	—	—	—	—
	2007年	4	27	152	—	—	—	—	—	—
	2008年	17	66	479	—	—	—	—	—	—
	2009年	4	17	200	—	—	—	—	—	—
	2010年	4	15	118	—	—	—	—	—	—
	2011年	7	43	335	—	—	—	—	—	—
	2012年	12	86	655	—	—	—	—	—	—

二、航运企业交纳港口收费情况统计

抽样统计了全国8个沿海、内河不同地域、规模的船公司交纳港口费的数据，2012年，抽样的8个船公司交纳的港口费总计9.39亿元，比2011年下降4.9%，其中交纳的装卸包干费占港口交费总额的84.9%,拖轮费占港口交费总额的5.6%,引航费占港口交费总额的1.4%,港口费支出占企业变动成本的比例是30.2%,详见表3-18、表3-19。

8家抽样航运企业交纳港口费汇总表　　　　　　　　　　　　　　　表3-18

统计项目		2011年交费总额（万元）	2012年交费总额（万元）	增幅（%）	占收费总额的比例(%)
具体交费项目	装卸(包干)费	82768.74	79728.31	-3.70	84.9
	港务费	1590.90	1298.93	-18.40	1.4
	系解缆和停泊费	334.27	289.75	-13.30	0.3
	拖轮费	6541.69	5293.87	-19.10	5.6
	引航费	1483.27	1271.66	-14.30	1.4
	其他收费项目	6034.11	6002.99	-0.50	6.4
	总计	98752.98	93885.51	-4.90	—
港口费支出占企业变动成本的比例		28.7%	30.2%	5.10%	—
人工成本占企业变动成本的比例		17%	19%	12.20%	—
燃油成本占企业变动成本的比例		52.5%	50.8%	-3.30%	—

8家抽样航运企业交纳港口费明细表　　　　　　　　　　　　　　　表3-19

序号	单位名称	交费项目	2011年 交费总额（万元）	2012年 交费总额（万元）	较上年增幅（%）	占本单位收费总额的比例(%)
1	上海市锦江航运有限公司	装卸费	59852	56318	-5.90	92.19
		引航费	624	635	1.76	1.04
		理货费	1171	1121	-4.27	1.84
		拖轮费	2931	2576	-12.11	4.22
		港务费	343	302	-11.95	0.49
		吨税	132	137	3.79	0.22
		小计	65053	61089	-6.09	—
2	宁波海运股份有限公司	港务费	437.36	266.64	-39.03	7.19
		代理费	1232.78	1169.52	-5.13	31.54
		拖轮费	2410.61	1910.36	-20.75	51.52
		引航费	262.91	232.76	-11.47	6.28
		停泊费 系解缆费	106.54	91.01	-14.58	2.45
		船舶吨税	8.38	37.61	348.81	1.01
		小计	4458.58	3707.9	-16.84	—

续上表

序号	单位名称	交费项目	2011年 交费总额（万元）	2012年 交费总额（万元）	较上年增幅（%）	占本单位收费总额的比例（%）
3	福建东方海运有限公司	装卸费	479	1002	109.19	70.07
		其他收费	295	428	45.08	29.93
		小计	774	1430	84.75	—
4	泉州市锦程海运有限责任公司	堆存费	504	537	6.55	12.66
		装卸包干费	3024	3330	10.12	78.52
		港杂费	210	223	6.19	5.26
		港务费	145	151	4.14	3.56
		小计	3883	4241	9.22	—
5	石狮市永益船运有限公司	检疫费、垃圾费、停泊费	2074	2105	1.49	—
6	福建省厦门轮船有限公司	港务费	134.7	84.7	-37.12	9.90
		船代费	319.6	165.4	-48.25	19.33
		拖轮费	748.9	462.4	-38.26	54.05
		引航费	200.6	121.8	-39.28	14.24
		系解缆费	4.5	2.6	-42.22	0.30
		停泊费	26.4	18.6	-29.55	2.17
		小计	1434.7	855.5	-40.37	—
7	中远（香港）航运有限公司	引航费	395.76	282.1	-28.72	30.44
		拖轮费	451.18	345.11	-23.51	37.24
		港务费	127.56	95.24	-25.34	10.28
		停泊费	161.56	122.65	-24.08	13.23
		系解缆费	2.38	2.26	-5.04	0.24
		理货费	20.7	15.44	-25.41	1.67
		船舶卫生检疫费及各项杂费	66.65	64.02	-3.95	6.91
		小计	1225.79	926.82	-24.39	—
8	民生轮船股份有限公司	港务费	403.28	399.35	-0.97	2.04
		靠泊费	19.32	44.97	132.76	0.23
		解缆费	13.57	7.66	-43.55	0.04
		装卸费	19413.74	19078.31	-1.73	97.69
		小计	19849.91	19530.29	-1.61	—
	合计		98752.98	93885.51	-4.93	—

三、货主企业交纳港口收费的情况分析

抽样统计了全国 32 家不同地域、规模的货主企业交纳港口费的数据,2012 年,抽样的 32 家货主企业交纳的港口费总计 42.05 亿元,比 2011 年上升 2.7%,32 家货主企业交纳港口费明细详见表 3-20。

32 家抽样货主企业交纳港口费明细表　　表 3-20

序号	单 位	2011 年支出总额（万元）	2012 年支出总额（万元）	上涨（%）
1	国电集团公司谏壁发电厂	404	482	19.31
2	国电平庄煤业(集团)有限责任公司煤炭销售分公司	11558	8467	-26.74
3	国电南通天生港发电有限公司	106.81	101.06	-5.38
4	国电内蒙古锡林河煤化工有限责任公司	—	1372.01	—
5	国电蓬莱发电有限公司	2420	2400	-0.83
6	国电燃料有限公司	47886.1	56099.59	17.15
7	国电铜陵发电有限公司	1118.37	880.62	-21.26
8	中国石油化工集团公司	47.1	48.4	2.76
9	中化石油有限公司	1770	2388	34.92
10	中化化肥有限公司	28000	34000	21.43
11	中化国际(控股)股份有限公司	1327	1073	-19.14
12	中化塑料有限公司	1604	2080	29.68
13	中化浙江蓝天环保氟材料有限公司	80	87	8.75
14	中化农化有限公司	170	115	-32.35
15	中化辽宁公司	338	253	-25.15
16	中化河北有限公司	750	780	4.00
17	中化(青岛)实业有限公司	182	162.5	-10.71
18	中化江苏有限公司	232.22	610.09	162.72
19	中化宁波(集团)有限公司	360	476.6	32.39
20	中化广东有限公司	107.15	103.5	-3.41
21	中国海洋石油总公司	14453	17377	20.23
22	中国石油总公司-锦州石化	6167	8099	31.33
23	中国石油总公司-大连石化	25290	24021	-5.02
24	中国石油总公司-国际事业公司	6290	10301	63.77
25	中国石油总公司-中国联合石油公司	6478	7086	9.39
26	中国华能集团燃料有限公司	45788.34	26627.30	-41.85
27	鞍钢集团公司	46460	36224	-22.03

续上表

序号	单 位	2011年支出总额（万元）	2012年支出总额（万元）	上涨（%）
28	首钢总公司	39149.6	33120.3	-15.40
29	攀钢集团国际经济贸易有限公司	4532.72	5247.14	15.76
30	河北钢铁集团-钢材	11749.33	10067.25	-14.32
31	河北钢铁集团-进口铁矿石	84504	98623	16.71
32	五矿发展股份有限公司	20010	31695	58.40
	合计	409332.74	420467.36	2.7

第三节 现行港口收费运行机制存在的问题

一、部分收费项目的性质有待进一步明确

1. 货物港务费

货物港务费在港口收费办法和中央定价目录中已明确为经营性收费，从使用用途来看，货物港务费既用于锚地等港口公用基础设施维护和管理，也用于码头前沿等港口企业自身设施维护管理，各地方存在行政事业性收费和经营性收费两种情况。

1993年港口财务制度改革后，货物港务费作为港口公用基础设施维护管理资金的使用用途虽然没有变，但鉴于当时政企不分的港口管理体制，国家未将其列入行政事业性收费，而由政企不分的港务局负责征收。部分省份以及企业认为，货物港务费不再是行政事业性收费，而被明确规定为经营性收费。2001年港口管理体制改革后，港口实行政企分开，新成立的港航管理部门履行对港口行使行政管理职责，但由于港口企业和港航管理职能还未完全理顺，港口费收之间的责权利关系还在不断调整，目前长江干线省份将货物港务费作为行政事业性收费管理，沿海省份多作为经营服务性收费管理。对货物港务费征收性质上认识的不统一，带来了货物港务费征收主体的不明确、征收票据的混乱、使用上缺乏严格管理等等突出问题。

2. 引航费

2007年以前，长江干线引航收费与沿海港口引航收费一样均按经营服务性收费管理，由交通运输部会同国家发改委共同制定。2008年以后，长江干线引航收费作为行政事业性收费，按"收支两条线"管理，而其他沿海港口引航收费仍作为经营服务性收费，纳入中央定价目录管理。2007年以后沿海引航收费标准政策基本保持稳定，而长江引航收费标准做过多次调整，特别是2013年较大幅度降低收费标准后，二者差距进一步扩大。同一行业、同种服务的引航费实行不同的收费管理方式，对引航费管理的规范性、科学性、权威性将造成一定影响，需对长江引航费的收费性质进一步研究。

二、征管与资金使用制度有待完善

1. 港口建设费

1）征管配套规章制度还不完善

港口建设费的征管工作涉及多个环节、多个主体、资金数额大,需要完善配套的规章制度,从多个层次、多个环节去规范和管理。现行的《港口建设费征收使用管理办法》和《港口建设费征收管理工作规程(试行)》多是一些原则和通用性规定,对于一些操作流程、管控程序、监管事项等具体问题、特殊问题没有明确规定,相关配套的文件不完善,在港口建设费征管执行过程中,遇到个别情况,各地海事管理机构缺乏统一的制度依据。如缺乏保税货物征管和监管程序、保证金管理流程、申报时限要求等相关规定,各地只能自行摸索着征收,又如相关规定没有对货类选择标准、水水中转货物、低值货物等进行界定,导致海事管理机构在遇到相关问题时,难以操作。按照规定和要求,海事管理机构必须要对征管进行稽查,但没有相关程序和方法。

2）代征手续费核定不合理

目前,港口建设费统一按照代收额的1%计算代征手续费。代收单位普遍反映1%的代征手续费入不敷出,与其工作量不匹配。港口建设费代收需付出包括人工、信息系统、纸张、打印耗材等在内的成本支出,作为代收单位,希望付出能够得到补偿。但现行港口建设费代征手续费偏低,难以维持其代收成本。特别是代收集装箱或保税货物港口建设费的单位,由于集装箱箱号、提运单号、保税货物报关、拼箱、拆箱等信息量大,录入、校核工作复杂,且又有大量的中转集装箱、国内进港集装箱、保税货物进出等属于免征范围,办理核销减免缓征港口建设费业务的工作量不小,却因无港口建设费收入而无法取得代征手续费,这直接影响了代收单位的积极性。对于工作量大收费额小的代收单位,应适当提高其代征手续费比例,以符合代收工作的实际需求。

3）地方分成管理不规范

目前,地方分成部分的缴库级次界定为港口所在地的国库,很多地方认为级次太低,省级统筹力度不够,规模效益比较差。部分省份已经改革了港口管理体制,由省政府统一进行管理,这些省份要求由省统筹港口建设费资金。此外,对返还到地方财政的资金使用和管理尚无明确的操作细则,未建立资金的监督和管理制度,没有形成畅通的资金申报、使用渠道,实际执行中,由于缺乏约束机制,地方分成部分没有专款专用。

2. 货物港务费资金管理与支出缺乏管理细则

《交通部关于明确港口政企分开后货物港务费征收有关问题的通知》(交水发〔2003〕125号)规定货物港务费征收额50%向码头所属单位(租用单位或使用单位)返回,用于码头及其前沿水域的维护。但是对于货物港务费的资金管理、具体使用方向等还未有明确而细致的规定,各管理单位在使用过程中,将货物港务费用于航道建设、项目前期工作费用、航道整治维护、购置固定资产、用于办公经费、管理人员工资福利等,特别是有些地方管理单位主要用于人员支出和公用支出。

三、对低价竞争缺乏有效的监管机制

我国现行的港口收费办法,政府指导价执行的是上限管理,对下限并不限制。价格检查和管理的过程中,更多针对的是涨价、多收费的行为,主管部门对港口低价竞争尚未建立有效的调查、处罚机制,对违反价格管理的企业缺乏有效的监管机制,造成了部分港口之间的压价竞争,影响了港口市场正常的竞争秩序的建立。

根据《计费办法》,货物港务费属于政府定价项目,必须按照规定的收费标准计收。部分地方考虑到本省地市发展实际以及邻近港口、货主的竞争压力,同时出于招商引资、吸引货源、减少低值货主负担等目的,出台了相应的征收标准,在省级层面上如湖南省、浙江省、广东省、安徽省,在地市层面上如江苏省镇江市、吉林省大安港、广东省肇庆市等等出台的相关规定,这些规定普遍降低了货物港务费的实际征收标准,如广东省肇庆市对其辖区所征收外贸部分的货物港务费标准定为交通部规定标准的60%。

四、缺乏港口价格指数

价格指数对于反映经济社会和行业发展的指标作用日益突出,越来越多地引起国家以及各行各业的关注和重视。纵观交通运输行业,水运、道路、物流等行业已经纷纷建立了反映各自运输市场的价格指数,并且在不断健全和完善,而航空、铁路等交通运输行业也正在研究或已初步建立各自行业的运价指数。而作为现代物流体系和综合运输体系重要节点和组成部分的港口行业,由于长期以来市场化程度不高,加上行业价格自身特点,多年来都没有建立属于港口行业自身的港口价格指数。而随着港口管理体制改革不断深入,政府不断简政放权,港口经营市场不断开放,价格市场化程度不断提高,政府、货主、船公司、港口经营人、投资机构、研究机构等相关各方对于获取港口价格信息、价格趋势的需求日益迫切。港口价格指数编制和发布,为有关各方获取港口价格信息、研判港口经营市场价格变化趋势和制定经营策略提供参考,为物价部门监控港口经营市场价格运行情况提供工具,为政府有关部门制定相关政策和宏观调控提供依据,同时也有利于进一步促进港口价格的公开、透明以及规范港口经营市场秩序。由于缺乏港口行业的指数,目前对于从政策出台到港口企业实际操作所产生影响的滞后期以及对市场价格的影响程度还难以科学评估。因此,目前迫切需要推进港口价格指数工作的开展,不仅为政府加强监督和管理、规范价格行为提供客观依据,也为制定港口发展规划、科学评价港口价格变动对国民经济运行影响奠定基础。

第四章

国外港口收费经验借鉴

第一节 国外典型港口收费现状

一、美国

美国是联邦制的国家,各州政府有较大的自主权。美国港口都属于地方政府,对港口的立法权主要在州政府。国家对港口的管理没有统一的、系统的法规,国家的港口政策是在运输的立法中体现。大多数美国公共港口的管理形式是实行港务局和港口理事会的两级管理体制。港务局作为港口管理机构,不属于政府部门,而是一个独立的公共企业。港口理事会是港务局的决策机构,成员由州长任命,并必须经过州参议院的批准。港务局的日常事务工作,由港口理事会任命的港务局局长负责。

美国的各个港口都有其自己的港口费收类目及费率本。沿海港口的费率本由美国联邦海事委员会(Federal Maritime Commission,FMC)管理。美国联邦海事委员会,负责受理从事远洋外贸运输和沿海运输的公共承运人或民间团体上报的运价申请,并且监督运价的执行情况;办理运价法规豁免许可证;受理有关承运人、港口经营人、货运代理人等违反航运法规的投诉,对非正式投诉可采取行政、司法和调节的措施,对正式投诉可依法裁决;负责制定有关的航运规章制度和实施细则,并且监督法规的执行。1998年以前沿海港口的费率本都要向美国联邦海事委员会登记并经过批准后,才能对外公布和执行。

从1999年起,美国联邦海事委员会规定,美国沿海公共港口的费率本都应该以电子文本的方式进入美国联邦海事委员会的"自动费率汇编信息系统";此外,美国港口的费率,还可以根据地方物价指数的变动而自动进行调整。如1999年11月23日,西雅图港口委员会批准3379号决议规定:根据地方劳动统计消费价格指数局每年10月测定的前12个月物价指数变化情况,港口费率可以随着通货膨胀的因素自动进行每年的调整。

二、荷兰

荷兰境内港口因与周边国家的港口相邻,港口腹地相互交叉,港口、码头之间竞争激烈,因此港口定价要充分考虑与周边港口的竞争,费率水平普遍不高,有些类目费率还可自主进行调整,以吸引船公司和货主,争取更多的货源。

经过长期的海运贸易活动,荷兰已经建立了一套较为完善的适应市场经济和现代港口生产要求的港口管理体制和价格管理体制。政府和企业、企业和企业之间相互独立,各司其职,依法行事。政府只管立法、规划和协调工作,不直接干预企业的商业活动,只是通过税收杠杆引导企业发展。企业是独立的经济实体,具有自主的经营权、决策权。政府和企业是出租与承租、收税与纳税的关系,企业和企业之间是平等的竞争关系。

具体而言,政府筹措资金有偿投入港口建设,通过向企业出租码头,收取租金,以及对到港船舶和货物征收税费,收回投资,并实现盈余。港口及码头费收规则也由政府主管部门根据航运市场价格和供求关系批准发布,要求:港口经营人按规定计收税收和行政事业性收费,不准浮动;对劳务性质的费用,港口经营人可根据船舶到港艘次、货物批量大小、市场供求、自身经营条件、竞争能力等情况,与船公司,货物收、发人洽签合同进行不同幅度的调整,通常下浮比例为5%~30%;港口费率可进行不定期调整,一般1~2年调整一次,但每次调幅较小,容易被船东和货主接受。

三、日本

日本港口收费管理体制基本上是政企分开的。中央政府的运输省,通过立法对全国港口实行行业管理;港口管理工作具体由地方政府下设的港湾局或港湾管理部门负责。港口管理机构直接管理的收费项目仅限于"港口基本设施使用费""进港费""港口水域、公共用地和采砂费"以及"港口环境维护费"几项。其他收费项目全部由企业及其所属协会经营。

地方政府承担港口基础设施和公共码头的建设、维护和管理;政府部门将码头租给码头经营人(装卸企业),不直接参与码头的经营管理。日本港口费收按照费收管理的性质大致可分为三种类型:

1. 港口行政事业性收费和设施使用费

港口行政事业性收费和设施使用费,由各级政府部门制定和管理。吨税是对从事外贸运输船舶征收的费用,分为两种,一是由中央政府制定征收的吨税,二是由地方政府制定征收的吨税,按船舶进港航次征收。船舶入港费和港口设施使用费都是由各地方政府的港务局制定和管理。港务局根据日本的《港湾法》以及地方政府的《入港条例》和《港湾设施条例》,制定有关费率标准。

2. 港湾运送费和劳务性质费用

港湾运送费实行认可制,由各港口的港湾运送协会具体负责管理。费率的制定和调整程序:港湾运送协会收集各装卸公司或驳运公司的经营情况和调价要求,在协会内部经过充分的协调,一般是选择有代表性的企业进行成本分析和测算,提出费率调整的申请,上报到地方运输局或运输省,经过上级主管部门认可后颁布和实施。

劳务性质费用实行申报制度,由港口有关行业协会(如拖轮协会、引航协会、仓库协会、理货协会等)具体负责。费率标准由各行业协会经过内部协商确定后上报地方政府的港口主管部门备案。由各行业协会对外公布港口费率标准,并监督协会成员按照费率标准实施。因此,同一港口内,劳务性质收费的费率标准基本上是统一的。各公司的竞争手段主要是公司的信誉和提高服务质量。

3.港口福利设施等的费用

港口福利设施等的费用由各港口福利设施协会定价,费用比市场价格略低,包括理发、餐饮、会议室、住宿、博物馆、停车场等设施,各种场地、娱乐设施等也有相应的折扣。

第二节 港口收费模式分类

各个国家的港口管理体制不同,对港口在国民经济中的作用和地位的认识不同,港口收费模式也不同,按照港口定价和收费的意义与目的分类,主要包括三种模式:

一、以成本为主

以成本为主的港口定价和收费管理模式是指:政府原则上不给港口财政资助,港口经营人自负盈亏,港口的投资和经营以盈利为目的,要求港口收入除能回收港口建设投资和支付营运成本外,还要获取一定利润,以维持港口的发展和再生产。美国、英国和北欧国家是其典型代表。

此类港口收费的港务局等港口管理机构,往往不属于政府部门,而是作为社会公共企业,在港口收费定价规则上获得了政府给予的较高自主权。政府部门在港口管理中的决策更多地体现在立法和监管层面。

除履行港政管理职能和负责港口设施的规划、建设和营运外,还从事货物装卸业务。港口定价要考虑港口基础设施的折旧费、生产经营成本以及必要的赢利部分,因此此类港口收费标准比较高。

二、以竞争为主

以竞争为主的港口收费模式是指:港口收费规则由政府根据航运市场价格和供求关系批准发布,为了鼓励港口的发展和竞争,对港口投资和建设实行优惠政策,在港口经营出现亏损时给予适当的财政补贴。

西欧一些国家的港口,如鹿特丹、安特卫普、汉堡、勒阿佛尔等港口相邻较近,港口腹地相互交叉,港口、码头之间竞争激烈。这些港口的定价主要考虑因素是与周边港口的竞争,港口的费率水平一般都不高,有些类目的费率上下浮动幅度较大,以吸引船公司和货主,争取更多的货源。德国、法国、荷兰、比利时等欧洲国家基本上实行以竞争为主的管理和定价模式。

在收费的制度特点上,以竞争为主的西欧国家主要有以下特征:

1. 政企严格分开、所有权和经营权分开

在德国和荷兰,土地、河流(航道)、港湾、码头、道路等为政府(国家)所有。政府通过港口管理部门行使管理职权,具体为:

(1)制定港口发展规划。

(2)筹措建港资金。

(3)建设港口水工工程(码头)、疏浚航道和港池、维护灯标等助航设施。

(4)制定港口法规、费规、审批价格。

(5)协调船东、货主、码头(装卸)公司诸方的关系和劳资双方的关系。

2. 港口建设资金由政府筹措

政府筹措资金有四条渠道:

(1)市政府财政预算。

(2)中央政府拨款。对一些涉及国家、城市间、地区间的工程,如汉堡市的易北河下游、鹿特丹市的莱茵河下游、阿姆斯特丹市的北海运河疏浚费,都由中央政府拨款。

(3)向银行借贷❶。

(4)向企业(码头公司)预收租金。除港口及码头建设资金由市政府解决外,港区航道、港池、码头岸壁、灯塔等助航设施的日常维护费用也由市政府负担。

3. 政府回收港口投资的方式

政府用于对港口的投资是有偿的,通过稳定渠道逐年回收,具体回收渠道有两种:

(1)向企业出租码头、收取租金:政府向社会私营企业出租码头,通过租金回收港口与码头的建设和维护的投资。根据资料查找,汉堡港 LSG 公司码头租金按前沿水深计算,每米岸线为 600~1000 马克,码头陆域按面积计算,每平方米 4.5~5.5 马克。通常,租金每隔 3~5 年调整一次,回收年限为 15~30 年。

(2)对到港船舶和货物征收税费:德国、荷兰两国对进出港口的船舶和货物,通过港口企业来征收捐税和收取费用。汉堡市政府规定,到汉堡港的船舶要缴纳吨税、引水税、码头税;鹿特丹市政府规定,到港船舶要缴纳关税、港务税等。

通过以上两种回收途径,不仅使政府用于港口的投资能够全部回收,而且还有盈余。另

---

❶ 市政府用土地、艺术品等作抵押,向银行贷款。

外,政府将回收的资金用于新建、扩建码头,形成港口建设的良性循环。

4. 港口及码头费收规则由政府主管部门批准发布

德国、荷兰的港口及码头费收规则由政府根据航运市场价格和供求关系批准发布,两国港口及码头费收规则有三个共性:

(1)对税收和行政事业性收费性质的费用,港口经营人要按规定计收,不准浮动。

(2)对劳务性质的费用,港口经营人可根据船舶到港艘次、货物批量大小、市场供求情况、自身经营条件、竞争能力等情况,与船公司、货物收、发货人洽签合同,向下作不同幅度的浮动,通常下浮5%~30%。

(3)港口费率进行不定期调整,一般1~2年调整一次。每次因调幅较小,对客户的影响小,易为船东和货主等客户接受。

三、以社会效益为主

以社会效益为主的港口收费模式是指:政府投资港口基础设施建设,允许港口经营有适当的亏损,每年给予港口经营人一定的财政资助和补贴,港口定价以回收港口经营人自筹资金为目标,不考虑国家和地方政府的资助。

日本和新加坡等国家十分重视港口在国民经济和地区经济发展中的社会效益,认为港口是国家和地区基础建设的重要组成部分,港口的发展与国家交通运输系统和地区经济发展密切相关。政府高度重视港口的发展,通过立法和行政手段管理港口的建设,并且在财政上会给予很大的支持。这些国家的港口费率水平比较低,利于吸引各国船公司船舶来港挂靠码头和中转货物。

第三节 国外港口收费管理特点

从以上国家港口收费情况来看,国外港口经营管理体制和价格管理总体呈现以下特点,可供国内港口收费参考借鉴。

一、"地主港"式

中央政府主要负责编制港口发展规划,完善法律法规体系;地方政府是港口建设运营的主体,根据当地实际情况选择港口经营管理模式。"地主港"式管理模式主要是指地方政府负责港口基础设施的建设和维护,建设形成码头泊位后出租给码头经营者运营,主要依靠收取租金以及向到港船舶收取相关税费,筹集港口基础设施建设和维护支出费用。码头经营者主要经营货物装卸等业务,向货主收取相关经营性费用。例如,日本港口管理体制基本上是政企分开的,但是日本把港口作为非营利的公益事业优先发展。港口建设资金通过港口行政事业性收费不能得到补偿的,亏损部分由政府财政补贴;凡是从事经营性业务的企业,经营困难的,由国家补贴或直接经营。韩国港口和码头基础设施基本上都是由政府部门投资建设。

二、分项目差异管理

港口货物相关收费实行市场调节。港口泊位由不同码头经营者运营,相互间能够形成有效竞争,因此对货物相关经营性收费如装卸费、堆存费等完全放开,实行市场调节价,政府部门一般不干预价格水平。但在特殊情况下,如战争期间或者港口竞争过度时,政府部门也会干预港口价格,如美国海湾战争期间对港口装卸作业价格进行了调控,日本对名古屋港等8大港口制定统一收费标准,避免港口间恶性竞争。船舶相关收费一般实行政府定价。

三、收费标准灵活调整

从世界典型国家来看,一般港口码头经营者会根据当地发展需要、市场供求等因素,定期调整装卸作业收费标准,收费标准调整相对灵活。港口收费依据物价指数变动进行定期调整,是对价格进行有序管理的重要前提。例如,日本港口收费调整主要依据成本增长情况,以维持港口经营人正常收支平衡为依据,并考虑宏观经济环境和物价上涨的指数情况,其装卸费费率一般两年调整一次,但调整幅度较小。而韩国的装卸费每年调整一次,上升幅度为4%,略低于物价指数的上涨,其调整依据与日本相似,但有下述三种情况不予调整:一是该港口费收调整影响整个港口费收结构;二是港口费收调整过多增加了用户的负担;三是调整幅度与物价指数上升相差悬殊。

四、强化立法和监管

国外港口收费法规比较完善,监管规则比较具体明确。统筹考虑港口基础设施特征、市场竞争过度可能造成的低价倾销等因素,部分国家建立了一整套的港口收费监管体系。如日本国土交通省按地区设置9个派出机构,负责管理和监督港口收费运行情况,对存在违规价格行为的企业给予警告、暂停营业、取消经营资格等处罚。

第四节 外贸本地箱与国际中转箱港口装卸费国内外对比分析

一、集装箱装卸费的基本情况

国外港口装卸费在不同地区间的差异较大,重箱、空箱、中转箱差别也很大。欧美发达地区的费率较高,例如欧门集团(Eurogate Group)公布的费率表(2015年7月1日生效),20英尺集装箱的装卸费高达260欧元/箱;亚洲发展中国家费率相对较低,20英尺集装箱的装卸费一般在50~86美元/箱的区间浮动,详见表4-1。我国的集装箱装卸费费率属于中等偏下的水平。

各港 20 英尺集装箱装卸船部分的费率（元/箱） 表 4-1

港口名称	本地箱费率（外币）	本地箱费率（人民币）	中转箱费率（人民币）	数 据 来 源
胡志明港	1049421 越南盾	307 元		船东协会提供
巴生港	68.6 美元（船东协会）	455 元（船东协会） 420 元（港口协会）	260 元（港口协会）	
釜山港	49512.16 韩元	300 元		《釜山港装卸费收费规则》（自 2016 年 3 月 31 日起生效）
釜山新港	87719.30 韩元	530（无船挂靠） 371～477 元（有船挂靠）		船东协会提供
香港港	1100 港元	934 元		广州港提供
高雄港		497 元		港口协会提供
大阪港		937 元		港口协会提供
新加坡港		1650 元（港口协会提供） 798 元（船东协会提供）	560 元（港口协会提供）	新加坡
洛杉矶港	193.2 美元	1280 元（箱内装的货物不同，费率会有一定下浮）		《洛杉矶港码头费收费标准》
长滩港	178 美元	1180 元	1047 元（欧洲货物）	《加州长滩港港口收费标准和管理规则》自 2000 年 2 月 10 日起生效
安特卫普港	66.26 欧元	516 元（10%上下浮动）		安特维普港口学习实地调研
鹿特丹港		1300 元（港口协会提供） 867 元（船东协会提供）	单个箱子减免 2.5 欧元或者 3.75 欧元，从量优惠见表 4-3。一般是本地箱的 9.4 折到 7.8 折❶	
不来梅哈芬港/汉堡港	260 欧元	2024 元		《欧门集团（Eurogate Group）不莱梅港集装箱码头有限公司收费规则》（自 2015 年 7 月 1 日起生效）
青岛港		480 元		
天津港		470.3 元	150 元	

---

❶ 来源:《鹿特丹港口管理局(HAVENBEDRI JFROTTERDAM N.V.)港口管理规定和收费标准》。

续上表

港口名称	本地箱费率(外币)	本地箱费率(人民币)	中转箱费率(人民币)	数 据 来 源
上海港		480 元	270 元(洋山) 320 元(外高桥)	
宁波舟山港		490 元	250 元	

美国大多数集装箱码头是由当地的港务局(或者相关的政府部门)与船公司合作营运,船公司不仅是码头的使用者,也是码头的股东,因此费用不是很透明和公开。其中长滩港由港务局建设码头后,出租给码头运营商负责具体的操作,经营收费由码头运营商与船公司签订的合同来确定。

二、国际中转箱的优惠情况

从现有掌握的资料来看,国外对单独一个中转箱的优惠幅度都比较小,例如,鹿特丹港的远海转运优惠(Deepsea Transhipment Discount),对提供远海服务的海运船舶在港口转运载货集装箱,且在港口登记系统中为入海、出海状态,每个集装箱可减免 3.75 欧元的优惠;鹿特丹港支线转运优惠(Feeder Transhipment Discount),对提供近海、支线服务的海运船舶在港口转运载货集装箱,且在港口登记系统中为入海、出海状态,每个集装箱可减免 2.5 欧元的优惠。国际中转箱优惠幅度比较大的至多也就是本地箱的 9 折左右,详见表 4-2。

长滩港 20 英尺集装箱对一般货物和欧洲货物港口装卸费率比较　　　表 4-2

集装箱尺寸	类型	进　　口		出　　口		例外货物
		一 般 货 物	欧 洲 货 物	一 般 货 物	欧 洲 货 物	
20 英尺	美元	178	158	137	121	119
	人民币(元)	1180	1047	907	802	789
	折扣	11%		11.6%		

国际中转港对货运量比较大的中转箱可以在本地箱基础上打 9.5 折到 8 折。例如鹿特丹港,对远海服务集装箱船运量优惠(Quantum Discount for Container Ships in Deepsea Service),提供远海服务的集装箱船可按照表 4-3 享受折扣优惠。

折 扣 优 惠 表　　　表 4-3

货运量≥(×1000 吨)	货运量<(×1000 吨)	折扣优惠(%) (每客户每年)
248	744	6.0
744	1240	9.0
1240	1736	12.0
1736	2479	14.0
2479	3471	16.0
3471	4463	19.0
4463		22.0

新加坡、中国香港、韩国釜山等港口,具有区位优势,多实行自由港政策。另外,随着船舶大型化,船舶挂靠港口的数量越来越少。我国港口基于对挂靠航线和箱量的需求,通过提高作业效率、完善及提高服务水平等方式,降低船公司成本以吸引船公司挂靠,对国际中转箱的装卸费的优惠力度比较大,一般在本地箱的3折到6折,这种情况的出现,不是垄断的结果,而是我国港口间以及与周边港口的竞争越来越激烈的体现,各港不是以成本定价为主,而是以竞争定价为主。

第五节 国外拖轮费比较分析研究

拖轮费是指船舶靠离泊使用拖轮和引航或移泊使用拖轮,提供拖轮服务的单位向船方或其代理人计收的费用。通常按照拖轮马力大小、拖轮作业时间、被拖船舶的大小为计费基础。我国的拖轮费一直是以拖轮马力和使用时间为计费单位,自2016年1月1日以来,开始鼓励各港根据被拖船舶的吨位、船长、进出港次数等情况综合计收拖轮费。

一、国外港口的拖轮计费基础

国外港口的拖轮费通常是由各个拖轮公司自己制定,有的港口设有几家拖轮公司,费率水平略有不同,相互竞争,国外主要国家港口拖轮费的计费基础详见表4-4。通过比较分析,各国港口的拖轮费计费基础各有不同,主要有六种:一是只考虑被拖船舶情况的计费,如汉堡港、不来梅港、勒阿佛尔港、新加坡港;二是只考虑作业时间的计费,如温哥华港、洛杉矶港;三是同时考虑被拖船舶和作业时间(拖航距离、港区)情况的计费,如鹿特丹港、纽约港、新加坡港、东京港、横滨港、千叶港;四是同时考虑拖轮马力和作业时间情况的计费,如大阪港;五是可以选择以被拖船或拖轮马力其中之一计费,如里斯本港;六是可以选择以船舶总吨和作业时间或拖轮马力和作业时间其中之一计费,如名古屋港。

综上所述,各港口的拖轮费计费基础大多是以"被拖船的情况"作为基本判断依据,而后才考虑作业时间和拖轮马力的因素。名古屋港作为日本吞吐量第一大港,二选一的计费办法更是体现了以市场为主导的人性化收费制度。国外港口的拖轮费的计费基础表见表4-4。

国外港口的拖轮费的计费基础表 表4-4

国　　家	港　　口	计 费 基 础
德国	汉堡港	船舶总吨
	不来梅港	
荷兰	鹿特丹港	船舶长度和拖航距离
法国	勒阿佛尔港	船舶长度
葡萄牙	里斯本港	船舶总吨
		拖轮马力
加拿大	温哥华港	作业时间

续上表

国　　家	港　　口	计 费 基 础
美国	纽约港	船舶净吨和港区
	洛杉矶港	作业时间
新加坡	新加坡港	船舶总吨和作业时间
日本	东京港	船舶总吨和作业时间
	横滨港	
	千叶港	
	大阪港	拖轮马力和作业时间
	名古屋港	船舶总吨和作业时间
		拖轮马力和作业时间

二、拖轮费的内、外贸区分情况

根据资料显示，国外大多数港口在收取拖轮费时并没有内、外贸之分，仅有少数港口有内、外贸区别计费政策，这些港口内贸船舶收费虽然相比外贸稍低，但差额极小。

三、拖轮费计费标准的比较分析

1. 以被拖船计费的港口

1）以总吨计费

按总吨计费的港口通常设定一个船舶总吨值，低于此数值以下的船舶（小船）收费较低，其他船舶按正常值计费。如东京港设定10000总吨以下和10000总吨以上2档；横滨港和千叶港则设定了5000总吨以下、5000～15000总吨、15000总吨以上3档，详见表4-5。

东京港、横滨港、千叶港总吨计费费率表　　　表4-5

港　　口	总 吨 计 费	
	普通计费	特殊情况计费/总吨数
东京港	101700日元	67700日元/10000总吨以下
横滨港 千叶港	101700日元	67700日元/15000总吨以下　　63500日元/5000总吨以下

2）以船长计费

按船长计费的港口，根据港口能够停靠船舶的情况，一般将船长分为多个档级，设定一个最低限和一个最高限，每增加10～40米为一个档级，船长越长增加的档级跨度越大，费率的设置符合递大递减的原则，以鹿特丹港的拖轮费率表为例，详见表4-6。

鹿特丹港/欧罗波特港/马斯弗莱克特港（往返于内河与拖轮泊位之间）拖轮费率表　表4-6

英国劳氏船级社登记的船舶总长	普通辅助拖带作业（不超过2小时）			3小时
	I（欧元/次）	II（欧元/次）	III（欧元/次）	IV（欧元/次）
163米及以下	1499	1607	2035	2074
164～175米	1667	1774	2202	2337
176～187米	1796	1903	2332	2451
188～212米	2191	2298	2726	2772
213～236米	2429	2536	2964	3111
237～260米	2746	2853	3281	3384
261～285米	3090	3197	3625	3868
286～309米	3357	3464	4083	4575
310～334米	3654	3761	4494	4983
335～358米	3848	3956	4721	5152
359～383米	4004	4111	4920	5553
384米及以上	4213	4320	5290	6169

2. 以拖轮马力计费的港口

通常情况下，根据拖轮马力设定数个档级，便于匹配出适用于被拖船的拖轮，解决大马拉小车的问题，减轻航运企业的负担。如大阪港将拖轮按马力大小从1000马力到6000马力分为8个档级。

3. 以船舶总吨/拖轮马力二选一计费的港口

国外有部分港口采用"船舶总吨和作业时间/拖轮马力和作业时间"二选一模式，如名古屋港。名古屋港有拖轮公司9家，9家拖轮公司按被拖船总吨计费时，档级划分上有稍许差别，但大多采用3000总吨以下、3000～8000总吨、8000总吨以上3个档级。9家拖轮公司以拖轮马力计费时，大多采用3000马力以下、3000马力以上2个档级。

四、附加费

1. 节假日、夜班附加费

从现有掌握的资料来看，除新加坡港外，各港口均加收节假日、夜班附加费，虽然加收的费率方面有稍许差别，但基本情况大致相同，如夜班附加费加收100%或者更高。节假日附加费加收50%～60%。

2. 燃油价格变动附加费

国外港口拖轮公司会根据原油价格变动收取燃油价格变动附加费，各国的燃油价格变动附加费费率标准均不同,日本港口燃油价格变动附加费用以日本轮辋情报开发公司公布的原油市场价格指数为准。

五、其他收费

相对我国而言,国外一般会收等候作业费、变更或取消作业费、特殊作业附加费等。

第五章

我国港口价格改革的实践

根据《中华人民共和国价格法》的有关规定,价格管理实行中央定价目录管理和地方定价目录管理,港口价格中央定价管理的相应定价权在交通运输部和国家发展改革委,在2016年3月前实施的《收费规则》和现行的《计费办法》是港口价格计费、收费和管理的主要依据,从1953年以来,我国《收费规则》总共进行了11次修订,每次修订的周期不一样,最短的是2年,最长的是19年,在《收费规则》实施的过程中,根据不同情况,两部委联合或交通运输部单独发布港口价格调整的规范性文件。《收费规则》的修订程序:一是由交通运输部和国家发展改革委共同形成港口价格调整方案,并发布调整收费项目和标准的规范性文件;二是根据已经发布的港口收费有关规范性文件制定相应的《收费规则》,交通运输部与国家发展改革委协商一致后,《收费规则》以规章(交通运输部令)的形式发布实施。从2015年12月以来,我国制定了《计费办法》,至此《计费办法》以规范性文件下发,并于2017年、2018年、2019年三次重新修订。

第一节 港口价格改革历程和发展趋势

一、港口价格机制改革历程

我国港口价格的形成受多种因素影响,是一个综合、复杂、多变的过程。

1.《收费规则》的发展历史

1953年2月21日,交通部制定了《中央人民政府交通部所属海港港口费收暂行通则》(以下简称《费收暂行通则》),统一了各项港口费用,不分内外贸,港口收费均执行统一规定。1964年1月1日,为了区分航行国际航线船舶与航行国内沿海航线船舶以及外贸进出口货物与内贸货物港口收费的不同,将《费收暂行通则》一分为二。一是产生了《中华人民共和国交通部航行国际航线船舶及国外进出口货物港口费收规则》(以下简称《费收规则(国际)》),其于1994年改名为《中华人民共和国交通部港口费收规则(外贸部分)》(以下简称《费收规则

(外贸部分)》),《费收规则(外贸部分)》于1997年改名为《中华人民共和国交通部港口收费规则(外贸部分)》(以下简称《收费规则(外贸部分)》);二是产生了《中华人民共和国交通部航行国内航线船舶及国内进出口货物港口费收规则》(以下简称《费收规则(国内)》),其于1992年改名为《中华人民共和国交通部港口费收规则(内贸部分)》(以下简称《费收规则(内贸部分)》),《费收规则(内贸部分)》于2005年改名为《中华人民共和国交通部港口收费规则(内贸部分)》(以下简称《收费规则(内贸部分)》)。

1)《费收规则(国际)》《费收规则(外贸部分)》和《收费规则(外贸部分)》

《费收规则(国际)》自1964年从《费收暂行通则》分离后,除了包含《费收规则(国际)》外,还一直将《航行国际航线船舶长江引航、移泊费收办法》和《国际航线集装箱港口费收办法》作为附录一并制定发布,随着我国外贸事业以及远洋运输业的发展,为了支援外贸与远洋运输业,对我国国籍船舶和国内货方采取特别优惠的政策,1978年10月1日颁布的《费收规则(国际)》,按照付费对象的不同,将费率划分为外籍船舶、我国国籍船舶、国内货方3个标准,该规定对当时发展外贸和远洋运输业发挥了积极作用。

1990年3月,对《费收规则(国际)》和2个附录《国际航线集装箱港口费收办法》《航行国际航线船舶长江引航、移泊费收办法》中的各项费收标准和航行国际航线船舶的理货费以及外贸货轮长江航道养护费率进行调整,外轮付费平均上调11%,国内外贸部门付费平均上调8%,国际航线船舶使用围油栏费率上调10%。交运字〔91〕8号《关于提高上海港国际集装箱出口重箱装卸费的批复》仍继续实行。由国内货方负担的国外进出口"九类"和非"九类"货物的装卸费和附加费的计收办法,仍按交通部交水运字〔80〕1980号《关于国外进出口货物装卸费计收办法的补充规定的通知》和国家物价局等四单位联合发布的价重字〔89〕62号《关于外贸进出口货物装卸问题的规定》两个文件的规定执行,经以上调整,从1990年4月1日起实行了交运字〔90〕256号文的《费收规则(国际)》。

为与国际港口费收惯例接轨,1991年4月1日,对外籍船舶、我国国籍船舶、国内货方的港口收费标准实行并轨,将我国国籍船舶和国内货方收费标准与外籍船舶统一,大幅提高了国际航线船舶及国外进出口货物港口收费标准。1994年1月1日,为适应人民币汇制改革,交通部将国际航线船舶及国外进出口货物港口货物装卸费率随人民币汇率变动相应提高52%,经过这次改革,将《费收规则(国际)》改名为《费收规则(外贸部分)》,并于1994年1月21日起实行新的《费收规则(外贸部分)》。

1997年6月20日对《费收规则(外贸部分)》进行修订,将附录中的《国际航线集装箱港口费收办法》并入《费收规则(外贸部分)》,并改名为《收费规则(外贸部分)》,以交通部1997年第3号部令的形式发布。

随着国民经济快速发展和对外贸易不断扩大,2000年2月18日,交通部、国家计划委员会联合下发了《关于对外贸船舶及货物港口收费实行优惠的通知》,决定对国际运输船舶和货物在我国港口的一些收费项目实行优惠政策。2001年12月24日交通部令第11号发布的

《收费规则(外贸部分)》将码头、浮筒的生产性停泊费和集装箱装卸包干费在原有的基础上调高了15%,拖轮费提高了5%。2006年4月10日,交通部和国家发展改革委共同发布了《关于收取港口设施保安费的通知》,决定于2006年6月1日起在《收费规则(外贸部分)》中增加港口设施保安费。此《收费规则(外贸部分)》一直使用到2015年12月29日。收费项目和标准详见表5-1。

2)《费收规则(国内)》《费收规则(内贸部分)》《收费规则(内贸部分)》

1964年1月1日,《费收规则(国内)》从《费收暂行通则》分离以后包括3个规则和2个附录,分别是:《沿海港口费收规则》《长江港口费收规则》《黑龙江港口费收规则》及《装卸货物品名分类说明》《航行国内航线船舶长江引航、移泊费暂行办法》,一直实行低价政策,每次调整都是降低费率。经数年积累,收费在20世纪80年代初严重背离其价值,造成港口发展缓慢,直至1983年,才第一次较大幅度地提高了收费标准,在1983年12月1日以交通部交河字〔83〕2239号文公布了新的《费收规则(国内)》。

1990年3月2日,交通部和国家物价局在交运字〔90〕122号文中指出:"国外进出口货物由国轮(不含租轮)承运的、'九类'货物由国内货方负担的以及船边至库、场的装卸费均按原规定费率加25%计收,大连港按原规定费率加37.5%计收。但散装粮食、散装化肥的装卸费仍按原规定计收。"提高了交通部直属及双重领导港口的收费标准,从1990年3月15日执行修订的《费收规则(国内)》。

交运发〔1992〕967文公布的《费收规则(国内)》于1992年12月15实行,对费收规则进行了较大的改革,包括将货物装卸费及其他作业费平均提高64.5%,取消了新港新价政策,新老码头费率并轨,明确规定了计划内运输货物的装卸费实行国家定价,计划外运输货物的装卸费实行市场调节价等。另外,将附录《航行国内航线船舶长江引航、移泊费暂行办法》并入了《长江港口费收规则》。

2005年6月7日,交通部、国家发展改革委下发了《关于调整港口内贸收费规定和标准的通知》,将分开制定的《沿海港口费收规则》《长江港口费收规则》《黑龙江港口费收规则》3个规则和附录《装卸货物品名分类说明》合并为一个,并改名为《收费规则(内贸部分)》,统一了我国沿海和长江干线、黑龙江水系主要港口的内贸收费规定,以规范内贸港口收费。为区别港口收费性质和市场竞争程度,对港口内贸收费分别实行政府定价、政府指导价和市场调节价,其中货物港务费、船舶使费(包括引航费、拖轮费、停泊费等)实行政府定价;货物装卸作业费等劳务收费实行市场调节价,取消了1992年的《费收规则(国内)》的21项收费。该规则以交通部2005第8号部令的形式发布,于2005年8月1日起施行,一直到2015年12月29日。收费项目和标准详见表5-1。

我国对港口价格实行内、外贸不同的管理体制。港口价格主要根据交通部和国家发展改革委制定的《收费规则》的规定,实行政府定价、政府指导价和部分企业定价、协议价格等制度。堆存保管费、库场使用费、外贸进出口货物岸上作业收费、内贸货物港口作业经营性收费、外贸的浮吊使用费和驳船取送费实行市场调节价;内贸集装箱装卸包干费实行政府指导价;其余收费项目均由政府定价。

外贸港口价格方面,实行中央集中管理体制,收费标准由交通部会同国家发展改革委统一制定,实行政府定价,集装箱中转包干费、非标准集装箱的装卸费、冷藏箱的制冷费等由地方自定。

内贸港口价格制定实行统一领导,分级管理,实行国家定价与市场定价相结合的方式。沿海、长江干线和黑龙江水系港口企业的内贸港口收费标准由交通部会同国家发展改革委制定。其他内贸港口(码头)收费标准由省交通主管部门会同省物价主管部门进行管理。由省交通厅(或港航管理局)负责制定本省的港口收费规则,报经省物价部门核定批准各项收费的价格标准。有些省份将部分内贸港口收费标准的管理权下放给港口所在地(市),由地(市)交通主管部门会同当地物价部门管理。下放权限各省不一,如江苏省管到市一级,县以下由市交通和物价部门制定;福建省仅管福州、厦门、泉州、湄州湾四个大港,其他下放到地(市)管;浙江省的价格则全部放到港口所在地的交通和物价部门。但是,港口收费的规则都是由各省制定,各地、市、县都应贯彻省里规定的收费办法。

另外,对于中外合资建设码头劳务性收费实行市场调节价。1985 年,为吸引外资投入港口基础设施建设,国务院发布了《关于中外合资建设港口码头优惠待遇的暂行规定》❶,明确"合资企业所建码头的装卸费率标准,由企业自定"。

由于我国国内水路集装箱发展起步晚,在相当长的时期内,一直没有制定专门的国内水路集装箱港口收费办法,直到 2000 年 3 月 20 日,交通部、国家计委联合下发了《国内水路集装箱港口收费办法》(交水发〔2000〕156 号),对集装箱收费实行统一管理,将国内集装箱港口收费标准改为按箱收费,同时,对集装箱港口装卸实行包干收费,并规定了包干范围,有效地保障了公平竞争。

2.《计费办法》的改革现状

自 2001 年《收费规则(外贸部分)》和 2005《收费规则(内贸部分)》修订实施以来,交通运输部单独或与国家发展改革委联合出台了 13 个涉及港口收费的文件,个别文件还相互交叉引用,港口收费人和管理人员难以适从,要求尽快梳理和规范。同时,随着改革开放的不断深入,港口经营的市场化程度越来越高,当时的《收费规则》出现一定的不适应性,迫切需要修订。2014 年,交通运输部与国家发展改革委商定形成了港口收费价格改革思路和分步推进的工作步骤。分四步完善港口价格形成机制:一是共同制定港口价格调整改革方案;二是发布港口收费价格改革调整政策文件;三是制定《计费办法》;四是制定港口收费监督管理政策。

---

❶ 本规定已被 2001 年公布的《中华人民共和国中外合资经营企业法》(中华人民共和国主席令第 48 号)和 2007 年公布的《中华人民共和国企业所得税法》(中华人民共和国主席令第 63 号)所代替,并于 2008 年被《国务院关于废止部分行政法规的决定》(国务院令第 516 号)宣布废止。《中华人民共和国中外合资经营企业法》规定"其(合营企业)价格(场地除外)由合营各方评议商定"。

《计费办法》制定前我国港口内外贸收费项目和标准对比表[1]

表 5-1

序号	收费项目	收费性质	内贸 单位	内贸 计费条件	内贸 收费标准	外贸 单位	外贸 计费条件	外贸 收费标准	收费依据	收费主体	收费对象
1	引航费	政府定价经营性收费		引航距离在10海里以内	0.2 元/净吨(马力)		引航距离在10海里以内	0.5 元/净吨(马力)	内外贸收费规则	引航站(中心)	船公司
				引航距离超过10海里的港口,超出10海里部分	0.002 元/净吨(马力)×海里		引航距离超过10海里的港口,超出10海里部分	0.005 元/净吨(马力)×海里			
2	移泊费	政府定价经营性收费			0.12～0.15 元/次		由引航员引领过闸	0.16 元/净吨(马力)	内外贸收费规则	引航站(中心)	船公司
3	引航员滞留费	政府定价经营性收费			10 元/人小时		所有港口	0.22 净吨(马力)	内外贸收费规则	引航站(中心)	船公司
4	拖轮费	政府定价经营性收费		沿海港口	0.35～0.5 元/拖轮马力×小时		所有港口	20 元/人小时	内外贸收费规则	拖轮公司	船公司
				内河港口				0.48 元/拖轮马力×小时			

[1] 港口内外贸收费项目总共是50项,由于把收费项目散杂货(内贸)、散杂货(外贸)、集装箱(内贸)、集装箱(外贸)合并为表1中序号10的装卸包干费,故在表1中收费项目总共是47项。具有政府定价行为的有44项。其中政府指导价行为的有1项,即内贸集装箱装卸包干费;政府定价的有43项,包括:引航费;移泊费;引航员滞留费;拖轮费;系解缆费;停泊费;开关舱费;围油栏使用费;货物港务费;外贸散杂货装卸包干费;外贸集装箱装卸包干费;集装箱铁路线使用费;集装箱货车取送费;集装箱汽车装卸;撤移、翻装费;集装箱拆、驳船装箱火车、集装箱清洗工时费、集装箱缝工时费;起货机工时费;起重机、吸扬机;拆包和倒包费(外贸);港口设施保安费;污水处理费;驳船取送费(内贸);码头供水劳务费;装卸作业工时费;岸电使用费;港站使用服务费;码头使用费;挑样费;一般拆隔舱板、装卸用防雨设备;防雨苫;靠垫费。其他具有经营行为的有3项,包括:特殊平仓费;倾倒垃圾费;灌包和缝包费;分票费;迎送旅客的码头费。

续上表

序号	收费项目	收费性质	内贸 单位	内贸 计费条件	内贸 收费标准	外贸 单位	外贸 计费条件	外贸 收费标准	收费依据	收费主体	收费对象
5	系解缆费	政府定价经营性收费	元/次	50~500净吨船舶在码头/浮筒	30/50~140/200元/次	元/次	2000净吨及2000净吨以下船舶在码头/浮筒	107/159~213/318元/次	内外贸收费规则	码头公司	船公司
				501~2000净吨船舶在码头/浮筒			2000净吨以上船舶在码头/浮筒				
				2000净吨以上船舶在码头/浮筒							
6	停泊费	政府定价经营性收费	元/净吨(马力)×日	停泊在港口码头、浮筒等地的船舶	0.06~0.12元/净吨(马力)×日	元/净吨(马力)×日	停泊在港口码头、浮筒的船舶	0.05~0.23元/净吨(马力)×日	内外贸收费规则	码头公司	船公司
				因船方原因继续停泊在港口码头的船舶		元/净吨(马力)×小时	停泊在港后锚地的船舶				
							因船方原因继续停泊在港口码头的船舶				
7	开关舱盖费	政府定价经营性收费	元/舱口	500净吨以下船舶	50~340元/舱口	元/舱口	2000净吨及2000净吨以下船舶	264~530元/舱口	内外贸收费规则	码头公司	船公司
				501~1000净吨船舶			2000净吨以上船舶				
				1001~2000净吨船舶			全集装箱船使用集装箱专用锁具	75元/舱盖			
				2000以上净吨船舶							
				全集装箱船	45元/舱盖						

续上表

序号	收费项目	收费性质	内贸			外贸			收费依据	收费主体	收费对象
			单位	计费条件	收费标准	单位	计费条件	收费标准			
8	围油栏使用费	政府定价经营性收费	元/船次	500净吨以下船舶	1000~1400 元/船次	元/船次	1000净吨以下船舶	3000~4000 元/船次	内外贸收费规则	码头公司	船公司
			元/船次	500~1000净吨船舶		元/船次	1000~3000净吨船舶	3500			
			元/船次	1000净吨以上船舶		元/船次	3000净吨以上船舶				
9	货物港务费	因港口体制改革,目前收费性质不明,应是行政事业性收费但目前按经营性收费管理	元/计费吨	以重量(W)计费的货物在沿海/内河港口	0.25/0.5~0.5/1 元/计费吨	元/计费吨	煤炭、矿石、水泥、粮食、盐、建筑材料、生铁、钢材化肥、轻泡货物等,进出口	按体积计费 1.4/0.7~6.6/3.3元/计费吨;按重量计费 0.9/0.45~4.4/2.2元/计费吨	内外贸收费规则	港口行政主管部门和港口经营企业	货主
			元/计费吨	以体积(M)计费的货物在沿海/内河港口		元/计费吨	一级危险货物、冷藏货物、重物品、地毯、壁毯、刺绣等,进出口	按体积计费按重量计费 3.3/1.65~2.2/1.1			
			元/箱	国标2吨集装箱在沿海/内河港口	1/3~16/32 元/箱	元/计费吨	其他散杂货				
			元/箱	国标5吨集装箱在沿海/内河港口		元/箱	装载一般货物、商品的集装箱,进出口	20英尺箱 40/20~80/40元/箱;40英尺箱 80/40~160/80元/箱			

续上表

序号	收费项目	收费性质	内贸 单位	内贸 计费条件	内贸 收费标准	外贸 单位	外贸 计费条件	外贸 收费标准	收费依据	收费主体	收费对象
9	货物港务费	因港口体制改革,目前收费性质不明,应是行政事业性收费,但目前按经营事业性收费管理	元/箱	装载一般货物、商品的集装箱20/40英尺			装载一级危险货物的集装箱、冷藏箱(重箱)	20英尺箱;40英尺箱	内外贸收费规则	港口行政主管部门和港口经营企业	货主
			元/箱	装载一般货物、商品20/40英尺							
10	装卸包干费	散杂货(内贸) 实行市场调节								码头公司	船公司
		散杂货(外贸) 政府定价经营性收费					区分不同货品类和作业环节,每吨3.2~125.2元不等		外贸收费规则	码头公司	货主
		集装箱(内贸) 政府指导价经营性收费		集装箱(装载一般货物)20/40英尺	宜昌以上港口240/365元/箱,其他港口220/330元/箱,港口以上标准上下浮动20%,装载危险货物、冷藏箱以上标准为基础,按一定比例提升				内贸收费规则	码头公司	货主
		集装箱(外贸) 政府定价经营性收费					集装箱,20/40英尺	装卸包干费425.5/638.3元/箱;过境包干费659.5/1000.2元/箱;装载危险货物、冷藏货物以上标准为基础,按一定比例提升	外贸收费规则	码头公司	船公司

续上表

序号	收费项目	收费性质	内贸 单位	内贸 计费条件	内贸 收费标准	外贸 单位	外贸 计费条件	外贸 收费标准	收费依据	收费主体	收费对象
11	集装箱铁路线使用费	政府定价经营性收费	元/箱	重箱20/40英尺	1.4/2.7~4.1/8元/箱		重箱20/40英尺	1.4/2.7~4.1/8元/箱	内外贸收费规则	码头公司	船公司
				空箱20/40英尺			空箱20/40英尺				
12	集装箱货车取送费	政府定价经营性收费	元/箱×公里	重箱20/40英尺	3.6/7.2~6/12元/箱×公里		重箱20/40英尺	3.6/7.2~6/12元/箱×公里	内外贸收费规则	码头公司	申请方（船公司/货主）
				空箱20/40英尺			空箱20/40英尺				
13	集装箱汽车装卸、搬移、翻装费	政府定价经营性收费	元/箱	20/40英尺	49.5/74.3元/箱		20/40英尺	49.5/74.3元/箱	内外贸收费规则	码头公司	申请方（船公司/货主）
14	集装箱火车、驳船装卸费	政府定价经营性收费	元/箱	20/40英尺	70.2/105.3元/箱		20/40英尺	70.2/105.3元/箱	内外贸收费规则	码头公司	申请方（船公司/货主）
15	集装箱拆装箱包干费	政府定价经营性收费	元/计费吨	一般货物/冷藏货物/一级危险货物	7.4/8.1/11.1元/计费吨	元/计费吨	一般货物/冷藏货物/一级危险货物	12.4/13.5/18.6元/计费吨	内外贸收费规则	码头公司	申请方（船公司/货主）
16	港口设施保安费	因港口体制改革，目前收费性质不明，应是行政事业性收费，但目前按经营性收费管理				元/吨，元/箱		散杂货每吨0.5元，20/40英尺箱20/30元	外贸收费规则	港口行政主管部门和港口经营企业	货主

续上表

序号	收费项目	收费性质	内贸 单位	内贸 计费条件	内贸 收费标准	外贸 单位	外贸 计费条件	外贸 收费标准	收费依据	收费主体	收费对象
17	起重船使用费（外贸）	政府定价经营性费				元/负荷吨时	50吨以内	6.3~9.3元/负荷吨时	外贸收费规则	码头公司	申请方（船公司/货主）
						元/负荷吨时	超过50吨满100吨	8.3			
							100吨以上				
18	特殊平仓费	政府定价经营性收费	元/吨	按平仓舱口实装货物吨数的30%计费	0.8/1.65元/吨		按平仓舱口实装货物吨数的30%计费	3.7元/吨	内外贸收费规则	码头公司	船公司
19	倾倒垃圾费	政府定价经营性收费		船运/陆运	50/20元/每次		船运/陆运	100/40元/每次	内外贸收费规则	码头公司	船公司
20	污水处理费	政府定价经营性收费			1.1元/吨			2.2元/吨	内外贸收费规则	码头公司	船公司
21	驳船取送费（内贸）	政府定价经营性收费	元/计费吨千米	5公里以内	0.1~0.5元/计费吨				内贸收费规则	码头公司	船公司
				超过5公里							
22	码头供水劳务费	政府定价经营性收费	元/次	供水100吨以下	100~200元/次				内贸收费规则	码头公司	船公司
				供水100吨以上							

续上表

序号	收费项目	收费性质	内贸 单位	内贸 计费条件	内贸 收费标准	外贸 单位	外贸 计费条件	外贸 收费标准	收费依据	收费主体	收费对象
23	集装箱清洗工时费	政府定价经营性收费			3.3元/人×工时				内贸收费规则	码头公司	船公司
24	起货机工力费	政府定价经营性收费					按重量计费	0.54~1.08元/计费吨	外贸收费规则	码头公司	船公司
25	起重机费	政府定价经营性收费					按体积计费	4.2元/负荷时	外贸收费规则	码头公司	船公司
26	吸扬机费	政府定价经营性收费						31.1元/台时	外贸收费规则	码头公司	船公司
27	拆包和倒包费	政府定价经营性收费						1.4元/每项每吨	外贸收费规则	码头公司	申请方（船公司/货主）
28	灌包和缝包费	政府定价经营性收费						2.4元/每项每吨	外贸收费规则	码头公司	申请方（船公司/货主）
29	分票费	政府定价经营性收费						5元/每计费吨	外贸收费规则	码头公司	申请方（船公司/货主）
30	挑样费	政府定价经营性收费						2元/每计费吨	外贸收费规则	码头公司	申请方（船公司/货主）

续上表

序号	收费项目	收费性质	内贸 单位	内贸 计费条件	内贸 收费标准	外贸 单位	外贸 计费条件	外贸 收费标准	收费依据	收费主体	收费对象
31	一般扫舱费	政府定价经营性收费						429元/舱口，如清洁污水沟每舱257元/舱口	外贸收费规则	码头公司	船公司
32	拆隔板防雨舱板	政府定价经营性收费						824.2元/舱口	外贸收费规则	码头公司	船公司
33	装卸用防雨设备	政府定价经营性收费						89.4元/舱口×日	外贸收费规则	码头公司	船公司
34	防雨罩	政府定价经营性收费						35.8元/只×次	外贸收费规则	码头公司	船公司
35	靠垫费	政府定价经营性收费						2500元/只×次	外贸收费规则	码头公司	船公司
36	装卸作业工时费	政府定价经营性收费					装卸指导员 普通工 技术工	9.2~17.2 每工时	外贸收费规则	码头公司	船公司
37	岸机使用费	政府定价经营性收费						按集装箱相应型装卸包干费的15%加收	外贸收费规则	码头公司	船公司
38	码头服务费	政府定价经营性收费						1美元每人每次	国际客运收费办法的通知	码头公司	船公司

续上表

序号	收费项目	收费性质	内贸 单位	内贸 计费条件	内贸 收费标准	外贸 单位	外贸 计费条件	外贸 收费标准	收费依据	收费主体	收费对象
39	港站使用服务费	政府定价经营性收费						2.5美元每人每次	国际客运收费办法的通知	码头公司	船公司
40	行李代理费	政府定价经营性收费						行李运费收入的6%每人每次	国际客运收费办法的通知	码头公司	船公司
41	行李装卸费	政府定价经营性收费						1美元每人每次	国际客运收费办法的通知	码头公司	船公司
42	迎送旅客的码头客票	政府定价经营性收费						0.5元每张	国际客运收费办法的通知	码头公司	船公司
43	起重船使用费（内贸）	实行市场调节							内贸收费规则	码头公司	船公司
44	堆存保管费	实行市场调节							内外贸收费规则	码头公司	货主
45	库场使用费	实行市场调节							内外贸收费规则	码头公司	货主

续上表

序号	收费项目	收费性质	内贸				外贸				收费依据	收费主体	收费对象
			单位	计费条件	收费标准		单位	计费条件	收费标准				
46	驳船取送费（外贸）	实行市场调节									外贸收费规则	码头公司	船公司
47	浮吊使用费（外贸）	实行市场调节									外贸收费规则	码头公司	船公司

2015年7月以来,交通运输部会同国家发展改革委启动了《计费办法》制定工作,通过对《港口收费规则(内贸部分)》(交通部令2005年第8号)、《港口收费规则(外贸部分)》(交通部令2001年第11号)等港口收费文件系统梳理,于2015年12月29日共同发布了《港口收费计费办法》(交水发〔2015〕206号),自2016年3月1日起实施,《收费规则》同时废止,《计费办法》将从1964年开始分开制定的《收费规则》相关内容整合到一起。《计费办法》的出台,建立了一套市场化、规范化的港口收费体系,标志着我国港口收费市场化管理体系的基本形成。

1)制定《计费办法》

2016年3月1日起实施的《计费办法》,改革的幅度前所未有,主要体现在:

一是精简了港口收费项目和条款。大幅压减了港口收费项目,港口经营服务性收费项目从原来的45项减压到18项,取消了引航员滞留费、引航计划变更费和靠垫费3项收费,归并了开关舱费和系解缆费到停泊费,降低了引航(移泊)费、拖轮费、特殊平舱费等项目的收费标准,港口设施保安费实行减半征收。《计费办法》将主要涉及港口收费的两件规章和9个规范性文件的近200多条规定合并精简到58条,使港口收费更加清晰明了,相关规定更加浅显易懂。

二是积极推进了港口价格市场化改革。保留了3项政府定价(货物港务费、港口设施保安费、国内客运和旅游船舶港口作业费),将6项政府定价调整为政府指导价(引航移泊费、拖轮费、停泊费、驳船取送费、特殊平舱费和围油栏使用费)。放开了市场竞争性服务收费,将港口作业包干费、堆存保管费、库场使用费、供水(物料)服务费、供油(气)服务费、供电服务费、垃圾接收处理服务费、污油水接收处理服务费明确实行市场调节价。

三是优化了收费管理模式。港口作业费按环节收费调整为按全过程收费,将35个作业或服务环节统一纳入港口作业包干费一并计收。改变了计费方式,将国际客运、旅游船舶的包干费统一由运营企业支付,不再向旅客收取。

2)修订《计费办法》

(1)2017年第一次修订

2016年以来,为贯彻落实国务院关于进一步清理规范涉企收费、减轻企业负担相关要求,两部委继续深化港口价格形成机制改革。把减少政府定价的收费项目、优化政府指导价的计费方式等工作作为阶段性主要任务。《计费办法》的修订主要将国内客运和旅游船舶港口作业费定价模式,由政府定价调整为市场调节价;明确理货服务费的管理形式为市场调节价;将港口拖轮收费按拖轮马力和使用时间计收调整为按被拖船舶的大小和类型计收;对航行国际航线大吨位船舶引航费实行上限封顶计收。《计费办法》于2017年7月19日重新发布,自2017年9月15日起实施。

(2)2018年第二次修订

一是进一步放开驳船取送费和特殊平舱费,实行市场调节,纳入港口作业包干费计费范围港口部分收费;二是加强和规范拖轮费管理,液化天然气船舶在港区内航行,按照液化天然气船舶安全作业标准规范等要求必须使用拖轮进行护航的,拖轮费按《计费办法》有关规定执行;使用消拖两用船进行监护的,相关收费按实际工作时间折算成拖轮艘次计费,实际工作时间每 5 小时计为 1 拖轮艘次(不足 5 小时按 5 小时计),每拖轮艘次费率按照《计费办法》规定执行。

(3)2019 年第三次修订

一是合并收费项目。将堆存保管费、库场使用费合并名称为库场使用费;将供水(物料)服务费、供油(气)服务费、供电服务费合并名称为船舶供应服务费;将垃圾接收处理服务费、污油水接收处理服务费合并名称为船舶污染物接收处理服务费。调整后港口经营服务性收费项目从 15 项减至 11 项。

二是降低部分政府定价收费标准。将政府定价、政府指导价的 4 项收费,货物港务费、港口设施保安费、引航(移泊)费、航行国内航线船舶拖轮费的收费标准分别降低 15%、20%、10% 和 5%。

三是取消对小型船舶靠离泊使用拖轮的配置要求。考虑实际情况和各地现有做法,明确了进出沿海港口 80 米及以下内贸船舶(化学品船、液化气体船除外)、长江干线港口 150 米及以下内贸船舶由船方根据需要确定是否使用拖轮,管理部门不再统一要求。

《计费办法》于 2019 年 3 月 13 日重新发布,自 2019 年 4 月 15 日起实施。

综上所述,通过《收费规则》的发展历程可以看出,港口收费改革顺应了港口收费政策改革变化,《计费办法》等一系列港口价格改革政策措施的出台,建立了一套市场化、规范化的港口收费体系,标志着我国港口收费市场化管理体系的基本形成。

二、港口价格形成机制的发展趋势

目前,我国港口投资多元化、经营主体多元化的格局已经形成,港口经营市场化程度越来越高。随着港口快速发展,港口间的竞争加剧,港口价格问题越来越被人们关注。由于服务区域交叠,装卸货物种类相同,加上其他运输方式的分流,处于同一港口群内部的港口间存在较充分的竞争。不同港口作业环节市场竞争情况不同,其中,货物装卸环节的市场竞争较为激烈,特别是散杂货装卸,货主较为分散,选择装卸港口以及港口内码头的自主性较强。我国港口价格机制形成趋势是能市场化的逐步市场化,减少由政府定价的收费项目。

1. 港口价格形成机制的管理权限是适当放宽政府管制

根据《中华人民共和国价格法》规定的"国家实行并逐步完善宏观经济调控下主要由市场形成价格的机制"以及《中共中央关于全面深化改革若干重大问题的决定》提出的"凡是能由市场形成价格的都交给市场,政府不进行不当干预。推进交通等领域的价格改革,放开竞争性环境价格。"港口价格的形成机制应顺应港口市场竞争形势变化,按市场化方向完善港口价格形成机制,适当放宽政府管制。既要有利于提高港口价格透明度,也要赋予港口经营人一定的定价自主权,减少政府对港口价格的直接干预,符合此次国务院机构改革"简政放权"的总体要求。

2. 港口价格形成机制的形式更加注重实效

港口价格形成机制涉及各方利益,需要通盘考虑、先易后难、稳妥推进,分步实施。

1)全面系统研究价格机制的运行环境

近二十年我国港口价格的形成机制是按照放开国内航运价格、内贸港口劳务费、外贸港口劳务费、船舶使费的顺序推进。按照当前港口建设和经营市场发展的实际需要,现在改革劳务费价格的时机已成熟。由于近年来航运市场比较低迷,为不给船公司增加更大负担,可逐步渐进推出船舶使费的价格形成机制。

2)继续完善港口价格的形成机制

港口价格的形成机制是个系统工程,要继续加大相关研究。

(1)为落实国家财税体制改革系列专项部署,满足水运发展需要,统筹考虑货物港务费的调整改革。

(2)开展理货费定价机制研究;拖轮经营市场管理研究;拖轮费与燃油价格实行联动研究。

(3)随着港口资源整合,航运发展,研究钻井平台、危险品船、移泊、引航员驻船等引航收费定价机制。

(4)港口价格行为规范与监管制度研究。

3. 港口价格形成机制的调控方式逐步转变为间接宏观调控

未来港口价格的形成机制是改变港口价格的调控方式,提高港口价格形成机制的透明度,引导港口价格的正确发展,为港口经营人自主定价提供依据。健全价格监督机制,遏制价格违法行为,促进港口价格自律,保证港口价格的平稳、合理。

1)建立港口价格监管办法

为促进和保护港口市场的公平竞争,按照国家颁布的《中华人民共和国价格法》《中华人民共和国反不正当竞争法》《制止牟取暴利的暂行规定》等法规,建议研究和制定适合社会主义市场经济条件的《港口价格监管办法》。制定港口价格执行过程中的反倾销、垄断和听证等制度,规定中央和地方港口管理和物价部门的职责等,使港口价格监管有章可循,便于执行。

2)建立港口价格水平监测体系

港口价格主管部门和行业协会要重视港口价格信息工作,发挥行业协会和科研院所的作用,搜集和整理港口价格信息,及时掌握港口价格动态,测算港口价格的成本;利用港口价格信息网络,定期或不定期发布港口价格指数、港口经营人价格信用信息,便于监测港口价格水平的波动性;进一步完善港口价格公示制度,便于客户了解港口市场的价格行情,避免港口不合理收费;及时发现港口价格违法倾向性问题,预判价格违法的发展态势、影响程度,及时发出预警、预报信号,提出价格监管处置的对策措施。

3)健全港口价格监督检查机制

根据中编办的"三定方案",交通运输部承担"水路运输市场监管责任",对《中华人民共和国价格法》明确规定的违法行为认定权属于国家发展改革委,交通运输部对违法行为根据需要实施调查,并提出认定和处理建议;对与价格违法行为直接相关,但又不是《中华人民共和国价格法》明确规定的违法行为,交通运输部可以实施调查和处理,并辅以政策引导、经济激励、信息公开等手段,充分发挥了解行业、熟悉产业的优势,及时掌握、分析港口价格变动情况,与国家发展改革委联合或独立处罚价格违法行为。

第二节 港口价格改革方案的思路和原则

一、港口价格改革的总体思路

顺应港口市场发展要求,按市场化方向完善港口价格形成机制,科学放宽政府管制;按照构建综合交通运输体系的要求,制定完善相关政策,促进港口建成综合交通运输和现代物流枢纽;均衡港口、船公司和货主利益,完善相关收费计费办法,加强港口价格监管,维护正常价格秩序。

二、港口价格改革的基本原则

一是坚持市场取向。按照十八届三中全会的精神,坚持按市场化方向推进港口收费改革,充分发挥市场对资源配置的决定性作用。

二是保持价格总水平基本稳定。充分考虑港口公共服务属性和港口价格标准的透明简便,价格有所调,有所不调,调整后的港口价格总水平不出现大的波动,不低于国外和周边港口水平。

三是兼顾各方利益。统筹考虑促进港口基础设施建设和港口事业持续健康发展,以及减轻船公司、货主负担等两方面因素,平衡港、船、货三方利益,研究制定完善港口价格体制机制的相关措施。

四是顶层设计、稳步推进、分步实施,推进各项措施实施。

第三节 港口价格改革方案的主要内容

港口价格改革是个系统工程,总体上分为制定、修订《计费方法》、加强《港口价格监督指南》的制定以及下一步改革内容等四方面的主要内容。

一、以制定《计费办法》为目标的价格改革主要内容

1. 第一阶段(2014年)

1) 存在问题

2000年以来,国家虽然按市场化方向推进港口收费形成机制改革,逐步放宽价格管制,对港口发展发挥了重要作用。但随着港口投资经营市场化程度的提高,现行收费政策逐步显现出一些矛盾和问题,难以适应构建综合交通运输体系、促进港口健康发展的总体要求。具体表现在:

(1)装卸(包干费)定价机制不适应经济发展变化。一是当时外贸散杂货装卸费、外贸集装箱装卸包干费实行中央政府统一定价,内贸集装箱包干费实行政府指导价,没有反映出市场竞争形势变化,难以体现不同港口运营成本、服务水平的差异,不利于发挥市场对资源配置的基础性作用,引导不同港口合理分工、协调发展。二是外贸散杂货未实行装卸包干费造成收费不透明。与内贸散杂货装卸包干费计费方式不同,当时外贸散杂货采取部分包干计费的方式,外贸散杂货装卸船费实行政府定价,除装卸船费以外的岸上其他作业过程收费实行市场价且包干计收,这也与港口企业较普遍自行实行包干计费的实际状况不符。三是依据国务院下发的《关于中外合资建设港口码头优惠待遇的暂行规定》,自1985年以来,中外合资建设码头相关收费实行市场调节价,运行一直比较平稳。2008年国家推行所得税改革,统一内外资企业所得税时,将国务院上述文件废止,而中外合资建设码头收费政策没有明确,企业继续执行以往自定收费标准缺乏政策依据。

(2)船供服务实行政府定价不适应市场变化。倾倒垃圾、供水、污水处理等船舶供应服务收费实行中央政府统一定价,随着船舶供应服务经营市场的放开,各地经营主体已由一家增加到多家,船供服务继续实行中央政府统一定价已不适应市场竞争形势变化。

(3)港口向国际客运、旅游船舶和旅客的收费分为向船公司和旅客收取两部分,向船公司收取的引航费、拖轮费、停泊费、系解缆费等船舶使费由《收费规则》(外贸)确定。向旅客收取的码头服务费、出境旅客港站使用服务费、行李装卸费等由《关于修订公布国际客运、旅游船舶和旅客码头收费试行办法的通知》(交运字〔91〕433号)确定,该规定是基于我国当时的物价和消费水平制定的,截至2014年已有20多年未调整,难以反映当时国际客运码头建设、改造和运营成本剧增的实际情况,不利于鼓励港口企业增加对国际客运码头建设的投入,提高码头的安全性和便捷性,尤其不能吸引邮轮停靠,促进邮轮旅游业发展。

(4)拖轮费等船舶使费的标准和结构有待调整。国内港口拖轮收费按拖轮马力、提供服务的实际作业时间、往返作业地点的辅助作业时间计收,计算较为复杂且容易产生争议。实际产生的问题,一方面,部分船公司反映拖轮公司为增加收入,大多购置和使用大马力拖轮提供服务,经常出现"大马拉小车"的情况,增加了船公司的不合理负担,也不利于环境保护和资源节约;另一方面,船公司和拖轮公司经常就辅助作业时间产生分歧,而影响港口正常生产运营。另外,其他船舶使费(如系解缆费、开关舱费等)在标准和结构上也有一些有待调整的地方,需

要逐步规范。

2）改革方案

在2014年完成了对货物和集装箱劳务性收费实行市场调节价、对船供服务收费实行市场调节价、国际客运码头收费实行市场调节价三项内容的改革,按照十八届三中全会精神,根据市场化方向推进港口收费改革原则,本次改革全面放开了港口竞争性服务收费,归并或取消按作业过程收费的项目,改变港口计费方式,简化收费规定。于2014年11月22日正式发布实施了《交通运输部 国家发展改革委关于放开港口竞争性服务收费有关问题的通知》(交水发〔2014〕253号,以下简称"253号文");在2014年12月18日正式发布实施了《交通运输部关于明确港口收费有关问题的通知》(交水发〔2014〕255号)。

2. 第二阶段(2015年)

1）存在问题

(1) 引航费

引航费的主要问题是结构不合理,这次改革调整引航结构,使引航费总体水平略降。即降低引航节假日、夜班附加费标准;提高引航最低收费净吨来提高小船和危险品船的引航费,使收不抵支的引航机构经济状况得到改善;按照"递大递减"(降低大船的费率)的原则适度降低大船的引航费。

(2) 拖轮费

航运公司提出的主要问题是拖轮计费方式不合理。对此首先考虑将计费方式由拖轮马力·小时改为按被拖船大小计费,但经过调研和座谈听取意见,认为该方案可操作性不强,在当时的条件下无法获取被拖船数据,各港水文、航行条件差异较大,客观上难以合理推算费率并制定统一标准,且大多数拖轮、港口企业不同意该方案,一旦推行阻力较大。另一方面该方案也存在风险,按被拖船计费,以前没有实践过,不知道推行后会出现什么情况。

鉴此,此次改革仍保持拖轮费计费办法不变,按马力·小时计费,改革的着力点放在放松价格管制、调整收费结构上,拟由政府定价改为政府指导价,适当降低拖轮费节假日、夜班附加费标准,制定"天花板"价格,鼓励各港口对拖轮费实行包干计费或优惠,下浮不限。拖轮问题事关船舶安全,具体情况比较复杂,认为解决此问题的核心是推进拖轮的市场化改革。

(3) 停泊费

为进一步减少港口收费项目,取消开关舱费,将系解缆费合并到停泊费中,制定统一的收费标准,总体收费水平不变或略降。

(4) 其他收费

以上几项收费属于普遍性服务收费,另外还有靠垫费、围油栏费、特殊平仓费和驳船取送费共四项非普遍性服务收费,根据港口实际,取消靠垫费,保留其余三项收费项目。

2）改革方案

在2015—2018年继续完成研究引航费、拖轮费等船舶使费计费办法和加强港口收费监管两项内容。在2015年8月4日正式发布实施了《交通运输部 国家发展改革委关于调整港口船舶使费和港口设施保安费有关问题的通知》（交水发〔2015〕118号），完成了船舶使费和港口设施保安费的改革。

3. 第三阶段（2016年制定《计费办法》）

按照十八届三中全会精神，根据市场化方向推进港口收费改革原则，本次制定全面放开了港口竞争性服务收费，归并或取消按作业过程收费的项目；取消现行收取的靠垫费，以及引航费中的引航员滞留费和引航计划变更费，将系解缆费、开关舱费并入停泊费收取；对船舶使费实行政府指导价、上限管理。2016年，《计费办法》改变了港口计费方式，简化了收费规定。

《计费办法》的港口收费包括实行政府定价、政府指导价和市场调节价的经营服务性收费，其中实行政府定价的港口收费包括货物港务费、港口设施保安费以及国内客运和旅游船舶港口作业费（包括旅客港务费、旅客运输作业费、行李运输作业费、托运行李装卸费）；实行政府指导价的港口收费包括引航（移泊）费、拖轮费、停泊费、驳船取送费、特殊平舱费和围油栏使用费；实行市场调节价的港口收费包括港口作业包干费、堆存保管费、库场使用费，以及提供船舶服务的供水（物料）服务费、供油（气）服务费、供电服务费、垃圾接收处理服务费、污油水接收处理服务费。理货服务费另行规定，上述收费项目均应单独设项计收。港口经营人和引航机构不得超出以上范围另行设立收费项目。

《计费办法》共13章、58个条款，分为总则、港口各项收费、附则三部分。第一部分"总则"规定了本《计费办法》的适用范围和计费方法；第二部分"港口各项收费"明确了港口各项收费的收费主体、付费主体、收费标准和费率；第三部分"附则"是对本《计费办法》中出现的专有名词的解释。本次制定主要涉及3方面内容：

1）合并港口收费相关条款

根据两部委的要求，本《计费办法》统一了我国《收费规则》（内、外贸部分），合并了有关港口收费文件内容。原港口收费文件主要有11个❶（见附件），"253号文"出台后，《交通部关于修订公布国际客运、旅游船舶和旅客码头收费试行办法的通知》（交运字〔1991〕433号）和

---

❶ 交通部《关于修订公布国际客运、旅游船舶和旅客码头收费试行办法的通知》（交运字〔1991〕433号），交通部.1991年。
关于发布交通部、国家计委《国内水路集装箱港口收费办法》的通知（交水发〔2000〕156号），交通部.国家发展计划委员会.2000年。
《关于调整外贸港口收费规定和标准的通知》（交水发〔2001〕542号），交通部.国家发展计划委员会.2001年。
关于修改《中华人民共和国港口收费规则（外贸部分）的决定》（中华人民共和国交通部令2001年第11号），交通部.2001年。
《关于调整港口内贸收费规定和标准的通知》（交水发〔2005〕234号），交通部.国家发展和改革委员会.2005年。
《中华人民共和国港口收费规则（内贸部分）》（中华人民共和国交通部令2005年第8号），交通部.2005年。
《关于收取港口设施保安费的通知》（交水发〔2006〕156号），交通部.发展改革委.2006年。
关于发布《中华人民共和国交通部港口收费规则（外贸部分）解释》的通知（交水发〔1999〕195号），交通部.1999年。
《交通部关于明确内贸港口收费有关问题的通知》（交水发〔2003〕473号），交通部.2002年。
《交通部关于明确港口政企分开后货物港务费征收有关问题的通知》（交水发〔2003〕125号），交通部.2003年。

《交通部、国家计委关于发布〈国内水路集装箱港口收费办法〉的通知》(交水发〔2000〕156号)两个文件同时废止,其余港口收费文件相关内容进行合并。本《计费办法》制定后,相关收费规定条款从约200多条合并减少到58条。

(1)《计费办法》中货物港务费的收费费目和收费标准均保持不变;港口设施保安费根据《关于收取港口设施保安费的通知》(交水发〔2006〕156号)和《关于收取港口设施保安费有关事宜的通知》(交水发〔2006〕238号)规定,其收费费目不变,但收费标准降为50%;船舶使费可在不超过上限收费标准范围内,港口经营人和引航机构根据市场供求和竞争状况自主制定具体收费标准。具体内容并入本《计费办法》的第二章、第三章、第五章至第九章。

(2)《交通部、国家计委关于发布〈国内水路集装箱港口收费办法〉的通知》(交水发〔2000〕156号)、《关于调整港口内贸收费规定和标准的通知》(交水发〔2005〕234号)和《交通部关于修订公布国际客运、旅游船舶和旅客码头收费试行办法的通知》(交运字〔1991〕433号)的相关内容并入到《计费办法》第十章的港口作业包干费。

(3)《计费办法》将"关于修改《水路旅客运输规则》的决定(交通运输部令2014年第1号)"中的"港口作业费"的相关内容并入到《计费办法》第四章的国内客运和旅游船舶港口作业费。

(4)根据理货体制改革的相关精神,《计费办法》将理货服务费作为市场调节价收费项目并入到《计费办法》第十二章的理货服务费。《计费办法》实施后,《关于调整航行国际航线船舶理货费、救捞费、代理费的通知(交财发〔1994〕16号)》将废止。

(5)由于内、外贸港口收费规则内容的合并,《计费办法》中对于内、外贸条款中的船舶使费、货物港务费等描述进行了整合和部分调整。

2)制定主要内容

(1)全面放开我国港口对货物和集装箱的装卸等劳务性收费,即内、外贸货物和集装箱在港口进行的装卸等劳务作业,实行包干计费,包干范围为货物和集装箱在港口作业的全部过程,各港口经营人可以针对服务内容和项目,制定不同的包干收费标准。具体体现在本《计费办法》第十章港口作业包干费。

(2)对国际客运实施市场调节价,即港口对国际客运、旅游船舶的运营企业提供相关服务实行包干收费,包干费统一由国际客运、旅游船舶的运营企业支付,不再向旅客收取,收费标准实行市场调节。具体体现在本《计费办法》第十章港口作业包干费。

(3)增加国内客运和旅游船舶港口作业费以及理货服务费。为了保持港口收费的完整性,将在"关于修改《水路旅客运输规则》的决定(交通运输部令2014年第1号)"中规定的港口作业费增加到《计费办法》中的国内客运和旅游船舶港口作业费;理货随着改革的推进,价格也将会实施市场调节价,根据《中华人民共和国港口法》和《港口经营规律规定》,理货属于港口经营服务的范畴,因而将理货服务费也增加到本《计费办法》。具体体现在本《计费办法》第四章的国内客运和旅游船舶港口作业费以及第十二章的理货服务费。

（4）调整航行国际航线船舶引航费收费结构和标准。为了解决引航费收费结构不合理的问题，即小船收不抵支，大船收费偏高，并考虑到向外贸船舶收取的引航费占整个引航费的比例大于95%，以及1997年已经将引航费降低了24%的情况，因此，通过"两取消、一降低、一调整"，优化收费结构，适当降低收费水平。具体体现在《计费办法》第五章引航（移泊）费。

（5）节假日、夜班对航行国际航线船舶进行引航和拖轮作业的，引航费、拖轮费加收的比例降为45%，节假日的夜班附加费按加收的比例降为90%。具体体现在本《计费办法》第十八条和第二十八条。

（6）为了适应行业发展新情况，减少收费项目和收费档次，取消内外贸船舶开关舱费和系解缆费，在停泊费中分别统筹考虑，具体体现在本《计费办法》第七章停泊费。

（7）另外还有靠垫费、驳船取送费、特殊平仓费和围油栏使用费共四项非普遍性服务收费，根据目前港口实际，取消靠垫费，保留其余三项收费项目，费率标准不变，具体体现在本《计费办法》第八章驳船取送费以及第九章特殊平仓费和围油栏使用费。

（8）对船供服务收费实行市场调节价，即对港口企业向船公司提供供水（物料）服务费、供油（气）服务费、供电服务费、垃圾接收处理服务费、污油水接收处理服务费收取的费用，由政府定价改为市场调节价。具体体现本《计费办法》第十三章船舶供应服务费。

3）简化港口收费项目

港口作业包干计费范围为集装箱、散杂货在港口作业的全部过程。因此将原规定按作业过程分别收取的散杂货装卸，集装箱装卸，铁路线使用，铁路货车取送，汽车装卸、搬移、翻装，集装箱火车、驳船装卸，集装箱拆、装箱，起重船、起重机、吸扬机使用，起货机工力，拆包和倒包，灌包和缝包，分票，挑样，一般扫舱和拆隔舱板，装卸用防雨设备、防雨罩使用，装卸及其他作业工时，岸机使用，以及困难作业，杂项作业，减加载，捣载，转栈，超长（笨重、危险、冷藏、零星）货物作业，地秤使用，轨道衡，尺码丈量，库内升降机或其他机械使用，除尘，集装箱清洗，成组工具使用，国际客运和旅游客运码头服务，港站使用服务，行李代理，行李装卸，进出码头迎送旅客等35项收费项目取消，统一归并到港口作业包干费内，简化了具体收费项目。

二、修订调整《计费办法》的主要内容

1. 2017年7月

2017年按照国务院关于进一步清理规范涉企收费的总体要求，对《计费办法》进行进一步修订，此次修订具体包括以下方面的内容：

一是改变国内客运和旅游船舶港口作业费定价模式，由政府定价调整为市场调节价。国内客运和旅游船舶作业费在《计费办法》修订前，采取政府定价，按客票价格的4%收取。考虑到国内水路客运价格早已实行市场调节价，近年来港口企业为落实反恐要求而开展的旅客安

全检查和实名制查验等工作进一步增加了成本,《计费办法》中已将国际客运作业费纳入港口作业包干费实行市场调节价,本次修订拟取消国内客运作业费政府定价,实行市场调节价。符合国家减少政府定价的精神要求,同时由原来客运站向旅客收取费用现改为向客运企业收取,不再向旅客收取,增强人民群众对改革的获得感。修改后港口收费中实行政府定价的项目仅剩货物港务费和港口设施保安费。

二是明确理货服务费的管理形式为市场调节价。理货服务费原收费标准于 1993 年由我部制定。2015 年制定《计费办法》时,由于理货经营市场改革正在进行中,因此,办法中明确理货费的管理形式另行研究。2016 年,在清理规范性文件时,已将原收费标准文件废止。目前,港口理货经营市场已放开,理货服务价格已由市场供求关系决定,本次修订将理货服务费的管理形式明确为市场调节价。

三是将港口拖轮收费按拖轮马力和使用时间计收调整为按被拖船舶的大小和类型计收。调整后的拖轮费按照不同船舶类型被拖船舶的船长确定单价,乘以使用拖轮数量计收。单价由部统一规定。考虑到各港水文条件不一,使用拖轮艘数依据各港公布的拖轮配备标准确定。各港在实施"阳光引航"工作中都有具体标准,为慎重起见,我们要求对各港由港政部门会同海事机构提出的拖轮配备标准,由省级交通运输主管部门对其合理性和省级区域内的协调统一进一步审核后集中公布(长江干线由长航局公布)。拖轮费按照新的计费方式计收后,将剔除原标准下"大马拉小车"、多配拖轮、延长辅助作业时间等不合理因素,也取消了节假日和夜班加班费。经初步测算,每年可调减拖轮收费 2 亿元(约占现有收费的 3%)。此外,调整方案对拖轮公司关心的因码头离拖轮基地较远(主要是电厂等货主码头或者新建港区)而产生的超长里程以及拖轮费与油价联动等问题也做了回应和衔接规定。

四是对航行国际航线大吨位船舶引航费实行上限封顶计收。考虑到引领大型船舶存在成本支出边际递减现象,为减轻企业负担,对引航费收费标准进一步完善,对引航距离 10 海里及以内部分,增设一档(8~12 万净吨),并对 12 万净吨以上的大船引航费实行固定标准上限封顶。引航费设置上限收费标准后,每年可减少引航收费 410 万元,随着船舶大型化,减少的引航费将进一步增加。并规定海上移动式平台的引航费实行市场调节价。

五是放开国际航线船舶多点挂靠停泊费和堆存保管期的优惠政策。当年为吸引国际班轮公司多挂靠我国港口,规定国际班轮在同一航次内停靠我国多个港口,除首个港口之外,后续停靠港口按规定费率的 70% 计收停泊费。同时,为吸引更多货物进出港口,也规定了免费堆存期。由于时代背景已发生很大变化,从公平竞争的角度出发,也不宜对首个港口和后续港口从收费政策上区分,加之《计费办法》已将停泊费明确为政府指导价上限管理,堆存保管费明确为市场调节价,是否优惠和给予多少优惠,都可以由港口企业和船公司、货主通过协商解决,无须再由政府统一规定,这也有利于更好地发挥市场配置资源的决定性作用。

此外,结合部规范性文件清理工作,拟将对抢险救灾物资运输和军事运输相关的港口作业费特殊性规定的衔接条款纳入《计费办法》,以便废止相关文件。

2. 2018 年 6 月

1）进一步放开港口部分收费

放开驳船取送费和特殊平舱费，实行市场调节，纳入港口作业包干费计费范围，由提供服务的港口经营人与船方、货方或其代理人协商确定收费标准。港口经营人不得在港口作业包干费以外对驳船取送、特殊平舱作业单设项目收费。

2）加强和规范拖轮费管理

除法律、法规、规章、国家标准或行业标准规定外，任何部门、单位不得强制要求使用拖轮进行护航或监护。

液化天然气船舶在港区内航行，按照液化天然气船舶安全作业标准规范等要求必须使用拖轮进行护航的，拖轮费按《计费办法》有关规定执行；其他船舶在港区内航行，自愿申请使用拖轮进行护航的，拖轮费由船方或其代理人与拖轮服务提供方协商确定。船舶在港区外航行，自愿申请使用拖轮或者根据有关规定使用拖轮护航的，拖轮费由船方或其代理人与拖轮服务提供方协商确定。

大、中型液化天然气船舶在港口靠泊时，按照液化天然气船舶安全作业标准规范等要求，必须使用消拖两用船进行监护的，相关收费按实际工作时间折算成拖轮艘次计费，实际工作时间每 5 小时计为 1 拖轮艘次（不足 5 小时按 5 小时计），每拖轮艘次费率按照《计费办法》规定执行。

3. 2019 年 3 月

1）降低部分政府定价收费标准

将货物港务费、港口设施保安费、引航（移泊）费、航行国内航线船舶拖轮费的收费标准分别降低 15%、20%、10% 和 5%。进出沿海港口的 80 米及以下内贸船舶（化学品船、液化气体船除外）、进出长江干线港口的 150 米及以下内贸船舶，由船方在确保安全的前提下，根据实际情况决定是否使用拖轮。

2）合并收费项目

按照"减项、并项"的原则，将堆存保管费、库场使用费合并称为库场使用费；将供水（物料）服务费、供油（气）服务费、供电服务费合并称为船舶供应服务费；将垃圾接收处理服务费、污油水接收处理服务费合并称为船舶污染物接收处理服务费。

3）规范收费行为

港口经营人、引航机构等单位要严格执行政府定价，落实港口经营服务性收费目录清单和公示制度，根据本通知及时调整对外公示的收费项目名称和收费标准。相关代理企业代收代付货物港务费、港口设施保安费等政府定价收费，不得加价收费。不得通过各种手段变相提高收费标准、强制收费。围油栏服务单位不得对装卸非持久性油类的船舶强制提供围油栏服务。围油栏服务单位、拖轮经营人等不得超范围、超标准收费。

引航服务以外引领海上移动式平台在我国水域航行的技术服务费实行市场调节价,由引领服务单位与委托方协商确定具体收费标准。

三、制定《港口价格监督指南》

在推进港口价格改革的同时逐步完善港口价格的监管机制,建立港口服务成本调查制度,提高定价科学性和合理性;借鉴国内外经验,研究制定《港口价格监督指南》,加大对港口收费的监管和价格监督检查力度,既要制止港口企业强制服务、强行收费,分解收费项目等不正当价格行为,维护正常价格秩序,又要防止低价倾销,避免不正当竞争;进一步发挥物价管理部门对港口价格的监督作用,同时充分发挥港口协会等中介组织的协调、沟通作用,加强港口收费自律。

四、下一步改革内容

1. 港口价格水平标准测算和动态监测研究

分货种的港口价格水平的测算和动态监测研究。主要借助上海航交所、中国港口协会和部分港口经营人等的信息服务平台获取基础数据,并利用交通决策咨询重点实验室的软、硬件支持,完成港口价格水平的测算和动态监测;为便于对与国计民生密切相关的重要物资进行价格监测,拟针对重点货种(如:集装箱、原油、煤炭、粮食、危险品等),分别监测相应的港口价格水平。

2. 港口价格形成机制进一步深化改革研究

借鉴国外燃油费与拖轮费联动的机制,以及其他行业关于燃油附加费政策,进一步探讨关于燃油费与拖轮费联动的机制。

3. 港口价格行为规范与监管制度研究

按照市场化方向,提出进一步积极稳妥推进港口价格形成机制、理顺价格体系和结构、规范收费行为、完善监管政策的取向、路径、具体措施、步骤安排,并进行可行性分析。

第四节 利益相关方对港口价格改革方案的意见

一、总体意见

在2014年,对港口价格利益相关方的调研表明,港口企业和航运企业都同意对港口价格进行改革。经综合比较,主要有两种意见:一是以中国港口协会和沿海大型港口企业为代表的港方意见,主张应进一步推进港口价格机制改革,明确港口价格改革的市场化取向;二是以中国船东协会、航运企业为代表的意见,港口价格改革以市场化为导向是大势所趋,主张在当前航运经济低迷的情况下,港口价格管理改革要择机推出,逐步推动。

1. 港口企业的主要意见

一是港口价格改革要发挥交通运输部的监管作用。港口价格改革以市场为主导,符合行业需要,但是要发挥政府的监管作用,尤其是交通运输部要发挥了解港口业务的优势,尽可能把价格的监管和政策的解释权放到部里,而不是完全放到地方价格部门,如果非要下放价格的监管,地方的港口管理部门也应该发挥作用,对港口价格监管要出台具体的管理细则。

二是港口价格的改革是系统性全方位的工作。其一是不仅对服务性收费进行改革,还应该包括政府性基金,例如港口建设费等。其二是价格改革的对象不仅针对国有企业,对外企、民企、货主码头等都要改革,一视同仁;内外贸港口价格也应该统一。其三是改革方案要更加细化、更加具有操作性。

三是要明确界定货物和集装箱劳务性收费的全过程。对货物和集装箱包干费的全部过程最好明确收费地点的起点和终点,以免引起歧义,但是对服务内容和项目最好不要指明,因为各个港口情况不同,要体现各港的差异性。

四是船舶使费中的开关舱费、系解缆费作为劳务性收费实行市场调节价。开关舱费、系解缆费的收费标准,截至2014年实行了10年左右,定价太低,现在的人工成本大幅度提高,按照以前的定价标准难以回收成本,最好能实行市场调节价,如果经研究论证后,市场调节价不适合,政府定价要重新测算,调高收费标准。

2. 航运企业的主要意见

一是港口价格改革的方案要谨慎选择出台的时机。当前航运市场比较困难,要妥善设计步骤,审慎选择出台时机,稳妥推进各项措施的实施。

二是港口价格改革方案要有相关配套政策。港口价格改革的趋势是能市场化的逐步市场化,但是一定要有相关的配套政策。一是要有相关的监管办法,在放开的同时,也要使港口价格有序、公平。二是要出台《港口价格管理规定》,制定港口价格执行过程中的反倾销、垄断和听证等制度,规定中央和地方港口管理和物价部门的职责等,使得港口价格的管理有章可循,便于执行。三是要有鼓励港口形成价格机制的政策,发挥行业协会和科研院所的作用,测算港口价格的成本,定期发布港口价格指数,以提高港口价格管理的透明度,便于对港口收费水平的波动进行监测,以保障港口服务的稳定、可持续性。

三是制定港口收费规则要简单、透明、容易操作。截至2014年,我国的港口收费规则文件比较多,收费费目繁多,操作复杂,以后港口收费改革最好能够简单、透明、公开,便于操作,把多个收费规则整合成一个。

四是港口价格改革要区分不同情况区别对待。港口收费涉及的面比较广,不能一刀切,要根据不同的市场竞争情况、不同的收费性质、社会经济的发展水平把港口收费项目分门别类,针对不同的情况和收费项目出台不同的实施细则,还要考虑到新旧政策的衔接、循序渐进、平稳过渡。

五是港口价格的调整改革要借鉴国外的先进经验并广泛征求意见。结合中国的国情,吸取国外在港口价格管理和收费规则制定方面的经验;出台实施细则和监管办法后要充分征求行业的意见。

二、引航费改革各相关方意见

1. 引航机构主要意见

(1)调高规模较小的引航站的引航费很难实施,需要到小的引航站调研论证,看是否有必要调高,如果有必要,则论证调高的方法。

(2)小引航站的船舶数量少、内贸船多的引航站存在的问题通过引航费没有办法解决,只能通过体制解决。

(3)引航费调整方案出来后,让各个引航机构根据方案先测算自己站的情况,情况汇总会统筹考虑。

(4)内贸的引航费不测算,用降低外贸引航费比例的方式解决。

(5)船舶的分类可以依据收费的特点和引领船舶的实际情况来定。

(6)引航还是以净吨作为计费单位比较好。

(7)引航费的总体费率不应该下降,从国际上海运对等的原则来看,不算高,而且引航费降低不利于航运安全。

(8)降低引航费率,对外轮更有利,降低了国轮的竞争力,外轮对引航费率没有意见,对不派引航员有些意见,航运企业应该增强自身的竞争力,而不是让外界降费,引航有劳动价值的体现,多年来引航费都没有调高,但是成本在不断提高。

(9)应该适当提高小船的最低计费吨。

(10)引航滞留费不应该取消,应该提高,如果取消会极大地浪费引航员资源,收取引航滞留费可以提高引航员的利用效率。

(11)我国内地的引航节假日、夜班附加费不应该下降,如果下降,那么船舶会在节假日、夜班时间都到内地,其他时间去香港,不利于我国内地航运业发展。

(12)大船的引航费递大递减的原则要测算,以30万吨封顶,不符合船舶大型化趋势,船越大,用的时间越长,应该是曲线关系。

(13)引航费应该出台指导价,不要总是针对引航费高提意见,应该促进引航机构提高引航服务质量。

2. 航运企业的主要意见

(1)引航费应该由当地的港口管理局管理,减少操作环节。

(2)引航的节假日、夜班附加费比较高,应该调低。

(3)大船的引航费太高,应该封顶,适用递大递减的原则。

三、拖轮费收改革相关方意见

1. 拖轮公司的主要意见

(1)收费规则对港口拖轮业发展起到了重要作用。目前我国拖轮费收面临国家改革形势要求,因此建议改革要有利于推动我国国民经济发展、有利于拖轮行业发展、有利于拖轮企业职工的队伍稳定,同时也要符合市场发展规律。

(2)航运公司的发展问题,与整个航运行业市场大环境有关,与拖轮费、拖轮费计费方式等不直接相关。随着未来经济发展和船舶大型化趋势,进出我国港口的船舶总艘次还可能减少。

随着港口快速发展,船舶大型化趋势越来越明显,港口因码头建造升级带来了作业条件的新变化,这些直接导致拖轮公司使用大马力拖轮,市场需求导向也是一个因素。

(3)北方大部分拖轮公司认为以拖轮的马力·小时计费比较合理,不建议进行大的调整改革。南方大部分拖轮公司认为可以实行包干改革,有的建议在现有基础上包干,朝市场化方式发展。

(4)拖轮公司承担了环保、消防、排污、护航等社会功能,但是目前费规未对这些服务项目考虑。拖轮公司定位是保障安全、提高服务,其次是要提高利润,比如盐田港,台风过后,拖轮把大船拉出来,降低1亿元损失。整个拖轮行业,在配备拖轮方面要听从海事部门、引航部门的要求。

(5)多年来拖轮费率一直没有调整,如果调整,建议缩短调价周期。该行业成本大,非暴利行业。拖轮公司最大的成本支出在燃油、人工、修船、折旧等方面,随着成本不断增加,企业利润空间越来越小甚至收不抵支,比如湛江港,微利不到4%,南京拖轮公司,国企职工平均工资3000多元左右。内贸费率低,建议提高内贸费率,缩小内外贸基本费率差距。

(6)"大马拉小车"的情况有,不常见,但难以避免。比如1天正常200艘次,有矿船、油船、集装箱船等,按照不同港区配备不同船型,受水流、气象等影响,不可能按照完全适合的功率匹配拖轮。但这种情况不是很常见,因为这对拖轮公司自身而言也是增加成本,是违反市场规律的做法。当然,也有配大功率拖轮却按照小功率拖轮收费情况,这主要跟生产调度作业相关。

(7)如果目前不能放开市场的话,能否不进行大改,小的改革有利于行业稳定,否则旧的问题没解决,新的问题又会出现很多。

(8)如果以被拖船吨位或者大小来考虑,非常复杂,全国很难统一。需充分考虑各港口靠泊码头的时间和实际情况,但全国不同港口自然条件不同(海况、天气、水流、风浪等)、同一港口不同港区自然条件也不相同,船型不同、装载情况不同、航道不同等,都会导致配置拖轮大小和多少的不同。另外,一旦按照被拖船大小,很可能有配小拖轮的导向,将会出现很大安全性隐患。

(9)如果改革,要么中央指导价,能反映一些联动机制;要么完全放开。

2.港口企业的主要意见

(1)对于航运企业反映的收费多问题,一些港口企业认为是与整个行业大的发展环境和其自身运力太过充足有关,不能完全归根于只是港口收费原因。

(2)港口企业应该与航运企业同呼吸共命运,改革方案既要符合国家宏观改革要求,也要与航运企业需求紧密衔接。过去的费规有很多合理性,但针对目前国家改革精神要求,港口企业会配合做好相关工作。一些船舶大型化等新情况,建议在改革中体现。

拖轮使用标准,不是港口决定的。有些是政府管理部门海事局和港务局,对拖轮配备标准有要求;还有些是航运企业不申请使用拖轮,港口认为安全没有保障,而让船东使用拖轮。另外,从引航员职业操守看,一般是按照阳光引航要求配置拖轮多少,但是站在引航员的角度,配备大拖轮,操作会比较容易。

(3)费规执行了多年,基本符合市场现状,达到了一定的平衡。如果要改革的话,可以在这个基准价上,根据基地和辅助作业时间来测算,然后各个港口根据实际情况公布,比较合理,也比较容易接受。

(4)目前一个港口集团1~2家拖轮公司,还不具备完全市场竞争的条件。

(5)按照被拖船大小收费,比较难统一。南北方水域差别很大,费目多的话,无法执行。

(6)港口企业的利润主要在装卸、增值服务上,重点不在拖轮业务上。

(7)有些港口赞同简化计费方法,实行包干,考虑未来市场化需要;还需考虑特殊作业收费标准。包干解决了船公司和可能的问题。

(8)有些港口建议相似港口,比如青岛、大连、天津先拿出一个包干方案标准,逐步实施。

(9)有些港口建议取消或降低节假日附加费,因为港口、航运已市场化,都是24小时工作。

3.航运企业的主要意见

(1)拖轮费应该改革,目前存在一些拖轮收费高、收费多的情况。大船的拖轮配备多,有的没看到拖轮护航,就要收费。附加费比较高。

(2)一些小的航运企业建议,最好所有收费项目都放在中央,一统到底,防止地方保护主义或者随意涨价。一旦放开船舶收费,小企业生存面临很大困难。

(3)有些航运企业建议既要考虑被拖船大小,同时考虑拖船马力大小,只有结合起来才能找到平衡点。

(4)拖轮费收应建立监督机制,加强拖轮费收的事中事后监管;建立公开投诉渠道。

(5)减少或降低相关收费项目,公布收费标准。

4. 社会中介组织的主要意见

意见主要来自中国港口协会、轮驳分会和中国船东协会等。总体来看,作为需要支持行业持续健康发展的中介组织,有一些共同的认知和意见:希望改革既要体现十八届三中全会精神要求,同时也要适应整个行业发展趋势和形势要求。另外,改革不能以牺牲某些行业利益为代价,需要统筹考虑多方利益,尽可能找到平衡点。

1) 中国港口协会

(1) 船舶使费改革要适应市场化发展需要,与中央改革精神、与港口发展趋势协调,能放归地方的就放归地方,有些收费问题需协商解决。

(2) 我国港口分布很广、情况非常复杂,企业大小不一、成分参差不齐,南北方港口不同、沿海与内河港口有差别,非生产性作业经常发生,内外贸还有区别,港口资源有待整合等问题,这些问题需要通过港口不断发展的视角统筹考虑解决。

(3) 船舶使费改革原则要"复杂问题简单化",实行包干。即引航优惠打折,拖轮费包干,停泊费、开关舱费和系解缆费3个使费包干。

(4) 港口收费要加强事中事后监管。

2) 中国港口协会轮驳分会

(1) 拖轮定位首先是保障港口安全,其次才是追求利润盈利。拖轮是保障船舶安全平稳靠离泊港口必不可少的重要环节,不仅是辅助作业。拖轮目前承担了消防、护航、抢险、卫生等很多社会职能,而目前,政府没有给予相关支持,在市场放开前,建议明确相关部门职责。

(2) 船东反映拖轮费多收和乱收的问题,可能是一些小港的小拖轮公司的问题。船东效益不好,与拖轮收费之间不存在直接影响关系,更非拖轮计费办法就能解决的,其与整个航运行业大的外部环境有关。如果只是因此而大改,可能会带来安全隐患、投诉等更多问题。

拖轮费收在全国实行统一的费率,按照船舶大小(比如船长)难度比较大,会导致大港口的拖轮公司越来越大,小港口的拖轮公司面临亏损。从"马力、小时"换成"船长、区域"实际只是换了说法,本质没变。在没有对船舶大小规律进行推理测算、1~2年研究基础上,不建议短期调整改革拖轮计费办法,由"马力、小时"改为按被拖"船长、区域"这样大的调整。

(3) 目前整个拖轮行业中,大港口的拖轮公司略有盈余,中型港口的拖轮公司基本持平,小港口的拖轮公司生存困难。

(4) 不建议大改,建议实行半包干计价方式,同时增加燃油费调节指标。

3) 中国船东协会

(1) 船舶使费改革很重要,与船东利益直接相关。船东也应理解,站在对方角度考虑。

(2) 拖轮费改革要充分考虑我国港口发展阶段,建立监督机制,加强拖轮费收事中事后监管;建议船东协会与港口之间的对话机制;建立公开投诉渠道。

(3) 借鉴国外先进经验,但不能照搬,提出双方都能理解的改革方案。

(4)港口有一定的优势地位,有些问题是体制问题,单独一项收费政策难以从根本上解决问题,政策也无法很好落地。

(5)拖轮费收费标准需在官网公示。

四、停泊费、开关舱费以及系解缆费相关方意见

1. 港口企业主要意见

(1)开关舱费、系解缆费可以合并为停泊费,简化费率,如果船舶有装卸作业,则不再计收停泊费,在装卸包干费中统筹考虑。如果船舶没有装卸作业,则按调整的停泊费收费标准计收停泊费。

(2)停泊费依然要保留。

(3)开关舱可以取消,现在的船基本都是自动舱门。

(4)系解缆可以取消,但是要调高停泊费的标准。

(5)不再分内外贸。

(6)以净吨和天数计费较好。

(7)南北方港口对于船舶使费改革的意见有差别,南方部分沿海港口已经实行了包干,较易接受改革思路;北方港口由于多种原因,不建议取消各使费费目,认为包干后无法弥补相关支出费用。

(8)对于船东反映的收费多问题,一些港口企业认为是与整个行业大的发展环境和其自身运力过剩有关,不能完全归根于只是港口收费原因。

2. 航运企业的主要意见

(1)船舶使费调整符合行业需要,但是要发挥政府的监管作用,尤其是交通运输部要发挥了解港口业务的优势,尽可能把价格的监管和政策的解释权放到部里,而不是完全放到地方价格部门,对港口价格监管要出台具体的管理细则。

(2)有些港口不按《收费规则》收费,使得停泊费、开关舱和系解缆费等收费比较高,一定要加强港口价格的监管。

(3)船舶使费改革原则要"复杂问题简单化",实行包干。

(4)港口收费要加强事中事后监管。

第五节 港口价格改革内容的影响评估

一、制定《计费办法》改革内容的影响评估

2015年,为贯彻落实国家全面深化改革、清理规范进出口环节收费的总体部署,交通运输部联合国家发展改革委制定了《计费办法》,清理收费文件、合并收费条款、精简收费项目、建

立港口收费目录清单和公示制度,完成了港口价格形成机制改革阶段性任务。减少收费约 8.8 亿元,详见表 5-2 收费调整前后收入对比。

收费调整前后收入对比表(单位:万元)　　　　　　　　表 5-2

项　目	调整前的收入	调整后的收入	降低的收入	降低幅度
港口设施保安费	150000	75000	75000	50%
引航费	410342.36	405579.03	4763.33	1.16%
拖轮费	701184.82	695277.12	5907.70	0.84%
停泊费、开关舱费和系解缆费	79078.84	76393.07	2685.77	3.40%
总计	1340606.02	1252249.22	88356.8	6.59%

2017 年以来,为贯彻落实国务院关于进一步清理规范涉企收费、减轻企业负担相关要求,两部委继续深化港口价格形成机制改革。把减少政府定价的收费项目、优化政府指导价的计费方式等工作为阶段性主要任务。《计费办法》的修订主要将国内客运和旅游船舶港口作业费定价模式,由政府定价调整为市场调节价;明确理货服务费的管理形式为市场调节价;将港口拖轮收费按拖轮马力和使用时间计收调整为按被拖船舶的大小和类型计收;对航行国际航线大吨位船舶引航费实行上限封顶计收。《计费办法》于 2017 年 7 月 19 日重新发布,自 2017 年 9 月 15 日起实施。《计费办法》的修订促进了我国港口收费体系的市场化、规范化,标志着我国港口收费市场化管理体系的进一步形成。

1. 第一阶段(2014 年)改革内容的影响评估

我国部分地区港口市场已呈现出充分竞争的特征,具备了放开部分港口价格的市场条件。按照全国港口布局规划,我国港口分为环渤海、长三角、珠三角、东南沿海、西南沿海五个港口群。同一港口群内不同港口功能相近,作业货物种类相同,辐射腹地区域重叠,接驳货物种类相同,加上其他运输方式的分流,服务区域交叠,处于同一港口群的港口间市场竞争比较充分,随着各地港口不断新建并投入运营,这种竞争将日趋激烈。例如在河北、天津 640 公里的海岸线上,从北到南依次分布着秦皇岛、曹妃甸、天津和黄骅四大主要港口,形成了多个港口服务于同一经济腹地的格局。

1)全面放开我国港口对货物和集装箱的装卸等劳务性收费的影响评估

2012 年全国港口完成货物吞吐量 107.76 亿吨,其中:散杂货吞吐量为 82.62 亿吨,占整个货物吞吐量的 76.7%,集装箱吞吐量为 19.81 亿吨,占整个货物吞吐量的 18.4%。

据 19 家港口企业收费调研数据统计,2012 年 19 家港口企业收费总额为 545 亿元,其中内贸货物收费为 182.9 亿元,占收费总额的 33.56%,外贸货物收费为 362.1 亿元,占收费总额的 66.44%;其中对散杂货的收费为 309.8 亿元,占收费总额的 56.8%,对集装箱的收费为 235.3 亿元,占收费总额的 43.2%。

(1)内贸散杂货执行市场价的影响评估

内贸散杂货 2005 年开始实行市场调节价,至今没有不良影响,且促进了港航业的健康发展。

（2）内贸集装箱实行市场调节价的影响评估

根据《国内水路集装箱港口收费办法》（交水发〔2000〕156号）的规定，内贸集装箱的装卸包干费可在规定费率的20%的幅度内自行确定，港口在实际收费中没有用足20%的幅度，事实上该收费已经是市场调节价，内贸集装箱的装卸包干费由政府指导价改为市场调节价符合市场的实际情况。

（3）外贸集装箱市场全面放开的影响评估

1985年国务院出台的《关于中外合资建设港口码头优惠待遇的暂行规定》允许中外合资建设码头自主定价，我国约70%的集装箱码头都是中外合资建设，一直实行市场调节价，价格运行平稳，且长江港口的外贸集装箱收费按政府定价的90%收取，因此外贸集装箱的装卸包干费由政府定价改为市场调节价对市场的影响很小。

（4）放开外贸散杂货物价格的市场影响评估

外贸散杂货物价格由装卸船费和岸上部分的装卸费两部分组成，其中岸上部分的装卸费实行市场调节价，装卸船费实行政府定价，在实际操作中，装卸船费往往与岸上部分的装卸费一起打包到外贸散杂货物的装卸包干费中收取。据19家港口企业收费调研数据统计，外贸散杂货物的港口收费总额占整个货物和集装箱收费总额的29.37%，其中装卸船费占装卸包干费的比例较低，例如上海港集团铁矿砂、铁矿粉的装卸船费占整个装卸包干费的比例为27%。因此，外贸散杂货物的装卸船费由政府定价改为市场调节价并实行包干计费对市场影响比较小。

根据以上分析，内贸集装箱装卸包干费实行的政府指导价和外贸集装箱装卸包干费实行的政府定价已经"名存实亡"，货物和集装箱的装卸等劳务性收费在各港口的实际操作中基本实施了市场调节价，一直运行平稳。因此，货物和集装箱的装卸等劳务性收费实行市场调节价对市场影响不大。

2）对国际客运实施市场调节价的影响评估

国际客运主要包括国际邮轮和其他国际客船两部分，2012年规模以上港口水运量是8834万人，国际水运客运量是1107万人，国际水运客运量占水运客运量的12.5%。其中我国5个邮轮码头（天津、上海国客、上海淞江口、海南三亚、福建厦门），2012年完成旅客运量63万人，占全国水路客运总量的0.24%，实现港口收费收入5679万元。

国际客运乘客多数是团体游客、从事两（多）国贸易的商人和收入较高的群体，和普通老百姓关系不大，且国际客运收费占整个港口收费比例很小（例如2012年厦门港客运收入是1500.97万元，占港口企业收费总额的18%，其中国际邮轮收入是174.03万元，占港口企业收费总额的2.12%。），因此该价格调整对港口价格总水平的影响较小。

3）放开船供服务价格的市场影响评估

我国倾倒垃圾、供水、污水处理等船舶供应服务收费实行中央政府统一定价，随着船舶供应服务经营市场的放开,各地经营主体已由一家增加到多家。截至 2013 年 11 月 30 日,广州辖区为船舶提供岸电的企业 3 家、淡水供应 4 家、物料供应 24 家、油料供应 21 家、船舶污染物接收 19 家、围油栏供应 5 家、港口设施、设备、机械租赁 20 家。厦门港口现有船供服务企业 30 多家,其中海上供水企业 1 家,船舶燃料应企业 9 家。上海港集团 2012 年供水劳务费 113 万元,占整个港口收费总额的 0.01%,占整个船舶收费的 0.06%。

从船舶供应服务竞争情况看,各地市场竞争日益充分,价格实际已经市场化,无论是船方还是港方,船供收费的比例很小,船舶供应收费由政府定价改为市场调节价,对整个港口价格总体水平影响不大。

综上所述,实施港口价格以上改革内容,市场将运行平稳,不会因为港口价格的调整,导致港口市场价格有大幅度的上涨,因而建议方案比较可行。

2. 第二阶段(2015 年)改革内容的影响评估

1)引航费

(1)基本原则

一是降低收费标准。既考虑引航的运营成本,又考虑航运企业的经营困难,综合平衡各方的承受能力和要求,降低收费标准,使调整后的收费总水平不出现大幅度波动。

二是减少收费项目。为适应行业发展新情况,减少收费项目和收费档次,使港口收费简洁透明,便于实际操作。

三是主要调整外贸收费。按照国际惯例和海运对等原则调整外贸收费,不高于国外和周边港口水平,内贸收费和外贸收费结构调整保持一致。

(2)调整航行国际航线船舶引航费收费结构和标准

为了解决引航费收费结构不合理的问题,即小船收不抵支,大船收费偏高,并考虑到向外贸船舶收取的引航费占整个引航费的比例大于 95% 以及 1997 年已经将引航费降低了 24% 的情况,因此,拟通过"两取消、一降低、一调整"的改革,优化收费结构,适当降低收费水平。具体改革内容及其影响评估如下:

①两取消:取消引航员滞留费和取消引航计划费。

为了降低航运企业成本,更好地服务企业,将减少引航收费费目,即取消引航员滞留费和取消引航计划费,取消的收入分别是 11.21 万元和 7.16 万元,占引航总收入的比例分别是 0.005% 和 0.003%。

②一降低:按照"递大递减"的原则降低大型船舶引航收费标准。

与国外相比,我国船舶净吨等级的提高与引航收费提高的比例不协调,大型船舶的引航收费标准偏高,尤其是 40000 净吨以上船舶的引航费收费明显高于成本支出,需对 40000 净吨以上船舶 10 海里内引航收费标准分档适当下调:

一是 40000~80000 净吨的船舶:40000 净吨及以下部分的收费标准保持不变,超过 40000 净吨部分的收费标准下降 10%;

二是 80000 净吨以上的船舶:40000 净吨及以下部分的收费标准保持不变,40001～80000 净吨部分的收费标准下降 10%,超过 80000 净吨部分的收费标准降低 15%。

经调整,40000 净吨以上船舶 10 海里内引航费收入降低 6327.76 万元,占引航总收入的 1.54%。

③一调整:将引航收费的起码计费吨由 500 净吨调整到 2000 净吨。

随着运输船舶大型化,靠泊港口的 500 净吨以下的船舶占比较少,如上海港引领船舶占比为 1.4%,天津港引领船舶占比为 0.5%,连云港引领船舶占比为 0.7%。二十世纪五六十年代确定的最低计费吨 500 净吨已与当前船舶发展情况不相适应,需要适当提高引航的最低计费吨。

近年来,人工费和交通费等各项引航成本费用呈连续上涨趋势。经测算,我国引领船舶的平均成本为 8964 元/艘次,500 净吨以下船舶的收入远远低于平均成本支出,例如:上海港引航站引领 500 净吨以下船舶的平均成本是 5762 元/艘次,但其引航收入为 458 元/艘次;天津港引航中心引领 500 净吨以下船舶的平均成本是 1750 元/艘次,但其引航收入为 309.6 元/艘次;连云港港引航站引领 500 净吨以下船舶的平均成本是 1400 元/艘次,但其引航收入为 272.19 元/艘次。同时也加剧了小型港口引航机构收不抵支的情况。

500 净吨以下船舶的单艘次平均收入为 350 元,引航最低计费吨提高到 2000 净吨后,2000 净吨以下船舶的单艘次平均收入为 1425 元,经测算,天津港引航中心 2000 净吨以下船舶的引航成本是 1869.24 元,虽然无法完全弥补引航成本,但适当降低了引航站的成本压力。

经调整最低计费吨,2000 净吨以下船舶引航费将提高 1582.81 万元,占引航费总收入的 0.39%,对引航费的总水平影响不大。

经上述调整,引航费总收入为 405579.03 万元,比 2012—2014 年三年引航费平均总收入 410342.36 万元降低了 4763.33 万元,下降 1.16%,详见表 5-3。

引航费调整前后费率和收入情况对比表 表 5-3

项　　目		计费单位	净吨范围	调整前的费率(元)	调整后的费率(元)	费率增降幅度	增降收入(万元)	增降收入占引航总收入比例	说明
航行国际航线船舶	引航费	净吨(马力)	40001～80000 净吨	0.50	0.45	降 10%	降 4474.88	降 1.09%	10 海里内
			80000 净吨以上	0.50	0.425	降 15%	降 1852.88	降 0.45%	
	引航员滞留费	每人每小时		20.00	0	降 100%	降 11.21	降 0.005%	
	取消引航计划费	净吨(马力)		0.25	0	降 100%	降 7.16	降 0.003%	
	最低收费净吨			500 净吨	2000 净吨		增 1582.81	增 0.39%	
小计							降 4763.33	降 1.16%	

2)拖轮费

(1)基本原则

①遵循行业发展规律,可以交由市场的交由市场解决。

②保持拖轮费总体水平基本稳定。

③简化减少费目。

④降低附加费收费标准。

(2)改革方案的影响评估

计费方法保持不变,仍按拖轮马力·小时计费;降低收费标准,即降低节假日、夜班附加费;鼓励各港口实行拖轮费包干计费。

该方案可操作性强,有利于队伍稳定和行业发展,能够解决近年来航运、货主企业反映的拖轮费用较高的问题。

(3)改革内容评估

我国拖轮费改革调整内容,详见表5-4。

我国拖轮费改革方案(4条)　　　　　　表5-4

序　号	改　革　内　容
1	由政府定价改为政府指导价
2	计费方法保持不变,仍按拖轮马力·小时计费原则设定
3	在不突破现有拖轮费收水平基础上,鼓励有条件的港口实行拖轮费包干计费
4	调整拖轮费收费结构,即保持拖轮费基本费率不变,降低节假日、夜班附加费10%

①由政府定价改为政府指导价。

我国拖轮收费标准已执行了十多年而未做调整。近十年来燃油费成本快速增加,拖轮公司的经营成本不断增长,拖轮收费标准和结构调整的需求日益增多。同时,我国南方许多港口,目前已经实行了包干计费,拖轮服务的市场特征日趋明显。将政府定价调整为政府指导价,符合行业发展需求,符合市场发展规律。

②计费方法保持不变,仍按拖轮马力·小时计费。

由于我国各港水文条件差异较大,无法制定全国统一拖轮配备标准,难以按照被拖船制定统一费率,因此拖轮费计费方法保持不变,仍按拖轮马力·小时计费。

③参照现有拖轮费收水平,鼓励有条件的港口实行拖轮费包干计费。

在不高于现有拖轮费收水平前提下,鼓励有条件的港口实行拖轮费包干计费。

④调整拖轮费收费结构,即保持拖轮费基本费率不变,降低节假日、夜班附加费10%。

为激发航运市场活力,促进我国外贸业发展,在拖轮经营成本不断增加的条件下,仍下调节假日、夜班附加费10%,保持拖轮总体收入水平略有降低。

根据2012—2014年29家拖轮公司的收入情况,节假日和夜班附加费收入约占外贸船舶拖轮费收入的11%,约占总收入的7.9%。总体上看,节假日和夜班附加费收入占比较小,稍微下调比例对全国拖轮公司总收入影响不大。另外,根据实际统计情况,一些港口已将该项收费列入包干费中,不再单独收取。因此,可考虑下调节假日和夜班附加费10%。

调整后的经济效益:以2013年拖轮公司收入数据进行分析,节假日附加费和夜班附加费下调10%,由59076.96万元降为53169.26万元,减少5907.70万元;全国拖轮费总收入由701184.82万元降为695277.12万元,下降率为0.84%,详见表5-5、表5-6。

拖轮费收入调整表(单位:万元) 表5-5

类 别	调整前	附加费下降5%		附加费下降10%		附加费下降15%	
		下降量	下降后	下降量	下降后	下降量	下降后
节假日+夜班(附加费)	59076.96	2953.85	56123.11	5907.70	53169.26	8861.54	50215.42
总收入	701184.82	698230.97		695277.12		692323.28	
总收入下降率		0.42%		0.84%		1.26%	

拖轮费调整前后费率和收入情况对比表 表5-6

项 目	计费单位	调整前		调整后	
航行国际航线船舶	马力·小时	0.48元		0.48元	
航行国内航线船舶		沿海港口	内河港口	沿海港口	内河港口
	马力·小时	0.35元	0.50元	0.35元	0.50元
节假日和夜班附加费	—	节假日、夜班附加费按基本费率的50%计收,节假日的夜班附加费按基本费率的100%计收		节假日、夜班附加费按基本费率的45%计收,节假日的夜班附加费按基本费率的90%计收	
节假日和夜班附加费收入	—	59076.96万元		53169.26万元	
2013年全国拖轮费总收入	—	701184.82万元		695277.12万元	

以2014年宁波港拖轮收入数据进行分析,节假日附加费+夜班附加费下调10%,由2589.61万元降为2330.65万元,减少258.96万元;宁波港拖轮费总收入由50874.19万元降为50615.23万元,下降率为0.51%。

(4)改革建议

在过渡阶段鼓励有条件的港口实行拖轮费包干计费。未来,随着我国拖轮市场市场竞争条件逐渐成熟,同时,目前拖轮企业所承担的消防、护航、抢险等社会职责由国家或地方明确相关部门职责后,可考虑完全放开拖轮市场,促进拖轮市场持续健康发展。

另外,目前我国南方一些拖轮公司已经实行了包干计费,建议未实行包干计费的拖轮公司向已实施包干计费的港口学习借鉴相关经验。

3)停泊费、开关舱费以及系解缆费

停泊费、开关舱费以及系解缆费的费率水平比较合适,调整的重点在费率结构过于繁杂,需要简化。将此三项费用合并为船舶服务包干费,制定统一的收费标准,保持总体收费水平不变或略有降低。

船舶服务包干费以内外贸分开计费,分别以内外贸停泊费作为船舶服务包干内外贸费的调整基础。开关舱费与系解缆费按照"次"收费,停泊费按照"时间"收费,为了消除开关舱费与系解缆费折算为停泊费的"时间"影响,开关舱与系解缆均除以船舶平均停泊天数。具体测算过程分别见表5-7、表5-8。

2012—2014年外贸开关舱费、系解缆费按照平均停泊天数
折算为外贸停泊费的统计(单位:万元)　　表5-7

项　目	外贸停泊费	外贸开关舱费	外贸系解缆费	合　计
调整前2012—2014年平均值(万元)	56215.69	10128.97	3485.25	69829.91
调整前占三项费用的比例	80.50%	14.51%	4.99%	100.00%
调整前占外贸停泊费用的比例		18.02%	6.20%	24.22%
调整后2012—2014年平均值(万元)❶	56215.69	5014.34	1725.37	62955.40
调整后占三项费用的比例	89.29%	7.96%	2.74%	100.00%
调整后占外贸停泊费用的比例		8.92%	3.07%	11.99%

2012—2014年内贸开关舱费、系解缆费按照平均停泊天数
折算为外贸停泊费的统计(单位:万元)　　表5-8

项　目	内贸停泊费	内贸开关舱费	内贸系解缆费	合　计
调整前2012—2014年平均值(万元)	5858.01	1200.72	2190.2	9248.93
调整前占三项费用的比例(%)	63.34	12.98	23.68	100.00
调整前占内贸停泊费用的比例(%)		20.50	37.39	57.89

❶ 折算的方法:停泊费不变,开关舱、系解缆分别除以船舶平均停泊天数2.02。

续上表

项 目	内贸停泊费	内贸开关舱费	内贸系解缆费	合 计
调整后2012—2014年平均值(万元)❶	5858.01	594.42	1084.26	7536.68
调整后占三项费用的比例(%)	77.73	7.89	14.39	100.00
调整后占内贸停泊费用的比例(%)		10.15	18.51	28.66

最终测定,外贸停泊费费率标准上调11.99%,则与调整后的外贸船舶服务包干费的费率水平一致;内贸停泊费费率标准上调28.66%,则与调整后的内贸船舶服务包干费的费率水平一致,调整后的船舶服务包干费率详见表5-9。

船舶服务包干费的费率表　　　　　　　　　　　　表5-9

项目		计费单位	调整前的费率(元)	调整后的费率(元)	说　　明
外贸		净吨(马力)/日	0.23	0.26	除锚地外停泊超过24小时(包括24小时),每24小时按照1日计费
		净吨(马力)/小时	0.15	0.15❷	除锚地外停泊不够24小时
		净吨(马力)/日	0.05	0.05❸	锚地停泊❹
内贸		净吨(马力)/日	0.06	0.08	停泊超过24小时(包括24小时),每24小时按照1日计费
		净吨(马力)/日	0.12	0.15	1. 装卸,上、下旅客完毕(指办妥交接)4小时后,因船方原因继续留泊的船舶; 2. 非港方原因造成的等修、检修的船舶(等装、等卸和装卸货物及集装箱过程中的等修、检修除外); 3. 加油加水完毕继续留泊的船舶; 4. 非港口工人装卸的船舶; 5. 旅游船舶

为了适应行业发展新情况,减少收费项目和收费档次,取消内外贸船舶开关舱费和系解缆费,在停泊费中分别统筹考虑,航行国际航线船舶的停泊费收费标准由0.23元/(净吨·日)调整为0.25元/(净吨·日);航行国内航线船舶的停泊费收费标准由0.06元/(净吨·日)调整为0.08元/(净吨·日)。调整后三项收费的外贸收入降低了2685.77万元,降低了3.40%,内贸总水平保持不变。这样调整后,既简化了收费项目,又使得停泊费、开关舱费以及系解缆费在调整为外贸船舶服务包干费后总水平略有降低,调整后的停泊费率详见表5-10、表5-11。

---

❶ 折算的方法:停泊费不变,开关舱、系解缆分别除以船舶平均停泊天数2.02。
❷ 费率不变:这种情况很少发生。
❸ 费率不变:在锚地不会发生开关舱和系解缆的费用。
❹ 建议取消:一是收入比较少;二是锚地停泊费多由港航管理部门收缴;三是可以由港口公用基础设施的资金解决。

停泊费和系解缆费调整前后费率和收入情况对比表（一）   表 5-10

项目	计费单位	只有停泊费的费率（元）	涵盖开关舱和系解缆费的停泊费费率（元）	涵盖开关舱和系解缆费的停泊费收入降低幅度	说　明
航行国际航线船舶	净吨（马力）/日	0.23	0.25	3.4%	除锚地外停泊超过24小时（包括24小时），每24小时按照1日计费
航行国内航线船舶	净吨（马力）/日	0.06	0.08	0	停泊超过24小时（包括24小时），每24小时按照1日计费

停泊费和系解缆费调整前后费率和收入情况对比表（二）   表 5-11

项　目	2012—2014年平均收入（万元）	涵盖开关舱和系解缆费的停泊费降低的收入（万元）
航行国际航线船舶	69829.91	2685.77
航行国内航线船舶	9248.93	0

二、2017年7月修订调整《计费办法》的影响评估

1. 拖轮费改革影响评估

1）改革拖轮费计费方式的原因

修订前的《计费办法》规定，拖轮实行政府指导价，上限管理，拖轮费收费标准详见表5-12。拖轮费根据使用拖轮的马力和作业时间计费。作业时间分为实际作业时间和辅助作业时间，实际作业时间为拖轮抵达作业地点开始作业至作业完毕的时间；辅助作业时间为拖轮驶离拖轮基地至作业地点和驶离作业地点返回拖轮基地的时间。同时，对航行国际航线的船舶分别加收45%的节假日、夜班附加费。

按照马力·小时计费的港口拖轮费收费标准   表 5-12

收费性质	内　贸		外　贸		收费依据	收费主体	收费对象
	计费条件	收费标准	计费条件	收费标准			
政府指导价经营性收费	沿海港口	0.35元/(拖轮马力·小时)	所有港口	0.48元/(拖轮马力·小时)	计费办法	拖轮公司	船公司
	内河港口	0.5元/(拖轮马力·小时)					

拖轮服务使用单位现行的计费方式反映的主要问题集中在：一是拖轮马力配置的不合理而出现"大马拉小车"现象；二是同一船舶在同一港区的平时收费与节假日和夜间收费差距较大；三是辅助作业时间测算不够透明，计费时服务双方分歧较大。

2) 改变拖轮计费方式的影响评估

参照国外港口的做法,结合国内部分港口的探索和船公司的意见,拖轮费的计费方式由按拖轮马力·小时计费调整为按被拖船舶的船长和类型计费,不再区分实际作业时间、辅助作业时间、节假日夜班。

本次调整,提出不同船长、船型的船舶对应的1艘次拖轮的基准费率(表5-13~表5-15),各港依据各地公布拖轮标准确定的拖轮使用数量计收拖轮费,亦即拖轮费=基准费率×拖轮计费艘次。其中,沿海港口的船舶靠离泊和引航或移泊使用拖轮艘数的配备标准由所在地港口行政管理部门会同海事管理机构提出,各省级交通运输主管部门对其合规性、合理性进行审核后公布。长江干线拖轮艘数的配备标准由交通运输部长江航务管理局会同沿江相关省级交通运输主管部门制定,并对外公布。

按照被拖船的船长和类型计费的
航行国际航线船舶拖轮费基准费率表(计费单位:元/拖轮艘次)　　表5-13

序号	船长(米)	船舶类型		
		集装箱船、客船、滚装船	散杂货船、邮轮及其他	油轮、化工船、液化气船(LNG或LPG)
1	80及以下	6000	5000	5500
2	80~120	6500	7000	7500
3	120~150	7000	8000	8500
4	150~180	8000	9000	10500
5	180~220	8500	11000	12000
6	220~260	9000	13000	14000
7	260~275	9500	14000	16000
8	275~300	10000	15000	17000
9	300~325	10500	16000	18000
10	325~350	11000	17000	19000
11	350~390	11500	18000	20000
12	390及以上	12000	20000	21000

按照被拖船的船长和类型计费的
航行国内航线船舶沿海拖轮费基准费率表(计费单位:元/拖轮艘次)　　表5-14

序号	船长(米)	船舶类型		
		集装箱船、客船、滚装船	散杂货船、邮轮及其他	油轮、化工船、液化气船(LNG或LPG)
1	80及以下	3500	3200	3400
2	80~120	4000	4200	4500
3	120~150	4500	5000	5000
4	150~180	4800	5500	6500
5	180~220	5100	6500	7000

续上表

序号	船长（米）	船舶类型		
		集装箱船、客船、滚装船	散杂货船、邮轮及其他	油轮、化工船、液化气船（LNG 或 LPG）
6	220~260	5500	8000	9000
7	260~275	5800	8500	10000
8	275~300	6100	9000	10500
9	300~325	6500	9500	11000
10	325~350	6800	10000	11500
11	350~390	7100	10500	12000
12	390 及以上	7500	12000	13000

按照被拖船的船长和类型计费的
航行国内航线船舶内河拖轮费基准费率表（计费单位：元/拖轮艘次） 表 5-15

序号	船长（米）	船舶类型		
		集装箱船、客船、滚装船	散杂货船、邮轮及其他	油轮、化工船、液化气船（LNG 或 LPG）
1	80 及以下	5200	4500	4800
2	80~120	5700	6000	6400
3	120~150	6200	6900	7300
4	150~180	6900	7800	9100
5	180~220	7300	9500	10400
6	220~260	7800	11200	12300
7	260~275	8400	12300	13900
8	275~300	8700	13000	14700
9	300~325	9200	13800	15600
10	325~350	9600	14700	16400
11	350~390	10100	15500	17300
12	390 及以上	10500	17300	18200

（1）拖轮费计费标准调整测算

参照国外做法：一是系统分析、科学测算拖轮公司、船公司、引航机构提供的不同船长、船型船舶的拖轮使用、拖轮费、拖轮配置等数据；二是基于马力·小时的费率标准，依据各种船舶实际配置的拖轮马力和作业时间，降低不合理延长的辅助作业时间，形成各项测算基数，确定出不同船长、船型船舶 1 艘次的拖轮收费标准。

（2）拖轮费计费标准调整评估分析

新的计费标准不再以拖轮的马力·小时计费，避免拖轮公司为了多收费而提供大马力拖轮、多配置拖轮数和不合理地延长辅助作业时间，真正起到了规范收费的作用。同时考虑将节假日、夜班均衡到各个航次,不再区分节假日、夜班,消除了收费的差异性。调整后的拖轮收费透明、合理。

经初步测算,2016年34家代表拖轮企业按现行拖轮费标准收取的拖轮费约为42亿元,根据市场份额(60%)推算2016年全国拖轮费总收入约为70亿元。取样10家典型拖轮公司,测算新旧标准下的拖轮收费,新标准实施后将降低拖轮收费3%左右,据此推测新标准条件下,全国拖轮费总收入将降低2亿元。

2. 修订《计费办法》的积极效果

开展《计费办法》的修订,是继续完善港口价格的形成机制,进一步深化港口收费改革的重要内容。本次改革适应了港口经营市场的变化,更加符合港口发展的实际,进一步规范港口收费,使得《计费办法》更加完善,将为更好地服务国民经济、对外贸易和港航事业发展发挥积极的作用。

一是进一步完善了港口价格形成机制,调整部分港口收费计费方式,释放了市场活力,有利于促进公平、公正竞争,使市场对资源配置起决定性作用,更好地发挥政府作用。

二是拖轮费改革是大势所趋,符合国际惯例。拖轮以被拖船包干计费将更加透明、公平、合理,操作方便。

三是降低了大船的引航收费,进一步降低了航运企业的负担,改善了进出口服务环境。

四是从制度设计上进一步规范了港口收费行为,使港口收费更加清晰明了,既方便企业使用,又有利于政府监管和社会监督,为水运事业发展、提升港口服务质量、促进外贸稳增长等进一步创造了有利条件。

港口价格监管研究

第一节 港口价格监管的必要性

一、加强港口价格监管有利于发展现代港口经济

党的十九大报告指出,要贯彻新发展理念,建设现代化经济体系;要着力加快建设实体经济、科技创新、现代金融、人力资源协同发展的产业体系,着力构建市场机制有效、微观主体有活力、宏观调控有度的经济体制。现代化经济体系既要求现代化的产业结构,也要求现代化的经济制度。综合考虑经济战略重要性与自然资源限制,港口行业作为垄断性行业直接关系到社会发展的稳定,对其价格放开并进行有效监管是现代市场经济国家政府的重要经济职能之一。价格监管是指政府或法律授权的公共机构依据规则对被监管价格的限制,目标是平衡买卖双方经济利益关系,兼顾公平与效率,进而实现资源的优化配置。

党的十八大以来,我国的"政府定价"范围逐步与发达市场经济国家接近,部分垄断行业定价也已尝试引入现代监管理念和方法。以国家发展改革委发布的《关于进一步加强垄断行业价格监管的指导意见》(发改价格规〔2017〕1554号)为标志,我国的政府物价工作正向合理的方向定位、转型,对垄断行业的价格监管进入体系和能力现代化的新阶段。港口定价改革历经三个阶段后,从政府定价到政府指导价再到市场调节价,将部分价格逐渐交由竞争较为充分的市场关系决定。即便是在发达市场经济国家,垄断行业价格在由市场主导大环境下也依然需要政府的严格监管,并要配合相关制度的系统性安排。因此,加强港口行业价格监管,贯彻落实十九大报告中提出的建设现代化经济体系,更好地发挥政府作用等要求,是推动现代化港口经济发展的重要保证。

二、加强港口价格监管有利于维护市场价格秩序

目前我国尚处于市场经济体制不断完善期、经济结构调整适应期,市场经济发育尚不充分、宏观管理体系尚不完善,市场经济秩序特别是市场价格秩序问题比较突出,影响公开、公正、公平竞争市场均衡条件的形成和价格形成机制作用的发挥。特别是现阶段,我国经济发展面临着供给提质增效压力,稳定的市场价格秩序能够为促进经济转型提供良好保障,同时兼顾拉动消费需求协调增长,港口价格从政府定价到交由市场调节。虽然前期成果整体良好,但依然存在波动周期。尤其对于价格放开后的监管工作还需继续落实到位,港口市场价格秩序有待进一步规范协调。从促进港口经济发展和应对更加激烈的国际港口市场的现实需要出发,加强放开价格后的监管,大力整顿港口市场价格秩序,利用法律、经济、行政等手段对不正当价格行为进行打击和制止,有利于保证港口行业在良好的价格秩序下有条不紊地发展,实现港口价格放而不乱、活而有序,保障消费者的合法权益和港口经济的健康发展。

三、加强港口价格监管有利于规范企业定价行为

市场经济逐利性,往往会导致企业不规范价格行为的发生,特别是由于港口价格管制逐步放开尚处于完善阶段,港口市场发育尚不平衡、法制体系尚不完善,以及在价格由政府管制时期,企业受长期计划经济及计划价格体制的影响,对价格决策自主权的运用经验尚不丰富等原因,企业定价行为不规范的问题较为突出,价格垄断、价格欺诈、价格歧视、低价倾销等不正当的价格行为时有发生。这些不正当的价格行为,严重干扰着港口经济秩序,使价格信号既不反映价值规律也不反映供求关系,破坏公平、公开、公正的竞争环境,不利于促进优胜劣汰机制的形成;违反国家有关法律、法规和市场经济诚实信用、等价交换的原则,以及公认的商业道德准则,侵犯竞争对手和广大消费者的合法权益;限制了市场价格机制作用正常发挥,阻碍科技创新、技术进步和劳动生产率的提高,不利于港口经济健康、长远发展。因此,通过加强政府对放开价格的监管,对企业行进行规制,是规范企业价格行为的必然选择。政府必须按照市场经济要求,从改善市场环境,促进经济发展的高度出发,加强对放开价格的监管,根据法定范围、权限和程序,依法对企业不正当定价行为进行查处,用经济、法律、行政、道德等手段从外部引导企业正确行使价格自主权,使企业对价格杠杆的运用建立有序和有节的基础之上,实现价格行为规范化。

四、加强港口价格监管有利于转变政府管理职能

港口价格逐步放开,对于政府管理工作提出了更高要求。政府价格监管与放开价格同等重要,将放开价格等同于放弃政府价格监管的观点是错误的。实行市场价格体制,应充分发挥市场价格的作用,但也不能放弃政府对放开价格的监管。绝大多数港口服务项目价格放开后,并不意味着价格主管部门的事情少了。相反,加强政府对放开价格的监管,规范港口市场价格行为,维护公平竞争的任务更重了、难度更大了、要求更高了,需要政府将其管理职能及时由定调价管理为主向加强开放价格监管为主转变,将工作方式和工作重心由过去主要定调定价管

理转变到运用价格政策措施法规加强对放开价格监管、规范企业价格行为、维护公平竞争上来。在实际工作中,政府价格主管部门要按照港口市场的要求,主动转变价格管理职能,履行好定规则、当裁判的工作职责。

第二节　港口价格监管现存问题

一、法律依据不完善

近几年来价格部门在市场调节价监管方面做了很大努力,进行了积极尝试,如:实行明码标价制度,反暴利、反价格欺诈等,但是整体效果并不明显,主要表现为政府对市场价格监管的法律、法规配套体系不健全,缺乏价格行为约束机制。《中华人民共和国价格法》对不正当价格行为作出了基本的规定,但操作性不强。如《中华人民共和国价格法》第十四条第七款规定的"牟取暴利"没有一个"量度",究竟获利多少才算暴利,很难掌握;再如,《关于制止低价倾销行为的规定》《低价倾销工业品的成本认定办法(试行)》和《禁止价格欺诈行为的规定》,对一些违价行为进行了具体界定,但对价格垄断和因价格垄断产生的价格歧视、价格暴利,价格法律体系上还未做出可操作性的明确规定,有法可依的问题尚未解决。由此可见,不正当价格行为查处难问题,在于目前的价格法律体系没有为价格行政执法提供可操作性的法律依据。

二、机构职能不明确

目前,各级物价机构存在一定的机构萎缩、人员流失情况,对市场调节价格的监管缺乏强有力的机构保障,客观上造成对价格监管的不利影响。此外,对不正当价格行为的监管,存在职能交叉可多头执法的情况。如《中华人民共和国价格法》中明确规定:经营者存在相互串通、操纵市场价格;捏造、散布涨价信息,哄抬物价,违反法律、法规牟取暴利等行为之一的,责令改正,没收违法所得,可以并处违法所得5倍以下罚款,情节严重的,责令停业整顿,或吊销营业执照。吊销营业执照属工商部门业务范畴,可见,对同一违规经营行为存在多部门执法的情况,往往出现执法部门之间意见不一的问题。

三、监管机制不健全

对市场调节价格的监管,过去只停留在经济、法律、行政三种手段上,监管手段的缺乏和政府常以"管理者、裁判"的身份出现。一方面给人以"高高在上"的高压态势,客观上造成了监管部门与经营者和消费者之间的距离;另一方面,三种手段分别从规范、检查、制裁方面对市场价格的问题进行化解,其根本是一种"堵防"思想,政府部门缺少以信息公开、公示成本、对企业定价者进行政策性指导等方式杜绝价格矛盾的"疏导"思想。

第三节　国外价格监管经验借鉴

一、美国价格监管经验

美国政府对价格的管理,十分强调市场价格机制的自动调节作用。政府除了维持市场竞争的正常秩序外,一般只是在市场价格运行出现严重偏差,尤其是通货膨胀严重时期,运用一定的政策进行短期调控。一旦情况好转,便由市场自动调节,其经济中价格的自由程度相当高。

美国政府对价格进行管理包括直接管理和间接控制两方面,以间接控制为主,直接管理为辅。其对价格的间接控制的具体做法主要有:第一,限制价格垄断。通过制定反托拉斯法,创造充分竞争的市场价格形成环境,促使形成理想价格。第二,运用财政和货币政策调节社会总需求。第三,控制商品成本,调节市场价格。具体做法是实行"工资-物价"控制。第四,控制货币总量。通过控制货币供应量的增长率来调节市场价格。

美国政府对价格的直接管理,主要是针对某些特殊行业价格或收费,大体包括:农产品价格、军用品价格和公用事业价格。

二、英国价格监管经验

反价格垄断、反价格欺诈、规范物价标识及价格社会监督是英国政府进行市场价格监管的主要途径。当前,英国的市场价格监管被划分为3个层面,分别是全国层面、地方层面及社会层面。

在全国层面上,全国范围内的市场价格监管的主要机构包括反垄断机构和行业监管机构。而其监管的重点是企业是否存在违反反垄断协议的行为。以滥用市场支配地位的方式进行垄断行为也是着重监管的方面。在市场的竞争情况有一个总体的认识的基础上,开展市场调研分析,倡导竞争机制的运作。同时反垄断机构为了实现有针对性地开展工作,它会与各个自然垄断行业的监管机构互相沟通,并开展合作。

在地方层面上,监管机构是地方政府贸易标准服务局。它的主要职责是监管整个地方市场价格。其工作重点是监管价格欺诈行为和规范价格标识。但是对于区域性的价格欺诈案件,并不是由地方政府贸易标准局进行监管和处理,而是由各地的贸易标准服务局负责调查处理。

在社会层面上的主要监管机构是个大概念,其就是全部的消费者再加上全国各地的消费者组织。通过设立消费者热线,接受消费者的投诉和咨询,可以最直观地了解到市场的价格状况。而消费者组织则负责对消费者所反映的热点问题进行调查,并及时将结果向社会公布;同时,其应当将各地、各种产品或者服务的价格及时向消费者发布,这样消费者才能够更好地进行消费。

三、德国价格监管经验

德国实行的是社会市场经济,即不是放任不管的自由主义的市场经济,而是有社会指导的"自由加秩序"的市场经济。政府对物价实施一定程度的管理。其对物价管理以总体协调为特点,不仅强调市场机制的基础调节作用,而且注重市场竞争中价格体系的合理形成与建立。在管理方式上,突出强调以长期稳定的货币政策为中心,总体协调市场价格的运行。具体内容主要有:

对物价进行直接管理和间接控制。国家管理的价格按其干预程度和方式可分为四类。第一类,国家直接定价。对象是铁路运输、邮政资费、停车场收费等,约占私人家庭消费开支的5%。第二类,国家直接规定价格。对象是家庭供电、供水、煤气的价格,社会福利性房屋的房租、保险公司的法定保险费、医疗费、诉讼费,以及飞机票价等,约占私人消费开支的14%。第三类,国家间接干预的价格。主要是通过征税施加影响。其对象包括烟、酒、茶叶、鞭炮、汽油等,约占私人消费开支的10.6%。第四类,由欧洲经济共同体统一干预和调节的价格,包括鲜肉、奶、黄油、面包和糖等农副产品,约占私人消费开支的10.1%。

对价格进行法律和社会监督。政府对价格的管理与监督,是以法律为保障的。如制定《反对不正当竞争法》《调节一般业务条件法》和《关于附加赠送物品条例》等,关于保护竞争的法律有《反对限制竞争法》等。政府还设立卡尔局,负责对不受国家干预的价格的监督,保护自由竞争,维护市场秩序,反对价格垄断。

实施相关政策,稳定市场物价。在法律上充分确认稳定物价的重要性;成立独立于政府的联邦银行,并把保证货币稳定作为其第一任务;严格限制财政赤字,规定实际工资增长不超过劳动生产率的增长;保护正常竞争,反对垄断;运用财政补贴,间接稳定物价。

四、法国价格监管经验

法国政府对价格的管理,是一种融市场与计划为一体的管理模式。这种管理模式在注重市场机制的基础调节作用的同时,强调市场价格机制的作用与宏观计划目标的统一性、有效性。其对价格管理的具体做法是由经济财政与私有化部所属的竞争、消费与反诈骗稽查局负责。其主要任务是:第一,对政府管理的商品价格和服务收费进行适当调控,同有关行业或企业谈判协商消费物价年度上涨幅度;第二,对价格进行观测,通过计算机网络收集整理有关商品的成本、比价等资料,分析价格涨落的原因及趋势,供经济财政和私营化部领导作为决策参考;第三,起草有关价格、竞争方面的法规,制定商品质量、卫生等标准,调查和处理有关的违法行为。

第四节 港口价格监管内容

在经济学广义的价格机制包含价格形成机制和价格运行机制。在市场经济体制中,市场是资源配置和经济运行条件的基础性机制,在港口领域则要求充分竞争的港口服务价格实施市场化,以市场机制来制定和调节港口价格,竞争不充分或者不适宜竞争的港口服务价格还需要政府加强管理。

港口价格形成机制是指依据一定的价格形成理论,利用价值规律作用的价格决策制度。它主要包括港口价格形成的主体(即价格决定权在谁手中)和价格形成的方式。这两方面的内容是相互联系和相互制约的,港口价格形成机制决定价格在港口市场经济活动中的变化规则,影响价格变动的方向和幅度。

从港口市场发展来看,市场调节价方式将逐步体现主体地位,其优点有市场调节价可以利用充分利用价值规律的作用,根据供求关系配置资源和调整经济结构,通过竞争机制使市场自我调节、自我平衡;是推动整个社会的技术发展水平和生产效率内在推动器,刺激企业产品和技术创新调整企业内部结构,改进管理,提高生产和工作效率;通过竞争机制促使企业降低成本,提高产品质量和服务水平,从而使消费者受益最大化;具有配置资源的高灵活性和高应变性,给优胜劣汰足够的动力,从而淘汰落后的企业和产业,节约社会资源,促进整个社会的产业升级。

但同时,市场调节价也有一定的局限性,即市场调节价的调节机制忽视社会的长期利益和社会总体利益,对经济总量无力调节,具有自身的局限性;对经济结构难以进行大调整;市场调节价本身不能保证公平竞争,难以处理好公平与竞争的关系,市场的短期性也会带来环境污染生态等问题;市场自发性、盲目性和滞后性可能会因时间差形成供给和需求的脱节,导致重复生产和建设,从而造成资源的浪费;市场竞争可能会导致垄断,而垄断又反过来破坏市场机制。

第七章

港口价格运行指数探索研究

第一节 价格指数研究综述

一、港口价格指数的概念

1. 内涵

统计学上所说的"指数"是一种对比性的分析指标,从对比性质来看,指数通常是不同时间的现象水平的对比,它表明现象在时间上的变动情况。

"价格指数"是能够反映不同时期商品价格水平的变化方向、趋势和程度的经济指标,是能够表示在给定的时段里,一组商品的平均价格如何变化的一种相对数。广义上来讲,根据分析的范围不同,价格指数分为个体价格指数与价格总指数。前者研究范围为单一的商品,后者可以对多种商品的价格水平进行综合评价。

所谓"港口价格指数",指的是港口服务的价格指数,包括港口作业、拖轮、停泊、堆存保管、库场使用、理货服务等方面的价格指数。港口价格指数属物价指数中运价指数的一个细类,反映的是港口服务价格的变动程度,是用于描述港口经营市场价格的波动情况。

2. 分类

港口价格指数的种类很多,按照不同的研究目的可以对港口价格指数进行不同的分类。

1) 按照包括范围的不同划分

按照包括范围的不同,运价指数可以分为 3 类:单项价格指数、类指数及总指数。

单项运价指数:是说明某一种港口服务形式、手段的价格变动程度的指数。如粮食港口作业价格指数、集装箱港口作业价格指数等。

类指数:是说明某一类运输服务形式运价变动程度的指标。如货物港口作业价格指数、旅客港口作业价格指数等。

总指数：是说明整个港口服务价格的总变动程度的指数。

2）按照指数计算基期的不同划分

港口价格指数按照其计算基期的不同，可以划分为定基指数和环比指数两类。

定基指数：是各个时期的港口价格水平和某一固定时期的港口价格水平对比的指数。

环比指数：是各个时期的港口价格水平都和前一时期的港口价格水平对比的指数。

定基指数和环比指数之间的关系是：在指数所包含的内容可比情况下，把各月（年）环比指数相乘，就等于最末一月（年）定基指数的值。但是，对于采用变动数加权的（除特殊条件外）总指数，其环比指数乘积一般不等于定基指数。

二、国外相关研究评述

1. 航运运价指数

在查阅的文献中，国外对运价指数的研究主要集中在航运方面。从世界航运市场发展来看，走向成熟的航运市场，都会逐步推出自己的运价指数。

目前，在世界航运界最有影响的运价指数，首推英国波罗的海航运交易所于 1985 年设立的波罗的海运价指数（Baltic Freight Index，BFI）。该指数主要用于反映全球干散货船舶运输市场的运价水平，揭示干散货市场以及相关市场的供需态势，并作为伦敦国际金融期货交易所（London International Financial Futures Exchange，LIFFE）进行运价期货交易的工具，也可作为干散货市场中好望角型/巴拿马型船的程租、期租交易提供价格参考标准。波罗的海运价指数，是航运业的经济指标，反映全球干散货运输市场航运运价的变动情况，对于衡量全球经济景气有指导意义，是目前世界上衡量国际海运情况的权威指数，是反映国际间贸易情况的领先指数，由波罗的海交易所每日发布一次。该指数体系包括波罗的海干散货运价指数（Baltic Dry Index，BDI）、波罗的海海岬型船运价指数（Baltic Capesize index，BCI）、波罗的海巴拿马型船运价指数（Baltic Panamax index，BPI）、波罗的海超灵便型船运价指数（Baltic Supramax Index，BSI）、波罗的海灵便型船运价指数（Baltic Handy Ships Index，BHSI；或者 Baltic Handy Index，BHI）等多项指数。BFI 是按照拉氏指数模型来计算的，其计算公式为：

$$BFI = \sum_i P_i \cdot C_i$$

式中：i——第 i 条样本航线；

P_i——各样本航线的平均运价或日租金；

C_i——换算常数。

C_i 的确定依据是 1985 年 1 月 4 日的经过修正的该样本航线的运费收入权重 W_i（各航线权重和为 1000）除以该日的平均运价或日租金 p_i。换算常数在日常的计算中保持不变，除非该样本航线的权重发生变化或取消。

BFI 一经推出，在国际航运界引起了很大的反响，尤其是其作为期货交易的工具更是受到人们的关注。由于波罗的海交易所能够根据航运市场的发展和变化，对运价指数的构成及时予以修订,而运价指数又是根据严格、明确以及人所共知的规则计算出来的,所以它能够客观地反映全球干散货船的运价水平以及航运市场的变化发展情况。

另外,波罗的海交易所于1997年1月7日开始编制发布 BHI,有效地弥补了 BFI 的盲区,为航运界开辟了灵便型船市场信息的窗口,为众多灵便型船经营人确定典型航线货物运价提供了必要的参考。1998年2月,波罗的海交易所根据市场发展需要又推出了油轮运价指数。

其中,综合指数 BDI 由 BSI、BPI、BCI 组成,三个分项指数权重各占三分之一。该指数通过区分船型来划分干散货航运市场,不同船型运价指数分别反映不同船型所代表的主运货物的运价波动,比如海峡型船主运焦煤、燃煤、铁矿砂、磷矿石、铝矾土等工业原料,巴拿马型船主运民生物资及谷物等大宗物资,灵便型船主运磷肥、碳酸钾、木屑、水泥等。

在指数编制上,波罗的海运干散货运价指数采取固定基期、固定加权的计算方法,选取三种船型20多条样本航线,综合考虑样本航线的权重、运价水平和换算系数等因素。由国际知名、信誉良好、有代表性的20家经纪公司样本公司提供运价等基础数据,并由这20家经纪公司组成的三个小组负责计算编制当日各船型运价指数。

Worldscale Association Ltd 和 Worldscale Association(NYC)Inc. 联合编制了世界油轮运价指数(Worldscale),主要覆盖面积包括加勒比海岛屿、格陵兰和夏威夷以及伦敦东部地区。该指数给出了覆盖世界主要港口间的以往返航次计算的每吨货物的有关货物的有关费率,以 Worldscale100 为基数,主要用于供求双方间的成交谈判。

世界上一些主要航运国家和研究机构均定期发表运价指数报告,如:克拉克森干散货船运价指数(Glarkson Dry Index,GDI)、劳氏航运经济学家(Lloyd's Shipping Economist,LSE)运价指数、辛浦森(Simpson Spence Young,SSY)运价指数、劳氏船舶经理人(Lloyd's Ship Manager,LSM)运价指数、德国海运运价指数(German Sea Freight Indices,GSFI)、海运研究(Maritime Research)运价指数、英联邦国家(The Commonwealth Group)集装箱船租船运价指数、罗宾逊(Howe Robinson)集装箱船租金指数等。

2. 公路运价指数

由于公路运价指数能够记录和显示公路运输业的变化,有效地反映市场的变化和竞争的激烈,表明价格变化趋势改变的时间以及公路运输运力组成的变化,反映与运输业相关的养路费和油价等问题,国外的公路运价指数体系也日益成熟,公路运价指数在现代运输中发挥越来越大的作用。

1991年,英国国家经济部门认为,有必要将运输价格指数纳入价格指数体系。公共服务价格指数(Corporate Services Prices Index,CSPI)工作组于1995年成立,正式负责公路运价指数的编制,并第一次将公路运价指数作为 CSPI 指数的一部分进行发布。1995年开始逐步提高数据和指数的可靠性,并且对整个指数体系进行了修正。目前,这一指数经过修正完善,已经通过质量认证,并建立复查程序。

荷兰从1994年开始公布运价指数。

而美国在1992年6月,生产价格指数(Producer Price Index,PPI)已经发布了包含价格相关部分内容的月度指标,但这些指标中尚未包括本地的运输业相关指标,其采样基数大,公布及时,不存在服务替代的影响。

在国外,多数国家采用ISIC60.24定价模型测量道路运价的发展。2002年在法国南特(Nantes)的福尔堡(Voorburg)会议上提交的一项政策文件中指出,对于服务行业来说,这个定价方法是很适合的。使用这个方法的国家包括英国、澳洲、荷兰、新西兰和日本。

国外进行公路运价指数的设计有以下几个步骤:

(1)公路运输产业分类;

(2)企业的规模统计;

(3)统一报价;

(4)数据集中处理;

(5)指数发布与反馈调查。

其中,公路运输产业分类有些是根据国家统计局的行业分类标准进行分类的,有的则是以商业活动中所占有比重分类的。

一般抽取的样本企业都是涵盖各个分类项的,而且是在该类企业中具有代表性和典型性的。在确定了样本企业后,与这些企业签订合同;设计调查表,由他们自己选择报价的行业类别,并定期提供真实的数据;数据的采集通常有以下几种方法:当面访谈、邮寄问卷与电话查询法。

三、国内相关研究评述

在我国,关于运价指数的相关研究较为丰富,但目前定期发布的主要有:上海航运指数系列[其中,中国出口集装箱运价指数(China Containerized Freight Index,CCFI)影响力较大]和全国普通货物运价指数。

1. 上海航运指数系列

上海航运指数系列,覆盖航运市场和船舶买卖市场,成为反映市场行情的"晴雨表",并且被政府采信进入国家统计局大数据平台,同时以运价指数为结算标准的指数挂钩协议、指数衍生品交易创新了海运业定价和交易模式。其中,航运运价指数系列主要根据运输货类不同将航运市场划分为集装箱运输、散货运输和油品运输三大运输市场,分别编制了中国出口集装箱运价指数(CCFI)、中国沿海散货运价指数(China Coastal Bulk Freight Index,CCBFI或CBFI)、中国进口油轮运价指数(China Import Crude Oil Tanker Freight Index,CTFI)等9项指数以及"一带一路"货运贸易指数、"海上丝绸之路"运价指数两项宏观指数。

1998年4月13日,上海航运交易所开始试发布中国出口集装箱运价指数(CCFI)。在此之前,世界航运运价指数的编制主要集中于不定期干散货船运价指数以及油轮运价指数,对于集装箱班轮运价指数的编制至1996年还属空白领域。CCFI是我国航运史上第一个运价指数,也是继世界干散货运价指数和油轮运价指数之后的世界第三大运价指数,其形成和发布对促进我国航运市场的发育、沟通运价信息,对上海国际航运信息中心的形成,对为各市场主体和政府宏观调控提供必要的决策依据等,具有十分重要的意义。

由于构成我国集装箱运输市场的班轮航线比较多,个别航线运输量不大,为此,运价指数编制依据样本航线选择的地区分布性、代表性、一致性原则,选择日本航线、香港航线、韩国航线、东南亚航线、澳新航线、欧洲航线、美东航线、美西航线、地中海航线、南非南美航线、东西非航线等14条航线作为运价指数的样本航线,并以这些航线的运价、运费和箱量为依据计算运价指数。上述航线的国内出发港分别为:大连、天津、青岛、上海、南京、宁波、厦门、福州、深圳、广州。

CCFI在指数编制上,采取固定基期、固定加权的计算方法,综合考虑样本航线运费、箱量和基本目的港运价等因素。由商誉卓著、航线市场份额大的中外船公司,按照自愿原则,组成运价指数编制委员会,提供运价信息,并由上海航运交易所编制完成后于每周五发布中国出口集装箱综合运价指数及14项分航线运价指数,该指数通过区分不同航线来划分我国出口集装箱航运市场。

CCFI的编制实际上是将构成中国出口集装箱运输市场的若干条班轮航线的运价,通过特定的统计指标计算公式进行综合计算,以此结果作为反映中国出口集装箱运输市场价格的综合性指标。CCFI采用了以基期变量值(即成交箱量)为权数的拉氏指数编制方法,其基期定为1998年1月1日,作为1000点。计算公式如下:

$$\text{CCFI} = \sum_i P_i \frac{w_{0i}}{p_{0i}}$$

$$w_{0i} = \frac{p_{0i} q_{0i}}{\sum p_{0i} q_{0i}}$$

式中:CCFI——对各航线的运价进行加权平均,它的权是一个固定权数,即 $w_{0i}/p_{0i} = p_{0i} q_{0i}/\sum p_{0i} q_{0i} \cdot 1/p_{0i}$。

我国出口集装箱运价指数可以揭示集装箱运输市场的供需态势,为航运经营管理人员提供市场分析、经营决策的依据,也为外贸进出口货主及时了解集装箱运输市场运价水平提供了比较可靠的途径,有利于其外贸进出口业务的开展。但由于CCFI是按照拉氏指数编制方法,在集装箱成交箱量航线结构不变的假定下,把同度量因素定在基期水平上编制的固定加权综合价格指数,它只能单纯反映报告期中国出口集装箱运输价格的变动水平,而不能及时体现出中国出口集装箱运输成交箱量航线结构的变化,因此,CCFI也具有一定的局限性。

2. 全国公路运价指数

1) 全国普通货物运价指数

2006年7月6日,中国物流与采购联合会(以下简称"联合会")和汇通天下信息技术有限公司(以下简称"汇通天下")在北京联合发布了全国普通货物运价指数。该指数能够较好地描述公路货运市场价格的波动情况,客观反映我国公路运输市场结构和市场的供求变化。

普通货物运价指数是联合会物流基础统计体系的组成部分,联合会委托并指导汇通天下完成具体的数据采集、加工处理和指数编制工作。该指数是在对全国7大经济区域、45个重点城市、360条公路运输线路上5000余家运输企业的信息进行统计分析的基础上编制而成的。普通货物运价指数体系由综合指数、整车指数、零担重货指数和零担轻货指数构成,三种运输形式货运量的权重分别设定为整车运输40%,零担(重货)40%,零担(轻货)20%。线路的权重以国家统计局的各地区货运量占全国货运量的比重为基准。以2006年1月5日的运输价格指数为基数100,其计算公式如下:

$$\text{TPI} = \left(0.4\sum_{i=1}^{360} P_{\text{FRL}_i} \cdot W_{\text{FTL}_i} + 0.4\sum_{i=1}^{360} P_{\text{LTLW}_i} \cdot W_{\text{LTLW}_i} + 0.2\sum_{i=1}^{360} P_{\text{LTLL}_i} \cdot W_{\text{LTLL}_i}\right) \cdot U$$

式中:TPI——某一天的运价指数;

P_{FRL_i}——第i条线路的整车运输平均价格;

W_{FTL_i}——第i条线路在整车运输中所占的权重,即该线路的货运量占总体货运量的比率;

P_{LTLW_i}——第i条线路的零担(重货)运输平均价格;

W_{LTLW_i}——第i条线路在零担(重货)运输中所占的权重;

P_{LTLL_i}——第i条线路的零担(轻货)运输平均价格;

W_{LTLL_i}——第i条线路在零担(轻货)运输中所占的权重;

U——归一化因子,即将运输价格折合为以2006年1月5日的运输价格为100的比率因子。

普通货物运价指数的建立有利于政府部门对公路运输市场的宏观调控,也有利于广大货主企业、物流企业、运输企业、代理企业等方便地获取市场信息,对我国公路货运市场向规范化发展具有推动作用。

2)全国道路货物运输价格指数

全国道路货物运输价格指数,描述的是我国道路运输市场价格的变动情况,反映道路运输市场结构和供需变化,由交通运输部每月发布一次。该指数体系根据主要货物类别将道路货物运输市场划分为煤炭运输、集装箱运输和普货整车运输,分别编制了煤炭运输价格指数、集装箱运输价格指数、普货整车运价指数3项综合运价指数。

在指数编制上,全国道路货物运输价格指数采取固定基期、固定加权的计算方法,选取陕西、山西、江苏、上海、浙江、广东等10个样本省(市),600多条道路运输样本线路,500多家规模道路运输企业,综合考虑样本线路权重、运价水平等因素。由10个样本省(市)的交通运输行业管理部门向当地样本道路运输企业采集基础数据,并计算编制各自省(市)的道路货物运输价格指数,交通运输部公路科学研究院在此基础上计算编制全国道路运输价格指数。

3. 其他相关研究进展

在铁路运价指数方面,北京交通大学中国交通运输价格研究中心主任李文兴教授进行了系统研究,提出了交通运输价格指数体系的内涵、指标和一套计算公式。按照运输产品类目范围的不同,将铁路运价指数分为单项指数、类指数和总指数3个层次。总指数由货物运价总指数和旅客运价总指数构成。货物运价总指数由整车、零担、集装箱货运总水平运价指数加权平均而得,权数为报告期整车、零担、集装箱货物周转量;客运总水平运价指数由各级别、席别客运运价指数加权平均而得,权数为报告期各级别、席别旅客周转量。并且以1955为基期,系统地编制了1955—2007年铁路客货运价总指数、157种主要货物的运价指数、比价指数以及运费占货物价格的比重,揭示了50多年来我国铁路运价变化的趋势及规律。此外,原铁道部经济规划研究院安世蔚,也对铁路运价指数的体系构成、水平构成及计算编制方法进行探讨,并对指数编制过程中涉及的统计数据及平均运距等问题进行了分析,其编制方法也选择了报告期资料为权数。目前,铁路运价指数编制的研究中多采用派氏公式。

在公路运价指数方面,逄诗铭对公路运输价格指数编制方法进行了研究,分析了样本选择、调查方法、价格采集和指数计算方法等问题,以及公路物流价格指数的影响因素。据分析,在计算运价指数时,取报告期资料做权数,即使用派氏公式,不仅包含价格变动,还包含数量变动的影响,而采用基期不变权数,即使用拉氏公式,不但方法简单,而且更符合纯价格比较原则。胡永举、郭燕等(1999年)曾对道路运价指数的作用及其编制方法进行过探讨,该研究参照我国商品零售价格指数和居民消费价格指数的计算方法,推荐用派氏公式进行计算。

在航运运价指数方面,武汉理工大学对我国沿海运价指数进行了理论探讨。该指数主要针对我国的沿海内贸市场提出,在定性分析的基础上选择了20个中等以上沿海港口作为基本港口,通过统计各港口在同一时间段内同一类货物的主要运量及运费率,选择有代表性的高比例航线。并选择某一年为基期,以当处货流统计为运量,选择标准运价加上适当的上浮率,计算各航线权数,根据当期船舶录入资料,计算各航线当期的平均运费率,运用拉氏指数计算。目前我国完成的运价指数编制工作还未涉及内河运输市场,若针对主要货运结构,建立合理的内河运价指数将有助于推动我国内河航运市场的健康发展。

第二节　港口价格指数的建立

一、指标体系构建

1. 构建原则

一是典型性和综合性,指标能够涵盖港口的大多数服务对象和基本服务内容。

二是科学性和代表性,指标能够真实、准确地反映所代表的港口服务内容的价格行情。

三是适应性和灵活性,指标能够适应港口服务市场发展并且能够进行灵活增添、删除或更新。

2. 指标体系

根据指标体系构建的基本原则,按照《中华人民共和国港口法》《港口经营管理规定》和《计费办法》界定的港口经营范围和服务内容,构建港口价格指标体系(图7-1)如下:

一是船舶港口服务价格指标,指为船舶提供码头、过驳锚地、浮筒等设施,为船舶进出港、靠离码头、移泊提供顶推、拖带等服务,为船舶提供岸电、燃物料、生活品供应及船舶污染物(含油污水、残油、洗舱水、生活污水及垃圾)接收、围油栏供应服务等船舶港口服务的相关价格指标。具体指标有:拖轮费、停泊费、围油栏使用费、船舶供应服务费、船舶污染物接收处理服务费。

二是旅客港口服务价格指标,指为旅客提供候船和上下船舶设施和服务的相关价格指标。具体指标有:港口作业包干费。

三是货物港口作业价格指标,指为货物提供装卸(含过驳)、仓储、港内驳运、集装箱堆放、拆拼箱以及对货物及其包装进行简单加工处理等,为委托人提供货物交接过程中的点数和检查货物表面状况的理货服务等货物港口服务相关的价格指标。具体指标有:港口作业包干费、库场使用费、理货服务费。

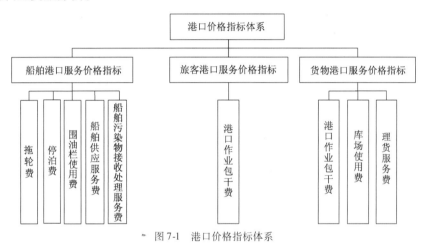

图 7-1　港口价格指标体系

二、指数构建

指数体系是反映同一类经济现象的综合指标,可以分解为许多指标相乘的积或者相加的和,由这些反映该类经济现象的指标和综合指标一起形成指标集称为指标体系。

1. 构建原则

一是综合性,构建的总指数能够综合反映我国港口服务市场整体价格行情变化和波动趋势。

二是典型性,构建的各分项指数能够反映港口各类服务市场的行情变化和波动趋势。

三是可持续性,构建的指数体系能够适应港口服务市场发展,持续为反映港口服务市场价格行情变化服务。

四是灵活性,构建的指数体系能够根据未来港口服务市场变化、政策变化因素等需要对指数体系相关内容进行灵活调整。

2. 指数体系

港口价格指数反映的是港口服务价格的变动程度,是用于描述港口经营市场价格的波动情况。根据港口价格指数体系构建的基本原则,依据已构建的港口价格指标体系,同时结合港口所在地区的特点、港口经营货类、港口经营服务环节等,提出我国港口价格指数体系的总体构架和细分指数的内容,构建港口价格指数体系如下:

港口价格指数体系由总指数和两级分项指数构成。总指数为港口服务价格总指数,一级分项指数为船舶港口服务价格指数、旅客港口服务价格指数、货物港口作业价格指数,一级分项指数货物港口作业价格指数下再设立二级分项指数,分别为集装箱港口作业价格指数、煤炭港口作业价格指数等分货类货物港口作业价格指数。具体如下:

1)总指数

即港口服务价格指数,综合反映我国港口服务市场包括船舶服务、旅客服务、港口作业等服务价格总体变化程度和波动趋势,通过该指数可监测我国港口经营市场一段时期内港口服务价格变动的总体状况。港口价格指数体系如图7-2所示。

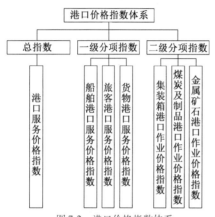

图7-2 港口价格指数体系

2)一级分项指数

(1)船舶港口服务价格指数,综合反映船舶港口服务价格的总体变化程度和波动趋势,通过该指数可监测港口经营市场内一段时期内船舶服务价格变动的总体状况。

(2)旅客港口服务价格指数,综合反映旅客港口服务价格的总体变化程度和波动趋势,通过该指数可监测港口经营市场内一段时期内旅客服务价格变动的总体状况。

(3)货物港口作业价格指数,综合反映货物港口作业价格的总体变化程度和波动趋势,通过该指数可监测港口经营市场内一段时期内货物港口作业价格变动的总体状况。

3)二级分项指数

港口作业的货物种类繁多,按照种类区分,目前港口作业的货物种类可分为煤炭及制品、石油天然气及制品、金属矿石、钢铁等17大类,加上集装箱,共有18大类。因而,根据港口作业货物种类及货物重要程度,货物港口作业价格指数的分项指数构建如下:

(1)集装箱港口作业价格指数,综合反映集装箱港口作业价格的总体变化程度和波动趋势。

(2)煤炭及制品港口作业价格指数,综合反映煤炭及制品港口作业价格的总体变化程度和波动趋势。

(3)金属矿石港口作业价格指数,综合反映金属矿石港口作业价格的总体变化程度和波动趋势。

4)区域或流域指数

根据我国港口的地域分布和规划布局,可以将我国港口划分为环渤海地区、长江三角洲地区、东南沿海、珠江三角洲、西南沿海、长江流域等不同地域或流域港口群,建立各区域或流域的港口价格指数及各级分项指数。

(1)环渤海地区港口价格指数及各级分项指数,反映环渤海地区港口一段时期内港口服务价格变动的总体状况,以及各分项服务或作业价格的总体变化程度和波动趋势。

(2)长江三角洲地区港口价格指数及各级分项指数,反映长江三角洲地区港口一段时期内港口服务价格变动的总体状况,以及各分项服务或作业价格的总体变化程度和波动趋势。

(3)东南沿海地区港口价格指数及各级分项指数,反映东南沿海地区港口一段时期内港口服务价格变动的总体状况,以及各分项服务或作业价格的总体变化程度和波动趋势。

(4)珠江三角洲地区港口价格指数及各级分项指数,反映珠江三角洲地区港口一段时期内港口服务价格变动的总体状况,以及各分项服务或作业价格的总体变化程度和波动趋势。

(5)西南沿海地区港口价格指数及各级分项指数,反映西南沿海地区港口一段时期内港口服务价格变动的总体状况,以及各分项服务或作业价格的总体变化程度和波动趋势。

(6)长江流域地区港口价格指数及各级分项指数,反映长江流域地区港口一段时期内港口服务价格变动的总体状况,以及各分项服务或作业价格的总体变化程度和波动趋势。

第三节 港口价格指数计算方法

一、计算方法

1.常用计算方法

指数计算方法通常有两种,一种是简单指数法,另一种是加权指数法。

(1)简单指数法,是指不采用权数的指数编制方法,计算结果简单、粗略,适用于无法取得权数的指数编制。

(2)加权指数法,是指采用权数的指数编制方法,可分为加权综合指数法、加权平均指数法。

①加权综合指数法。加权综合指数,是总指数的基本形式,它将不可同度量的经济变量通过同度量因素(即指数权数)的变量转换成可以相加的总量指标,然后以总量指标对比所得到的相对数来说明经济现象的综合变动,主要特点是"先综合,后对比",其计算方法简单,经济含义清晰,容易理解。同度量因素的选择就是权数的选择,权数乘以指数化指标的过程就是加权。根据权数选择时期的不同,又分为两种不同的指数计算方法,即拉氏指数和派氏指数。

拉氏指数,是以基期数量作为同度量因素(指数权数)来计算指数,也称固定加权综合指数。派氏指数,是以报告期数量作为同度量因素(指数权数)来计算指数,也称变数加权综合指数。

拉氏指数反映的是维持基期消费水平在报告期因价格变动而要多（或少）支出费用，但不能反映报告期实际消费结构在价格变动情况下的结果。在实践中，当报告期数量权数不易确定的情况下，大多采用拉氏公式计算指数，如世界上各国的消费价格指数；当报告期数量权数易确定的情况下，大多采用派氏公式计算指数，如世界上各国的股票价格指数。

②加权平均指数法。加权平均指数法，是以价值量为权数对个体指数进行加权平均，先计算个体指数，再对个体指数进行平均，以基期价值量指标为权数的加权平均指数与拉氏指数相同。

2. 基本原则

指数计算方法的选择一般应遵循以下基本原则：

（1）以加权指数法为基本计算方法。

（2）充分考虑统计资料的可获得性。

（3）计算方式、过程清晰、易懂、简明。

（4）计算结果对指标数据变化反应敏感。

（5）计算结果和结论具有显著经济意义。

3. 港口价格指数计算方法的选择

根据指数计算方法选择的基本原则，比较常用的指数计算方法，结合港口服务市场特点，并且考虑到报告期数量权数可能较难确定，因此，港口价格指数的计算方法倾向于选用拉氏指数，也就是固定加权综合指数，即以基期数量作为指数权数来计算指数。若报告期数量权数可以确定，港口价格指数计算方法也可以选用派氏指数。

二、指数计算

指数计算的三个核心要素分别是基期、权数及计算公式。

1. 基期

1）基期种类

指数基期一般有固定基期和递换基期两种。

（1）固定基期，指选定某一固定时间作为基期，形成的指数称为定期指数，反映某一经济现象在各时期与某一固定时期的对比变动情况，用以表明在一段较长时期内的变动程度和波动趋势。

（2）递换基期，指不以某一固定时间作为基期，各报告期都以上期时间为基期，形成的指数称为环比指数，反映某一经济现象在各时期与其前一时期的对比变动情况，用以表明前后两个时期的变化程度。

定期指数和环比指数可以相互转换。

2）基本原则

基期选择的基本原则有：

（1）符合指数所要反映的经济现象和指数编制要求。

（2）以研究对象比较稳定的时期作为基期。

（3）基期前后的统计资料要具有衔接性。

3）港口价格指数基期的选择

2014年底至2020年,国家有关部委陆续出台了一系列港口收费相关改革政策,对港口竞争性环节服务收费实行市场调节价,取消和归并了一些收费项目,降低了一些政府定价或政府指导价的收费标准,并且出台了计费办法明确了具体收费操作规则。经过5年多时间对港口收费改革政策的贯彻落实、逐步适应和调整完善,目前包括港口收费项目、服务内容、收费标准、操作流程等在内的整个港口服务价格新的体系已基本建立和稳定。

因而,根据基期选择的基本原则,比较不同基期种类的特性,结合港口服务市场特点,港口价格指数的基期选择采用固定基期,选取2016年1月为基期,基期基点为1000点。

2. 权数

1）权数含义

权数,是指用来衡量各单位标志值在总体中作用大小的数值,在计算指数上得到广泛的应用。权数决定指标的结构,权数如变动,绝对指标值也变动,所以权数是影响指标数值变动的一个重要因素。

2）权数分类

权数一般有两种表现形式,即绝对数和用相对数。相对数,也就是比重,是用绝对数计算出来的百分数表示的。权数的种类一般分为变动权数和固定权数。

（1）变动权数,指各个时期的指数使用不同时期的权数,优点在于计算结果实际意义强,但对衡量权数指标数值可获得性要求较高。

（2）固定权数,指各个时期的指数使用相同的权数,优点在于便于计算,计算结果容易比较,所计算的指数更能够体现所要反映的经济现象。

3）基本原则

权数选择的基本原则有：

（1）要符合指数所要反映经济现象的要求。

（2）要充分考虑数据可获得性。

（3）要充分考虑计算结果的实际经济意义。

4）港口价格指数权数的选择

权数的权衡是体现在各组单位数占总体单位数的比重大小上,工业生产指数通常将产品数量作为权重指标,零售物价指数通常将零售额作为权数指标。对于港口而言,主要服务对象有船舶、货物和旅客,船舶数量、货物和旅客吞吐量能够最直观地反映其对港口价格的影响程度。

因而,根据权重选择的基本原则,比较权重的形式和种类,结合港口服务市场特点,港口价格指数的权数选择如下:

(1)权数内容选择。船舶港口服务价格指数以船舶数量为权数分配依据,并结合专家打分法综合确定各港口的加权系数;旅客港口服务价格指数以旅客数量为权数分配依据,并结合专家打分法,综合确定各港口的加权系数;分货类货物港口作业价格指数以该货类货物吞吐量作为权数分配依据,并结合专家打分法,综合确定该货类货物各港口的加权系数。

(2)权数形式选择。一种可以采用变动权数加权,即以报告期的权数分配指标数据确定当期的权数;另一种是主要考虑到权数分配指标数据在实时获取上存在难度,因而采用固定权数加权,以基期的权数作为固定权数,且权重系数每1年或3年重新确定并调整一次。

3. 计算公式

上面提到,港口价格指数的计算方法倾向于选用拉氏指数,即固定加权综合指数,采用固定对比基期,固定权数,编制定基指数。拉氏公式通俗易懂,计算方便,世界各国普遍使用。其计算公式为:

$$L_n = \frac{\sum q_0(i)p_n(i)}{\sum q_0(i)p_0(i)}$$

式中:n——报告期;

L_n——拉氏指数;

$q_0(i)$——第 i 种商品的基期数量;

$p_0(i)$——第 i 种商品的基期价格;

$p_n(i)$——第 i 种商品的报告期价格。

若港口价格指数的计算方法选用派氏指数,即变数加权综合指数,采用固定对比基期,变动权数,编制定基指数。其计算公式为:

$$P_n = \frac{\sum q_n(i)p_n(i)}{\sum q_n(i)p_0(i)}$$

式中:n——报告期;

P_n——派氏指数;

$q_n(i)$——第 i 种商品的报告期数量;

$p_0(i)$——第 i 种商品的基期价格;

$p_n(i)$——第 i 种商品的报告期价格。

同时,也可以通过以下计算公式推算出港口价格指数环比指数。

采用拉氏指数情况下,计算公式为:

$$\frac{\sum q_0(i)p_n(i)}{\sum q_0(i)p_0(i)} \div \frac{\sum q_0(i)p_{n-1}(i)}{\sum q_0(i)p_0(i)}$$

采用派氏指数情况下,计算公式为:

$$\frac{\sum q_n(i)p_n(i)}{\sum q_n(i)p_0(i)} \div \frac{\sum q_{n-1}(i)p_{n-1}(i)}{\sum q_{n-1}(i)p_0(i)}$$

第四节 样本选择与数据采集

一、样本选择

1. 样本类型

根据已构建的港口价格指数指标和指数体系,港口价格指数样本类型可分为港口服务对象样本、港口价格类型样本、港口地域样本及港口经营人样本四种。

2. 样本选取

1)港口服务对象样本

根据《中华人民共和国港口法》《港口经营管理规定》和《计费办法》界定的港口经营范围以及港口的服务内容和服务对象,港口服务样本选取船舶、旅客和货物3种,其中货物样本又选取集装箱、煤炭及制品等近18种,详见图7-3。

2)港口价格类型样本

样本价格要具备典型性和代表性,同时要容易统计和搜集。根据目前港口收费政策和计费办法的有关规定以及港口收费的实际情况,港口价格类型样本选取《计费办法》所规定的11项港口经营性收费项目,即拖轮费、停泊费、围油栏使用费、船供服务费、船舶污染物接收处理服务费、港口作业包干费、库场使用费和理货费等。

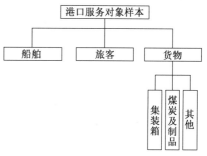

图7-3 港口服务对象样本

3)港口地域样本

样本港口要具备一定的分布性,涵盖我国沿海和主要内河港口,同时要具有典型性和代表性,即具有较大吞吐量的港口,并且对国家和区域经济有较大影响。根据我国港口发布现状和沿海港口规划布局,港口地域样本选取环渤海地区港口群、长三角地区港口群、东南沿海地区港口群、珠江三角洲地区港口群、西南沿海地区港口群和长江沿线港口群6个港口群,总共51个港口样本,详见表7-1。

4)港口经营样本数据提供人

样本企业要具备一定的分布性,包括不同企业性质、经营规模等,经营合法规范,管理科学,同时要具有较好的数据统计工作基础。因而,港口经营样本数据提供人选取70家。

港口价格指数选取的港口地域样本　　表 7-1

港口群序号	港口群	港口样本序号	港口样本	港口经营样本数据提供人序号	港口经营样本数据提供人
1	环渤海地区港口群	1	丹东港	1	丹东港集团有限公司
		2	大连港	2	大连港集团有限公司
		3	营口港	3	营口港务集团有限公司
		4	锦州港	4	锦州港股份有限公司
		5	黄骅港	5	神华黄骅港务有限责任公司
		6	唐山港	6	唐山港集团股份有限公司
				7	唐山港口实业集团有限公司
				8	唐山曹妃甸文丰码头有限公司
				9	河北港口集团有限公司
		7	天津港	10	天津港(集团)有限公司
				11	天津南港工业区港务有限公司
				12	天津临港港务集团有限公司
		8	烟台港	13	烟台港集团有限公司
				14	烟台港万华工业园码头有限公司
				15	龙口港集团有限公司
		9	威海港	16	威海港集团有限公司
		10	青岛港	17	青岛港(集团)有限公司
		11	日照港	18	日照港集团有限公司
				19	日照岚桥港务有限公司
2	长三角地区港口群	12	上海港	20	上海国际港务(集团)股份有限公司
		13	连云港港	21	连云港港口控股集团有限公司
		14	宁波舟山港	22	宁波舟山港集团有限公司
		15	温州港	23	温州港集团有限公司
				24	温州港投资开发有限公司
		16	福州港	25	福州港务集团有限公司
		17	莆田港	26	莆田港务集团有限公司
		18	泉州港	27	泉州港务集团有限公司
3	东南沿海地区港口群	19	厦门港	28	厦门港务控股集团有限公司
				29	厦门海投通达码头有限公司
		20	汕头港	30	汕头港务集团有限公司
		21	惠州港	31	惠州港业股份有限公司
		22	深圳港	32	深圳赤湾港航股份有限公司
				33	招商港务(深圳)有限公司
				34	深圳市盐田港集团有限公司

续上表

港口群序号	港口群	港口样本序号	港口样本	港口经营样本数据提供人序号	港口经营样本数据提供人
4	珠江三角洲地区港口群	23	广州港	35	广州港集团有限公司
		24	珠海港	36	珠海高栏港务有限公司
				37	珠海港控股集团有限公司
		25	阳江港	38	阳江市保丰码头有限公司
		26	茂名港	39	茂名市港口经营有限公司
				40	招商局国际有限公司
5	西南沿海地区港口群	27	湛江港	41	湛江港(集团)股份有限公司
		28	钦州港	42	钦州市港口(集团)有限责任公司
		29	防城港	43	广西北部湾国际港务集团有限公司
		30	海口港	44	海南港航控股有限公司
		31	八所港	45	海南八所港务有限责任公司
		32	三亚港	46	三亚港务局
6	长江沿线港口群	33	南京港	47	南京港(集团)有限公司
		34	镇江港	48	镇江港务集团有限公司
		35	张家港港	49	张家港港务集团有限公司
				50	张家港港新重装码头港务有限公司
		36	南通港	51	南通港口集团有限公司
				52	南通通海港口有限公司
		37	江阴港	53	江苏江阴港港口集团股份有限公司
		38	扬州港	54	扬州港务集团有限公司
		39	泰州港	55	泰州港务集团有限公司
		40	岳阳港	56	岳阳城陵矶港务有限责任公司
		41	马鞍山港	57	马鞍山港口(集团)有限公司
				58	马鞍山天顺港口有限公司
		42	芜湖港	59	芜湖港口交通投资有限公司
		43	铜陵港	60	铜陵港务有限责任公司
		44	安庆港	61	安庆港务总公司
		45	九江港	62	上港集团九江港务有限公司
		46	武汉港	63	武汉港务集团有限公司
				64	武汉市港口运输集团有限公司
				65	武汉经开港口股份有限公司
		47	黄石港	66	黄石港务集团有限公司
		48	荆州港	67	荆州港务集团公司
		49	宜昌港	68	宜昌港务集团有限公司

续上表

港口群序号	港口群	港口样本序号	港口样本	港口经营样本数据提供人序号	港口经营样本数据提供人
6	长江沿线港口群	50	重庆港	69	重庆港务物流集团有限公司
		51	宜宾港	70	四川宜宾港有限责任公司

二、基础数据采集

1. 采集方式和渠道

数据采集工作是港口价格指数编制工作的基础,而选取科学、合理的数据采集方式以及建立稳定和畅通的数据采集渠道是数据采集工作的重点。港口价格指数的数据采集工作可采用两种数据采集方式,一种是港口经营人统计人员报送,另一种是指数编制数据员调查,两种方式互补。

港口经营人统计人员报送,就是样本港口经营人指定本单位专人,按照指数数据采集的内容、格式等具体要求,定期、主动向指数编制部门报送相关数据。其数据报送的渠道有:专门开发的数据网上报送系统、电子邮件、社交平台、传真或电话等。

指数编制数据员采集,就是指数编制部门选定专人定期向样本港口经营人调查、采集相关数据。其数据采集的渠道有:电子邮件、社交平台、电话、传真或现场采集等。

为保障数据采集工作的准时、准确、便捷、高效,应尽可能地开发和应用专门的数据网上报送系统。

2. 采集内容和要求

数据采集内容有3个方面,一是港口经营人基本信息,二是港口服务或作业数量数据,三是港口价格数据。

(1)港口经营人基本信息采集。指港口经营人名称、经营地点、业务范围、资产规模、生产经营状况等基本信息采集。这部分信息在选取样本港口经营人时进行采集,主要以搜寻港口经营人公开信息方式获取,当信息不健全时也可以通过港口经营人统计人员报送或指数编制数据员采集方式获取。这部分信息原则上1年采集一次,如果发现变更及时进行更新。

(2)港口服务或作业数量数据采集。指港口服务的船舶数量、旅客数量以及港口作业的各类货物吞吐量数据采集,这部分数据是作为港口价格指数编制时权重分配使用。若采用固定权数加权,则在基期或调整权重时进行采集,一般1~3年采集一次;若采用变动权数加权,则每个月采集一次,采集时间为每月15日。

(3)港口价格数据采集。指目前规定的港口经营人提供港口作业或服务可以收费的11项港口经营性收费项目具体价格的采集。这部分数据要求是港口经营人实际执行的价格,每个月采集一次,采集时间为每月 15 日。

3. 数据采集质量控制

在使用基础数据进行港口价格指数计算前,要保证基础数据的准确性,必须对采集的基础数据进行审查检验和技术处理。

审查检验主要可以通过 3 种方式。一是常规检查,指对采集的基础数据进行常识性观察、前后对比等进行判断;二是系统检验,指对采集的基础数据录入数据处理系统或进行指数试算后,筛选并判定是否为异常数据;三是其他渠道。

对于发现的异常数据,必须及时向采集对象核对、纠正,并进行最终审核确认。对最终审核无误的异常数据,要及时查明原因,进行技术处理,比如对当期的这项数据采用一段时间内的平均值进行代替等方式。

4. 数据采集组织保障

为保障基础数据采集工作的长效进行,要有健全的组织保障体系,必修建立完备的组织机构和稳定、高效的数据采集人员队伍。具体如下:

一是指数编制办公室下设数据采集组,承担基础数据的采集、录入和审核的工作职能。

二是数据采集组设置专职数据采集员、样本企业统计人员,具体负责基础数据日常采集、录入和审核的工作人员。专职数据采集员可以由指数编制机构所在单位工作人员兼任或专门外聘。样本企业统计人员可由样本企业推荐专人担任。

三是数据采集督导人员。负责协调数据采集组和样本企业,共同做好数据采集工作。督导人员可由指数编制机构主要领导和样本港口企业分管领导担任。

第五节　指数编制和发布

一、指数编制

1. 基础数据采集

一是数据采集员向样本企业采集数据,或样本企业统计人员向数据采集组报送基础数据。

二是数据采集员对采集的数据签章,或样本企业统计人员对报送的数据签章或盖单位公章。

三是若采用网上数据采集系统,则数据采集员或样本企业统计人员按网上数据报送统一格式录入。

四是数据采集督导人员随时协调样本企业报送基础数据。

2. 基础数据审核

一是数据采集组设置专人,按照基础数据审核相关规定对上报的基础数据进行审查检验。

二是对审核查验出的异常数据进行核实、纠正和技术处理。

3. 指数具体编制

一是指数编制办公室下设指数编制组,负责港口价格指数的具体编制工作。

二是指数编制组按照港口价格指数编制方法计算当期总指数、分级指数和区域指数等。

三是指数编制组根据当期港口价格指数编写分析报告。

四是指数编制组对港口价格指数计算方法、权重、指标、样本等提出调整方案,经指数编制办公室通过,提交指数编制委员会决策。

二、指数发布

(1)指数编制办公室下设指数发布组,负责港口价格指数的发布工作。

(2)指数编制组完成当期港口价格指数编制后,提交指数编制办公室审核,对外发布。

(3)发布内容包括港口价格指数体系的总指数、分级指数和区域指数等及相关趋势图。根据循序渐进、成熟一个发布一个的原则进行。

(4)发布时间为每月发布1次,每月中下旬发布上月港口价格指数。

(5)发布方式为在交通运输部官网、行业核心媒体上第一时间发布。

三、指数延伸应用

(1)根据港口价格指数,每月或定期编写港口价格指数分析报告,解读港口价格指数变化行情和趋势。

(2)根据港口价格指数变化和趋势,利用同比与环比、区域指数、分货类指数等比较,多层次多角度分析政策环境、市场变化、重大事件等对港口经营市场的影响、未来发展趋势预测等。

第六节 集装箱港口作业价格指数编制

一、样本选择

1. 港口地域样本

选取环渤海地区港口群、长三角地区港口群、东南沿海地区港口群、珠江三角洲地区港口群、西南沿海地区港口群和长江沿线港口群的各个港口。

2. 港口经营人样本

中国港口协会会员中的所有港口经营人都纳入样本范围,其他非会员根据需要按照自愿原则加入。考虑到代表性和规模性,以及按照样本范围逐步扩充、稳步推进的原则,以下港口经营人可先行纳入样本范围。

（1）环渤海地区的丹东港集团有限公司、大连港集团有限公司、营口港务集团有限公司、天津港(集团)有限公司、烟台港集团有限公司、青岛港(集团)有限公司、日照港集团有限公司。

（2）长三角地区的连云港港口控股集团有限公司、太仓国际集装箱码头有限公司、上海国际港务(集团)股份有限公司、宁波舟山港集团有限公司。

（3）东南沿海地区的福州港务集团有限公司、泉州太平洋集装箱码头有限公司、厦门港务控股集团有限公司。

（4）珠三角地区的汕头港务集团有限公司、深圳赤湾港航股份有限公司、蛇口集装箱码头有限公司、盐田国际集装箱码头有限公司、广州港集团有限公司、珠海港控股集团有限公司。

（5）东南沿海地区的湛江港(集团)股份有限公司、广西北部湾国际港务集团有限公司、海南港航控股有限公司。

（6）长江沿线的南通港口集团有限公司、张家港港务集团有限公司、南京港(集团)有限公司、武汉港务集团有限公司、重庆港务物流集团有限公司、四川泸州港务有限责任公司。

二、指标选取

集装箱港口作业价格指数，用于综合反映集装箱港口作业价格的总体变化程度和波动趋势，在港口价格指数体系中分属于一级分项指数货物港口作业价格指数下的二级分项指数。在编制集装箱港口作业价格指数时，选取货物港务费、港口设施保安费、港口作业包干费和库场使用费四项价格指标，详见图7-4。

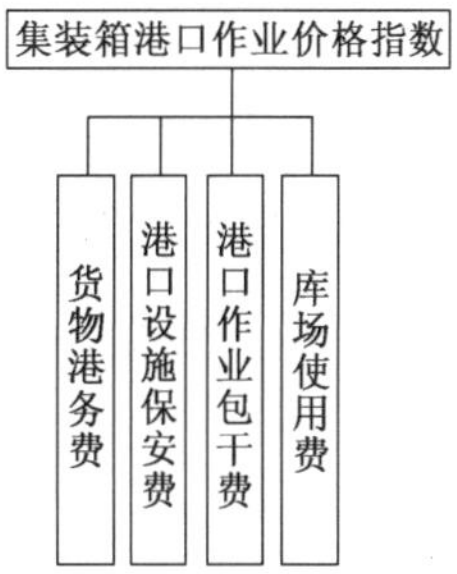

三、计算方法

集装箱港口作业价格指数的计算方法，选用拉氏指数，也就是固定加权综合指数，即以基期数量作为指数权数来计算指数。

图7-4 集装箱港口作业价格指数

四、指数计算

1. 基期选择

集装箱港口作业价格指数的基期选择，采用固定基期，选取2016年1月为基期，基期基点为1000点。

2. 权数选择

1）权数内容选择

集装箱港口作业价格指数的权数内容选择上，选用两种权数内容进行分配。

以港口作业包干费和库场使用费2项价格指标作为权数分配依据，用于计算上述2项价格指标对某一港口经营人的集装箱港口作业价格的贡献。

以集装箱吞吐量作为权数分配依据,用于计算集装箱吞吐量对于某一港口经营人在区域、流域或者全国的集装箱港口作业价格的贡献。

2) 权数形式

集装箱港口作业价格指数的权数形式选择上,采用变动权数加权和固定权数加权相结合的方式。

以港口作业包干费和库场使用费 2 项价格指标的占比作为权数分配的某一港口经营人的集装箱港口作业价格(指数)采用固定权数加权。

以集装箱吞吐量作为权数分配的区域、流域或全国集装箱港口作业价格指数采用变动权数加权。

3. 计算公式

1) 某一港口经营人的集装箱港口作业价格指数

(1) 第一步:计算某一港口经营人的集装箱港口作业价格中 4 项价格指标各自的权重,等于基期各指标与 4 项指标之和的比值,计算公式如下:

$$X_{k_j^i} = \frac{M_{k_j^i}}{\sum_{k_j^i=1}^{k_j^i} M_{k_j^i}}$$

式中:$X_{k_j^i}$——第 j 个区域第 i 个港口经营人第 k_j^i 个价格指标的权重;

$M_{k_j^i}$——第 j 个区域第 i 个港口经营人第 k_j^i 个价格指标数值。

在计算的基础上,根据实际情况进行专家打分,最终确定各自权重,且以基期权数作为固定权数。

(2) 第二步:计算某一港口经营人的集装箱港口作业价格,等于报告期五项集装箱港口作业价格指标分别乘以各自权重,计算公式如下:

$$P_{ij} = \sum_{k_j^i=1}^{k_j^i} P_{k_j^i} \cdot X_{k_j^i}$$

式中:P_{ij}——报告期第 j 个区域第 i 个港口经营人的集装箱港口价格;

$P_{k_j^i}$——报告期第 j 个区域第 i 个港口经营人第 k_j^i 个价格指标的数值。

由于 4 项价格指标中的集装箱港口作业包干费,又是由装卸船、场内作业、查验辅助作业、集装箱场站作业等多个环节价格构成,所以集装箱港口作业包干费价格也可按照上述方法计算。

(3) 第三步:计算某一港口经营人的集装箱港口作业价格指数,等于报告期集装箱港口作业价格与基期集装箱港口作业价格的比值,计算公式如下:

$$Y_{ij} = \frac{P_{ij}}{\hat{P}_{ij}} \times 100\%$$

式中：Y_{ij}——报告期第 j 个区域第 i 个港口经营人的集装箱港口作业价格指数；

$\hat{P}_{ij}$——基期第 j 个区域第 i 个港口经营人的集装箱港口作业价格。

上述计算方法可分别计算内贸集装箱和外贸集装箱的港口作业价格指数。

2）某一区域或流域集装箱港口作业价格指数

（1）第一步：计算某一港口经营人的集装箱吞吐量在某一区域的权重，等于该港口经营人的集装箱吞吐量与该区域样本港口经营人集装箱吞吐量之和的比值，计算公式如下：

$$X_i = \frac{Q_{ij}}{\sum_{i=1}^{i} Q_{ij}}$$

式中：X_i——第 i 个港口经营人的集装箱吞吐量占该区域的权重；

Q_{ij}——第 j 个区域第 i 个港口经营人的集装箱吞吐量。

该权重的确定，一种是以基期权数作为固定权数，在计算的基础上，还可以根据实际情况进行专家打分，最终确定各自权重；另一种是以报告期权数作为变动权数。

（2）第二步：计算某一区域或流域集装箱港口作业价格，等于报告期该流域各样本港口经营人集装箱港口作业价格乘以其集装箱吞吐量占该区域的比重，计算公式如下：

$$P_j = \sum_{i=1}^{i} P_i \cdot X_i$$

式中：P_j——报告期第 j 个区域的集装箱港口作业价格；

P_i——报告期第 j 个区域的第 i 个港口经营人的集装箱港口作业价格。

（3）第三步：计算某一区域或流域集装箱港口作业价格指数，等于报告期该区域或流域集装箱港口作业价格与基期该区域或流域集装箱港口作业价格的比值，计算公式如下：

$$Y_j = \frac{P_j}{\hat{P}_j} \times 100\%$$

式中：Y_j——报告期第 j 个区域的集装箱港口作业价格指数；

$\hat{P}_j$——基期第 j 个区域的集装箱港口作业价格。

3）全国集装箱港口作业价格指数

（1）第一步：计算某一港口经营人的集装箱吞吐量占全国的比重，等于该港口经营人的集装箱吞吐量与所有样本港口经营人集装箱吞吐量之和的比值，计算公式如下：

$$X_{ij} = \frac{Q_{ij}}{\sum_{j=1}^{J} \sum_{i=1}^{I} Q_{ij}}$$

式中：X_{ij}——第 j 个区域第 i 个港口经营人的集装箱吞吐量占全国的权重。

（2）第二步：计算全国集装箱港口作业价格，等于报告期各样本港口经营人集装箱港口作业价格乘以其集装箱吞吐量占全国的比重，计算公式如下：

$$P = \sum_{j=1}^{J} \sum_{i=1}^{I} P_{ij} \cdot X_{ij}$$

式中：P——报告期全国港口集装箱港口作业价格。

（3）第三步，计算全国集装箱港口作业价格指数，等于报告期全国集装箱港口作业价格与基期全国集装箱港口作业价格的比值，计算公式如下：

$$Y = \frac{P}{\hat{P}} \times 100\%$$

式中：Y——报告期全国集装箱港口价格指数；

$\hat{P}$——基期全国集装箱港口作业价格。

4. 实证研究

现阶段，数据采集还没有完成，待数据采集完备后，可以用相关数据对我们建立的模型进行实证研究。

完善我国港口收费体系的保障措施

第一节 港口非经营性收费的改革措施建议

一、总体思路

结合我国港口发展国情,通过费收保障港口公用基础设施建设、维护和管理资金来源。近期统筹考虑港建费和货物港务费的调整改革,满足港口发展需要,解决社会关切问题;远期在新的《中华人民共和国港口法》修订,理顺港口公用基础设施管理体制后,推动建立适合国情的港口公用基础设施维护和管理的长效资金保障机制,明确中央与地方事权,建立港口维护管理的专项资金,确保我国港航队伍行政经费和港口公用基础设施维护和管理资金来源稳定,促进我国港口持续健康发展。

二、措施建议

一是推动港口公用基础设施管理机制改革。加快推进《中华人民共和国港口法》的修订,进一步厘清港口公用基础设施管理体制机制,尤其港口资源整合后的管理机制。按照交通运输部、国家发展改革委、财政部对2项规费调整改革的最新要求,推动我国港口公用基础设施维护管理资金保障机制工作。

二是充分用好港口建设维护专项资金。如港口建设费和货物港务费合一,港口公用基础设施的建设与维护必须继续采取"专项资金"形式获得保障,并且资金规模不得低于现行港口建设费专项用于港口公用基础设施建设与维护的部分及货物港务费二者之和。将港口公用基础设施项目与港口非公用基础设施项目严格区分开来,专款专用,切实将专项资金真正用于港口公用基础设施建设维护。

三是建立一般财政资金保障机制。建议由港口所在地人民政府从一般财政资金中拿出一定比例资金设立专项资金,专项用于港口公用基础设施建设与维护,专款专用。此外,港口管理部门还应积极向政府及财政部门争取从地方政府债券中拿出一定比例用于港口公用基础设施的建设维护,以对应的一般预算收入偿还。

四是受益企业共同分担模式。按照"谁受益谁负担"的原则,采取受益企业按照一定分摊比例共同承担港口公用基础设施建设维护资金的模式,探索各受益企业分摊机制。

第二节 港口经营性收费(港口价格)的改革保障措施

一、建立港口价格法律保障

从国际经验来看,港口收费应具有良好的法律保障,日韩两国港口费收的法规也比较完善,港口费收标准制订比较合理,基本上不存在乱收费的问题。

因此,为促进和保护港口市场的公平竞争,应遵照国家颁布的《中华人民共和国价格法》《中华人民共和国反不正当竞争法》《制止牟取暴利的暂行规定》等法规,按照市场规则和港口的技术经济特性,站在社会公共利益的高度,制定与现行法律、法规相配套的政策体系,调控价格水平,规范价格行为,维护公平竞争的市场秩序,逐步完善港口价格形成机制。

二、改进港口定价调价机制

《中华人民共和国港口法》确立了"政企分开"的港口管理体制,港口企业成为自主经营、自负盈亏的法人实体。随着港口成为物流和贸易中心,港口企业开始为船方和货方提供更多的增值服务,目前,这些服务的港口价格也应在港口价格改革方案中体现。以适应港口管理体制改革和社会主义市场经济体制,体现港口作为公共基础设施的社会属性和市场经营的双重属性。

由于"港口收费"已列入中央定价目录,价格调整需国家发展改革委、交通运输部发布相关文件,建议借鉴日本、韩国港口收费调整的经验,对实行政府定价和政府指导价的项目,建立定期调整机制。参照国内物价指数的变化,由国家发展改革委会同交通运输部每一两年对中央定价目录"港口收费"相关费目的收费标准调整一次,充分吸纳社会各方面的意见。

三、逐步实现内外贸货物的统一定价

我国部分内外贸货物的港口收费实现不同的标准,但从成本角度看,内、外贸货物的作业成本基本相同,在逐步放开市场、扩大企业自主定价的情况下,建议逐步实现内外贸货物的统一定价。

四、加大港口收费监管力度

建议研究和制定适合社会主义市场经济条件的《港口价格监管办法》。制定港口价格执

行过程中的反倾销、垄断和听证等制度,规定中央和地方港口管理和物价部门的职责等,使港口价格监管有章可循,便于执行。

港口价格主管部门和行业协会要重视港口价格信息工作,发挥行业协会和科研院所的作用,搜集和整理港口价格信息,及时掌握港口价格动态,测算港口价格的成本,利用港口价格信息网络,定期或不定期发布港口价格指数、港口经营人价格信用信息,便于监测港口价格水平的波动进行,进一步完善港口价格公示制度,建立和实施港口收费目录清单管理制度,便于客户了解港口市场的价格行情,避免港口不合理收费。及时发现港口价格违法倾向性问题,预判价格违法的发展态势、影响程度,及时发出预警预报信号,提出价格监管处置的对策措施。

根据中编办的"三定方案",交通运输部承担"水路运输市场监管责任",对《价格法》明确规定的违法行为认定权属于国家发展改革委,交通运输部对违法行为根据需要实施调查,并提出认定和处理建议;对与价格违法行为直接相关,但又不是《价格法》明确规定的违法行为,交通运输部可以实施调查和处理,并辅以政策引导、经济激励、信息公开等手段,交通运输部门要充分发挥了解行业、熟悉产业的优势,及时掌握、分析港口价格变动情况,与发改委联合或独立处罚价格违法行为。

第三节　港口价格监管对策建议

一、调整价格管理工作重点

调整各级价格管理部门对港口价格管理的工作重点。我国宏观经济管理部门是国家发展改革委、财政部、中国人民银行,它们是价格总水平的管理部门,通过各自的职能来实现价格总水平的管理,即价格的宏观调控。

按《价格法》的规定,省级以下物价局作为各级政府的价格主管部门和依法行政治价的执法主体,其主要任务是对港口价格监管进行直接管理,是微观层次的管理。

省级及以上物价部门的工作重点,以间接管理为主,主要是规范市场价格行为的管理,利用所有法律工具依法治价,为本区域范围内的港口企业营造公平竞争的环境,是宏观层次的管理。如负责牵头与相邻地区(省、市)的有关部门共同协调、规范港口价格行为等。目的是为更好地发挥市场机制的核心——价格杠杆的调节作用,促进和保证市场经济快速健康发展。

二、加强行业市场行政管理

港口行政管理部门会同物价部门划定港口收费项目的定价权限,推进港口价格形成机制,制定属于政府定价、政府指导价收费项目的具体价格标准和浮动幅度,努力提高定价的科学性。对市场调节价依法进行行政干预,防止和克服市场的盲目性。建立港口价格法规体系,制定港口价格管理的有关规章制度,规范企业的价格行为。协调各地区、各运输企业间以及与货主间的价格事宜。研究建立价格信息网络,为科学管理港口价格提供依据。宣传价格政策,对港口行业进行价格政策指导和业务培训。帮助企业加强内部价格管理,完善调价定价程序。与物价部门、行业协会共同建立价格监督检查组织,定期组织检查,以维护正常价格秩序。

三、建立价格管理秩序

改革港口价格形成机制,要防止放任自流,不能把放开简单地理解为彻底放开,必须建立价格管理秩序,为此,港口企业价格管理主要内容有:

遵守价格政策及有关形成市场价格的规定,在允许范围内自行确定具体价格。建立企业内部的价格管理制度和定价程序,使市场价格的形成做到规范化、制度化、程序化。执行价格制度,不搞越权定价,不擅自变更上级规定的价格,自觉接受税收、物价和交通主管部门的价格监督检查。规范价格行为,不利用价格欺诈行为牟取暴利、不趁机乱涨价、不巧立名目滥收费,也不搞低价倾销乱杀价。企业管理人员要提高价格知识水平,学习价格理论,适应市场经济的价格管理方式。

第四节 港口价格指数相关建议与保障措施

一、运营和管理模式建议

1. 主要模式

目前,国内外指数运营管理模式,大致可分为两种,一是政府主导,二是企业主导。

(1)政府主导下的指数运营管理模式。指政府指定或委托相关单位或机构,代表政府行使行业管理职能,负责指数编制和发布,以收取会费、会员刊登广告服务收入等形式作为指数运营和管理费用,维持指数日常运营和管理。

(2)企业主导下的指数运营管理模式。指由企业、行业协会组建指数编制委员会,负责指数编制和发布工作,以收取会费和提供有偿查询报告等形式作为指数运营和管理费用,维持指数日常运营和管理。

2. 港口价格指数的运营和管理模式

港口价格指数编制工作,经过了国家发展改革委价格司和交通运输部水运局同意,为监控港口经营市场价格运行情况提供工具,为制定相关政策和宏观调控提供依据;同时也是港口行业自发的,为提供港口价格信息,研判港口经营市场价格变化趋势,制定经营策略提供参考。

因此,建议港口价格指数的运营和管理模式采取政府主导、企业辅助的模式,由政府、行业协会、科研机构、港口经营人等各方所共同组建港口价格指数编委会,负责港口价格指数的编制和发布工作。

二、建议成立相关组织机构

港口价格指数编制和发布、运营和管理是一项长期工作,仅靠单个机构或行业协会的力量工作难度大,需要调动政府主管部门、行业协会、科研机构企业单位等多方力量共同开展好,必须建立一个强有力的保障机制,组建一个公正权威、权责清晰、制度健全、执行有力的组织机构。建议港口价格指数运营和管理组织机构具体如下:

1. 指导部门

由国家发展改革委价格司、交通运输部水运局对港口价格指数编制和发布工作进行指导。

2. 指数编制委员会

由交通运输部水运局、中国港口协会、交通运输部科学研究院、部分港口企业等有关单位主要领导和行业权威人士组成港口价格指数编制委员会,负责指数运营、管理的指导和监督工作以及对指数编制方案制订或调整等重大事项的决策。

1)编委会工作职责

编委会负责港口价格指数编制、发布、运营、管理的指导和监督工作,并对指数编制方案制订或调整等重大事项进行决策。

编委会下设编制办公室,具体负责港口价格指数的编制和发布工作,包括数据采集、指数编制和发布、分析报告撰写、修订方案拟定等工作。

编委会另设专家组,对港口价格指数编制和发布、编制方案修订或调整等提供专业建议。

2)编委会组成

主任单位:交通运输部水运局

常务副主任单位:中国港口协会

　　　　　　　交通运输部科学研究院

副主任单位:大连港集团有限公司

　　　　　　河北港口集团有限公司

　　　　　　天津港(集团)有限公司

　　　　　　青岛港(集团)有限公司

　　　　　　上海国际港务(集团)股份有限公司

　　　　　　宁波舟山港集团有限公司

　　　　　　厦门港务控股集团有限公司

　　　　　　广州港集团有限公司

　　　　　　广西北部湾国际港务集团有限公司

　　　　　　南京港(集团)有限公司

武汉港务集团有限公司

重庆港务物流集团有限公司

成员单位:其他各样本港口企业

编委会主任由交通运输部水运局领导担任。常务副主任由中国港口协会领导、交通运输部科学研究院领导担任,副主任由港口企业领导担任,其他各样本港口企业领导或业务部门负责人任编委会成员,具体人员由各担任自行推荐。

编委会单位或人员的增减、更换、职务变更等,由编委会办公室提交编委会会议研究决定。

3)编委会工作机制

(1)编委会每年定期召开一次全体会议,对一年来港口价格指数编制、发布、运营和管理工作进行总结,对下一年度工作任务和重要问题进行研究。

(2)编委会根据实际需要每年不定期召开工作会议或通讯会议,对指数编制方案调整、编委会组成调整以及其他突发情况进行研究,参加对象为主任委员、常务副主任委员和副主任委员,人数或书面反馈超过半数有效。

(3)编制办公室每季度向编委会报告港口价格指数编制和发布相关情况,每年度形成港口价格指数编制和发布的工作报告。

3. 指数编制办公室

指数编制委员会下设指数编制办公室,负责港口价格指数编制和发布工作,包括数据采集、指数编制和发布、分析报告撰写、修订方案拟定等工作。

指数编制办公室除下设数据采集组、指数编制组外,还设立技术支持组,负责数据采集信息系统、指数计算系统等的日常维护和支持。

4. 指数编制专家组

指数编制委员会另下设指数编制专家组,负责对港口价格指数编制和发布、编制方案修订或调整等提供专业建议。

三、保障机制

1. 制度保障

(1)建立港口价格指数编制委员会,统筹港口价格指数编制、发布、运营、管理的指导和监督工作。

(2)建立港口价格信息报备制度,由交通运输部赋予港口价格指数编制委员会港口价格信息备案职能,以确保价格信息能够及时、准确搜集。

(3)由港口价格指数编制委员会与港口企业签订港口价格指数合作战略合作协议,共同合作,共享成果。

(4)督促协会会员单位自觉履行提供港口价格信息义务。

2. 经费保障

为了保证港口价格指数编制和发布工作健康、可持续开展,通过以下几种或多种渠道筹措指数运营和管理费用,以提供必要的经费保障。

(1)政府购买服务。

(2)政府提供专项补贴。

(3)编委会所有成员缴纳专项基金支持。

(4)刊登广告服务收费。

(5)其他经费来源。

3. 保密制度

建立价格数据信息保密责任制度,港口价格指数编制相关人员签订保密协议。

附录一

大连港船舶引航拖轮配备标准

第一章 总 则

第一条 为确保船舶和港口设施安全,提高引航工作效率,规范引航拖轮的配备使用,根据交通运输部《船舶引航管理规定》(2001年部令第10号)和新版《计费办法》(交水发〔2017〕104号),结合大连港引航工作实际,参照国内外港口惯例,在总结多年经验的基础上,对现行引航作业中使用拖轮的有关规定进行了修订完善,制定《大连港船舶引航作业拖轮配备标准》(以下简称《标准》)。

第二条 本《标准》适用于大连市辖区内所有港区泊位的引航作业。

第三条 本《标准》中的有关名词解释。

3.1 船舶:指申请引航的各类水上运输工具和海洋工程设施等。

3.2 LOA:被引船舶的总长度(米)。

3.3 DWT:被引船舶的总载重量(吨)。

3.4 千瓦:功率单位。

3.5 马力:拖轮输出功率的习惯叫法(1马力=0.735千瓦)。

3.6 小功率拖轮:根据本港拖轮配备情况,是指功率≤3800马力的港作拖轮。

3.7 中功率拖轮:根据本港拖轮配备情况,是指3800马力<功率≤4800马力的港作拖轮。

3.8 大功率拖轮:根据本港拖轮配备情况,是指功率>4800马力的港作拖轮。

3.9 大功率侧推器:是指船舶装备的功率≥1500千瓦的艏(艉)侧推器。

3.10 靠离泊:是指船舶引航或移泊过程中靠离码头(包括海上装卸点)的操纵行为。

3.11 特殊引航作业:是指风、浪、流、能见度、富余水深、船舶性能、通航水域等客观条件超出常规要求,由于生产的特殊需要,经专题分析论证后所进行的引航作业,以及指挥拖带非常规船舶(指钻井平台、FPSO[1]、浮船坞、起重船等无自航能力的海洋工程设备)的引航作业。

---

[1] 海上浮式生产储卸油装置(Float Production Storage and Offloading,以下简称FPSO)

3.12 抢险救助作业:是指船舶处于危险状态,如不采取必要的措施,船舶本身或港口设施的损失损害会进一步扩大,经船方或其代理人申请后所进行的特殊引航作业。

3.13 重载或半载:是指被引船舶处于满载状态或实际载货 >DWT 50%。

3.14 空载:是指被引船舶未装货物或实际载货 ≤DWT 50%。

3.15 LPG:液化石油气。

3.16 LNG:液化天然气。

第四条 拖轮配备的基本原则。

4.1 坚持"安全第一,预防为主"的原则。

4.2 坚持按港区通航条件和气象海况及被引船舶性能区别对待的原则。

4.3 坚持按被引(拖带)船舶长度/吨位与拖轮数量/马力合理匹配的原则。

4.4 坚持安全、高效、公平、公正的原则。

第二章 集装箱船、滚装船和客船的拖轮配备标准

第五条 集装箱船的拖轮配备标准。

5.1 LOA≤80 米:靠离泊均配备 1 艘小功率拖轮,其中 LOA≤50 米的船舶或装有侧推器的船舶不使用拖轮。

5.2 80 米 < LOA≤120 米:

5.2.1 80 米 < LOA≤100 米,靠离泊均配备 1 艘拖轮并尽量避免使用大功率拖轮。

5.2.2 100 米 < LOA≤120 米,靠离泊均配备 2 艘单船功率≥3200 马力的拖轮并尽量避免同时使用大功率拖轮;装有侧推器的船舶,可减少 1 艘拖轮配备。

5.3 120 米 < LOA≤150 米:靠离泊均配备 2 艘单船功率≥3200 马力的拖轮并尽量避免同时使用大功率拖轮;装有侧推器的船舶,可减少 1 艘拖轮配备。

5.4 150 米 < LOA≤180 米:靠离泊均配备 2 艘单船功率≥3200 马力的拖轮;装有大功率侧推器的船舶,可减少 1 艘拖轮配备。

5.5 180 米 < LOA≤220 米:靠离泊均配备 2 艘单船功率≥3800 马力的拖轮。

5.6 220 米 < LOA≤260 米:靠离泊均配备不少于 2 艘单船功率≥4200 马力的拖轮。

5.7 260 米 < LOA≤275 米:拖轮配备同 5.6。

5.8 275 米 < LOA≤300 米:拖轮配备同 5.6。

5.9 300 米 < LOA≤325 米:拖轮配备同 5.6。

5.10 325 米 < LOA≤350 米:拖轮配备同 5.6。

5.11 350 米 < LOA≤390 米:靠离泊均配备不少于 3 艘单船功率≥5400 马力的拖轮。

5.12 LOA >390 米:靠离泊均配备不少于 3 艘单船功率≥6000 马力的拖轮。

5.13 装有侧推器的船舶减少拖轮配备的条件为风速≤12 米/秒,LOA≤180 米(其中 80 米 < LOA≤100 米的船舶除外);当风速 >12 米/秒或 LOA >180 米时,原则上不应减少拖轮配备。

5.14 对于 LOA>180 米,且未装有侧推器的船舶,当风速>12 米/秒时,可增加配备 1 艘单船功率≥3800 马力的拖轮。

第六条 滚装船的拖轮配备标准。

6.1 LOA≤200 米,靠离泊均配备 2 艘单船功率≥4200 马力的拖轮。

6.2 LOA>200 米,靠离泊均配备 3 艘单船功率≥4200 马力的拖轮。

6.3 遇到实测风速>12 米/秒或其他特殊情况时,与被引船船长另行商议拖轮配备的增减问题。

第七条 客船的拖轮配备标准。

7.1 风速≤12 米/秒时,靠离泊均最少配备 1 艘单船功率≥4200 马力的拖轮。

7.2 风速>12 米/秒时,与被引船船长另行商议增加拖轮配备。

7.3 如果未装有侧推器或侧推器不能使用,则应适当增加拖轮配备。

第三章 油船、化学品船和液化气体船的拖轮配备标准

第八条 油船的拖轮配备标准。

8.1 LOA≤80 米或 DWT≤2000 吨:靠离泊均配备 1 艘小功率拖轮,当 DWT>2000 吨时,执行 8.2.1。但下列两种情形不配备拖轮:

8.1.1 LOA≤50 米。

8.1.2 装有侧推器的船舶。

8.2 80 米<LOA≤120 米或 2000 吨<DWT≤5000 吨:

8.2.1 80 米<LOA≤100 米,靠离泊均配备 1 艘拖轮并尽量避免使用大功率拖轮;当 LOA≤100 米,但 DWT>5000 吨时,执行 8.2.2。

8.2.2 100 米<LOA≤120 米,靠离泊均配备 2 艘单船功率≥3200 马力的拖轮并尽量避免同时使用大功率拖轮;当 LOA≤120 米,但 DWT>5000 吨时,仍按本款规定配备拖轮;装有侧推器的船舶,可减少 1 艘拖轮配备。

8.3 120 米<LOA≤150 米或 5000 吨<DWT≤15000 吨:靠离泊均配备 2 艘单船功率≥3200 马力的拖轮并尽量避免同时使用大功率拖轮;当 LOA≤150 米,但 DWT>15000 吨时,仍按本款规定配备拖轮;装有侧推器的船舶,可减少 1 艘拖轮配备。

8.4 150 米<LOA≤180 米或 15000 吨<DWT≤30000 吨:靠离泊均配备 2 艘单船功率≥3200 马力的拖轮;当 LOA≤180 米,但 DWT>30000 吨时,仍按本款规定配备拖轮;装有大功率侧推器的船舶,可减少 1 艘拖轮配备。

8.5 180 米<LOA≤220 米或 30000 吨<DWT≤50000 吨:

8.5.1 180 米<LOA≤200 米,靠离泊均配备 2 艘单船功率≥3200 马力的拖轮;当 LOA≤200 米,但 DWT>50000 吨时,执行 8.5.2。

8.5.2 200 米<LOA≤220 米,靠离泊均配备 3 艘单船功率≥3200 马力的拖轮,其中空载

离泊配备 2 艘单船功率≥3200 马力的拖轮;当 LOA≤220 米,但 DWT>50000 吨时,仍按本款规定配备拖轮。

8.6 220 米<LOA≤260 米或 50000 吨<DWT≤80000 吨:

8.6.1 220 米<LOA≤250 米,靠离泊均配备 3 艘单船功率≥3200 马力的拖轮,其中空载离泊配备 2 艘单船功率≥3200 马力的拖轮;当 LOA≤250 米,但 DWT>80000 吨时,执行 8.6.2。

8.6.2 250 米<LOA≤260 米,靠离泊均配备 4 艘单船功率≥3800 马力的拖轮,其中空载离泊配备 3 艘单船功率≥3800 马力的拖轮;当 LOA≤260 米,但 DWT>80000 吨时,仍按本款规定配备拖轮。

8.7 260 米<LOA≤275 米或 80000 吨<DWT≤120000 吨:靠离泊均配备 4 艘单船功率≥3800 马力的拖轮,其中空载离泊配备 3 艘单船功率≥3800 马力的拖轮;当 LOA≤275 米,但 DWT>120000 吨时,仍按本款规定配备拖轮。

8.8 275 米<LOA≤300 米或 120000 吨<DWT≤180000 吨:重载或半载靠泊均配备 5 艘单船功率≥4200 马力的拖轮,空载靠泊配备 4 艘;离泊均配备 4 艘单船功率≥4200 马力的拖轮;当 LOA≤300 米,但 DWT>180000 吨时,仍按本款规定配备拖轮。

8.9 300 米<LOA≤325 米或 180000 吨<DWT≤250000 吨:重载或半载靠泊均配备 6 艘单船功率≥4200 马力的拖轮,空载靠泊配备 5 艘;重载或半载离泊配备 5 艘单船功率≥4200 马力的拖轮,空载离泊配备 4 艘。

8.10 325 米<LOA≤350 米或 250000 吨<DWT≤350000 吨:拖轮配备同 8.9。

8.11 350 米<LOA≤390 米或 350000 吨<DWT≤450000 吨:重载或半载靠泊,配备 6 艘单船功率≥4800 马力的拖轮,空载靠泊配备 5 艘;离泊均配备 5 艘单船功率≥4800 马力的拖轮。

8.12 LOA>390 米或 DWT>450000 吨的油船:拖轮配备问题另行研究。

8.13 装有侧推器的船舶减少拖轮配备的条件同 5.13。

第九条 化学品船的拖轮配备标准。

9.1 通常根据其 LOA 和 DWT,参照第八条油船的有关标准执行。

9.2 由于福佳大化 2 区(小码头)附近水域狭窄,逸盛大化 4 区航道受横流影响较大,且制动距离较短,为保障船舶和码头安全,对拖轮配备作出特别安排:

9.2.1 靠泊时不能因装有侧推器而减少拖轮配备,离泊时可参照第八条油船的有关标准执行。

9.2.2 LOA≤80 米的船舶靠泊时,拖轮配备标准为 1 艘小功率拖轮。

9.2.3 LOA>80 米的船舶靠泊时,拖轮配备标准为 2 艘小或中功率拖轮。

第十条 液化气体船的拖轮配备标准。

10.1 LPG 船舶的 LOA 和 DWT 普遍较小,参照第八条油船的有关标准执行。

10.2 不同尺度的 LNG 船舶分别按下列标准进行拖轮配备:

10.2.1 LOA≤180 米,参照第八条油船的有关标准执行。

10.2.2　180 米＜LOA≤200 米，拖轮配备同 10.2.1。

10.2.3　200 米＜LOA≤250 米，靠离泊均配备 3 艘单船功率≥4200 马力的拖轮。

10.2.4　250 米＜LOA≤300 米，靠离泊均配备 4 艘单船功率≥4200 马力的拖轮。

10.2.5　LOA＞300 米，靠泊配备 5 艘单船功率≥4800 马力的拖轮，离泊配备 4 艘单船功率≥4800 马力的拖轮。

10.2.6　如果装有大马力侧推器并处于正常工作状态，且风速≤12 米/秒时，可相应减少 1 艘拖轮配备。

第四章　散货船、杂货船及其他船舶的拖轮配备标准

第十一条　散货船的拖轮配备标准。

散货船的拖轮配备标准同第八条油船的拖轮配备标准，详见 8.1～8.13。

第十二条　杂货船及其他船舶的拖轮配备标准。

12.1　正常营运中的杂货船及其他船舶在靠离码头时，拖轮配备标准同第八条油船的拖轮配备标准，详见 8.1～8.13。

12.2　LOA＞50 米的远洋拖轮因自身马力大，操纵性能好，故靠离泊时均不配备港作拖轮进行协助。

第五章　护航、特殊引航和抢险救助作业的拖轮配备标准

第十三条　护航作业时的拖轮配备标准。

13.1　进出修造船厂的船舶因操纵性能差，且经常出现中途主机、副机或舵机失控的现象，但不需要引航员靠离码头，为保证安全，按下列标准配备拖轮护航：

13.1.1　LOA≤150 米，不配备拖轮护航。

13.1.2　150 米＜LOA≤220 米，配备 1 艘拖轮护航，且尽量避免使用大功率拖轮。

13.1.3　220 米＜LOA≤275 米，至少配备 1 艘单船功率≥4200 马力的拖轮护航。

13.1.4　275 米＜LOA≤390 米，至少配备 2 艘单船功率≥4200 马力的拖轮护航。

13.1.5　LOA＞390 米，至少配备 3 艘单船功率≥4200 马力的拖轮护航。

13.2　超大型船舶在锚地起锚并穿越锚地行驶时，因其质量和惯性大，受流水的作用也远远大于一般船舶，水深和操纵条件受到很大限制。为保证安全，按下列标准配备拖轮护航：

13.2.1　对 150000 吨＜DWT≤200000 吨的船舶，配备 1 艘单船功率≥4200 马力的拖轮护航。

13.2.2　对 200000 吨＜DWT≤400000 吨的船舶，配备 2 艘单船功率≥4200 马力的拖轮护航。

13.2.3　DWT＞40 万吨的船舶，配备 3 艘单船功率≥4200 马力的拖轮护航。

13.3　LNG 船舶进港时，根据《海港总体设计规范》(JTS 165—2013)中有关强制性护航要求和大连港实际，其护航拖轮按下列标准配备：

13.3.1 LOA≤300米,配备1艘单船功率≥3200马力的拖轮护航。

13.3.2 LOA>300米,配备2艘单船功率≥4200马力的拖轮护航。

第十四条 特殊引航作业(见第三条中的名词解释),应在本《标准》拖轮配备的基础上适当增加拖轮数量及马力。

第十五条 抢险救助作业(见第三条中的名词解释),应在主管部门的统一部署下进行,一切以被抢救对象尽快脱险为原则,拖轮配备不受本《标准》限制。

第六章 附 则

第十六条 引航作业时合理配备拖轮,既是安全引航和提高效率的重要保证,也是维护船东利益和优质服务的具体体现,是引航员应有的职业道德。

第十七条 引航员上船后,应向船长介绍引航作业方案(包括拖轮配备和系带方法)并得到确认。在引航过程中,为确保船舶和港口设施的安全,经船长同意,引航员可根据现场情况对拖轮配备作相应的调整,并及时向引航调度作出报告。

第十八条 在制订引航工作计划、指派引航员的同时,引航站受船方或其代理人的委托,可向轮驳公司申请相应的引航拖轮;船方或其代理人亦可按本《标准》的要求或特殊引航作业方案中的拖轮配备标准(附表1~附表4),直接向轮驳公司申请引航拖轮。

第十九条 本《标准》由大连港引航站负责解释,并根据需要及时修订。

第二十条 本《标准》自公布之日起执行。

集装箱船、滚装船和客船的拖轮配备标准   附表1

序号	船舶总长(米)(LOA)	总载重量(吨)(DWT)	拖轮数量(艘)	拖轮单船功率(马力)	备 注
一	集装箱船				
1	LOA≤50	不考虑DWT	0		不使用拖轮
2	50<LOA≤80	同上	靠离均为1	小功率拖轮	装有侧推器的船舶不使用拖轮
3	80<LOA≤100	同上	同上	尽量避免使用大功率拖轮	
4	100<LOA≤120	同上	靠离均为2	单船功率≥3200,尽量避免同时使用大功率拖轮	装有侧推器的船舶减少1艘拖轮
5	120<LOA≤150	同上	同上	单船功率≥3200,尽量避免同时使用大功率拖轮	装有侧推器的船舶减少1艘拖轮
6	150<LOA≤180	同上	同上	单船功率≥3200	装有大功率侧推器的船舶减少1艘拖轮
7	180<LOA≤220	同上	同上	单船功率≥3800	
8	220<LOA≤260	同上	靠离均为≥2	单船功率≥4200	
9	260<LOA≤275	同上	同上	同上	
10	275<LOA≤300	同上	同上	同上	

续上表

序号	船舶总长（米）（LOA）	总载重量（吨）（DWT）	拖轮数量（艘）	拖轮单船功率（马力）	备注
11	300＜LOA≤325	同上	同上	同上	
12	325＜LOA≤350	同上	同上	同上	
13	350＜LOA≤390	同上	靠离均为≥3	单船功率≥5400	
14	LOA＞390	同上	同上	单船功率≥6000	
二	滚装船				
1	LOA≤200	不考虑DWT	2	单船功率≥4200	遇到实测风速＞12米/秒或其他特殊情况时，与被引船船长另行商议拖轮配备的增减问题
2	LOA＞200	同上	3	同上	同上
三	客船				
1	任何船舶总长	不考虑DWT	≥1	单船功率≥4200	风速≤12米/秒，无侧推器或侧推器不能使用，应适当增加拖轮
2	同上	同上	另行商定		实测风力＞12米/秒，与被引船船长另行商议增加拖轮配备

注：小功率拖轮：根据本港拖轮配备情况，是指功率≤3800马力的港作拖轮。
中功率拖轮：根据本港拖轮配备情况，是指3800马力＜功率≤4800马力的港作拖轮。
大功率拖轮：根据本港拖轮配备情况，是指功率＞4800马力的港作拖轮。
大功率侧推器：是指船舶装备的功率＞1500kW的艏（艉）侧推器。
增加拖轮配备：对于LOA＞180米，且没有装备侧推器的船舶，当风速＞12米/秒时，可增加配备1艘单船功率≥3800马力的拖轮。

油船、化学品船和液化气体船的拖轮配备标准　　　　　　　　　　附表2

序号	船舶总长（米）（LOA）	总载重量（吨）（DWT）	拖轮数量（艘）	拖轮单船功率（马力）	备注
一	油船				
1	LOA≤50	DWT≤2000	0		不配备拖轮
2	50＜LOA≤80	同上	靠离均为1	小功率拖轮	装有侧推器的船舶不配备拖轮，DWT＞2000吨时，执行序号3
3	80＜LOA≤100	2000＜DWT≤5000	同上	尽量避免使用大功率拖轮	DWT＞5000吨时，执行序号5
4	100＜LOA≤120	2000＜DWT≤5000	靠离均为2	单船功率≥3200，尽量避免同时使用大功率拖轮	DWT＞5000吨时，仍按本款规定配备拖轮；装有侧推器的船舶，可减少1艘拖轮配备

续上表

序号	船舶总长（米）（LOA）	总载重量（吨）（DWT）	拖轮数量（艘）	拖轮单船功率（马力）	备注
5	120 < LOA ≤ 150	5000 < DWT ≤ 15000	同上	同上	DWT > 15000 吨时，仍按本款规定配备拖轮；装有侧推器的船舶，可减少1艘拖轮配备
6	150 < LOA ≤ 180	15000 < DWT ≤ 30000	同上	单船功率≥3200	DWT > 30000 吨时，仍按本款规定配备拖轮；装有大功率侧推器的船舶，可减少1艘拖轮配备
7	180 < LOA ≤ 200	30000 < DWT ≤ 50000	同上	同上	DWT > 50000 吨时，执行序号8
8	200 < LOA ≤ 220	30000 < DWT ≤ 50000	(重/半)靠离，均为3；空离2	同上	DWT > 50000 吨时，仍按本款规定配备拖轮
9	220 < LOA ≤ 250	50000 < DWT ≤ 80000	同上	同上	DWT > 80000 吨时，执行序号10
10	250 < LOA ≤ 260	50000 < DWT ≤ 80000	(重/半)靠离，均为4；空离3	单船功率≥3800	DWT > 80000 吨时，仍按本款规定配备拖轮
11	260 < LOA ≤ 275	80000 < DWT ≤ 120000	同上	同上	DWT > 120000 吨时，仍按本款规定配备拖轮
12	275 < LOA ≤ 300	120000 < DWT ≤ 180000	重/半靠5，空靠4；离均为4	单船功率≥4200	DWT > 180000 吨时，仍按本款规定配备拖轮
13	300 < LOA ≤ 325	180000 < DWT ≤ 250000	重/半靠6，空靠5；重/半离5，空离4	同上	
14	325 < LOA ≤ 350	250000 < DWT ≤ 350000	同上	同上	
15	350 < LOA ≤ 390	350000 < DWT ≤ 450000	重/半靠6，空靠5；离均为5	单船功率≥4800	
16	LOA > 390	DWT > 450000			另行研究
二	化学品船				

续上表

序号	船舶总长（米）(LOA)	总载重量（吨）(DWT)	拖轮数量（艘）	拖轮单船功率（马力）	备注
1	通常对应任何船舶总长	通常对应任何总载重量			参照油船的有关标准执行
2	LOA≤80	同上	靠1	小功率拖轮	福佳大化2区和逸盛大化区，靠时不因装有侧推器而减少拖轮配备，离时参照油船有关标准执行
3	LOA>80	同上	靠2	小或中功率拖轮	同上
三	液化气体船				含LPG和LNG船舶
1	LOA≤180	通常对应任何总载重量			参照油船的有关标准执行
2	180<LOA≤200	同上			同上
3	200<LOA≤250	同上	靠离均为3	单船功率≥4200	如装有大功率侧推器可用，且风速≤12米/秒，可以减少1艘拖轮
4	250<LOA≤300	同上	靠离均为4	同上	同上
5	LOA>300	同上	靠5；离4	单船功率≥4800	同上

注：小功率拖轮：根据本港拖轮配备情况，是指功率≤3800马力的港作拖轮。
中功率拖轮：根据本港拖轮配备情况，是指3800马力<功率≤4800马力的港作拖轮。
大功率拖轮：根据本港拖轮配备情况，是指功率>4800马力的港作拖轮。
大功率侧推器：是指船舶装备的功率>1500kW的艏(艉)侧推器。

散货船、杂货船及其他船舶的拖轮配备标准 附表3

序号	船舶总长（米）(LOA)	总载重量（吨）(DWT)	拖轮数量（艘）	拖轮单船功率（马力）	备注
一	散货船				参照油船的拖轮配备标准序号1~16
二	杂货船及其他船舶				
1	通常对应任何船舶总长杂货船	通常对应任何总载重量的杂货船			正常营运中的杂货船及其他船舶在靠离码头时，拖轮配备标准同油船的拖轮配备标准序号1~16

续上表

序号	船舶总长 （米） (LOA)	总载重量 （吨） (DWT)	拖轮数量 （艘）	拖轮单船功率 （马力）	备注
2	LOA > 50 米的远洋拖轮		0		LOA > 50 米的远洋拖轮,因自身主机功率大,操纵性能好,故靠离泊时均不配备港作拖轮进行协助

注:小功率拖轮:根据本港拖轮配备情况,是指功率≤3800 马力的港作拖轮。
　　中功率拖轮:根据本港拖轮配备情况,是指 3800 马力 < 功率≤4800 马力的港作拖轮。
　　大功率拖轮:根据本港拖轮配备情况,是指功率 > 4800 马力的港作拖轮。
　　大功率侧推器:是指船舶装备的功率 > 1500kW 的艏(艉)侧推器。

护航、特殊引航和抢险救助作业的拖轮配备标准　　附表4

作业性质	港区及码头	LOA/DWT	拖轮数量	功率配置（马力）	备注
护航	所有修造船厂	LOA≤150	0		仅指进出厂航行,不包括靠离码头
		150 < LOA≤220	1	尽量避免使用大功率拖轮	
		220 < LOA≤275	≥1	单船功率≥4200	
		275 < LOA≤390	≥2	单船功率≥4200	
		LOA > 390	≥3	单船功率≥4200	
	有关码头	150000 < DWT≤200000	1	单船功率≥4200	超大型船舶在锚地起锚并穿越锚地行驶时
		200000 < DWT≤400000	2	单船功率≥4200	
		DWT > 400000	3	单船功率≥4200	
	LNG 码头	LOA≤300	1	单船功率≥3200	根据《海港总体设计规范》(JTS 165—2013)中有关强制性护航要求
		LOA > 300	2	单船功率≥4200	同上
特殊引航	任何港区和码头				特殊引航作业(见第三条中的名词解释),应在本《标准》拖轮配备的基础上适当增加拖轮数量及功率
抢险救助	同上				抢险救助作业(见第三条中的名词解释),应在主管部门的统一部署下进行,一切以被抢救对象尽快脱险为原则,拖轮配备不受本标准限制

交通运输部和国家发展改革委出台的与港口收费相关的规范性文件清单

1.《交通运输部　国家发展改革委关于修订印发〈港口收费计费办法〉的通知》(交水规〔2019〕2号)

2.《交通运输部　国家发展改革委关于进一步开放港口部分收费等有关事项的通知》(交水发〔2018〕77号)

3.《关于反馈有关港口收费问题的函》(水运港口函〔2017〕287号)

4.《交通运输部　国家发展改革委关于印发〈港口收费计费办法〉的通知》(交水发〔2017〕104号)

5.《交通运输部办公厅关于明确拖轮费适用范围的函》(交办水函〔2016〕1317号)

6.交通运输部关于全面清理和规范港口经营服务性收费的通知(交水函〔2015〕711号)

7.《交通运输部　国家发展改革委关于印发〈港口收费计费办法〉的通知》(交水发〔2015〕206号)

8.《交通运输部　国家发展改革委关于调整港口船舶使费和港口设施保安费有关问题的通知》(交水发〔2015〕118号)

9.《交通运输部关于明确港口收费有关问题的通知》(交办水〔2014〕255号)

10.《交通运输部　国家发展改革委关于放开港口竞争性服务收费有关问题的通知》(交水发〔2014〕253号)

参 考 文 献

1. 学位论文

[1] 钟铭.港口使费研究及管理系统设计与实现.大连海事大学,1995.

[2] 殷海波.道路货运诚信和运价指数系统研究与设计.上海交通大学,2005.

[3] 吴建昌.道路运输市场运行机制研究.长安大学,2007.

[4] 韩聪.关于我国港口定价问题的研究.上海海事大学,2007.

[5] 王颖.沪深300股指期货合约设计研究.同济大学,2008.

[6] 闫涛.港口建设费征收管理系统设计与实现.电子科技大学,2011.

2. 期刊中析出的文献

[1] 彭翠红.关于港口投资体制和政策问题的探索.中国港,2004,(5):5-9.

[2] 张清太.价格指数的理论与实践.平原大学学报,1998,(3):23-25.

[3] 陈仁恩.对经济指数L式或P式的质疑与分析.厦门大学学报(哲社版),1998,(2):83-87.

[4] 毛宏灵.金融监管理论浅析.中国货币市场,2004,(3):37.

[5] 蒋迪娜.我国出口集装箱运价指数研究.山西财经大学学报,2005,(5):90-94.

[6] 封学军,严以新.港口物流企业在价格战中的策略选择.交通运输工程学报,2005年6月.

[7] 周鑫,李建华.基于Hotelling模型的港口企业价格比较.河海大学学报,2009年7月.

[8] 包雄关,徐翔,刘景龙.港口建设费征收工作风险评价.宁波大学学报(理工版),2014,27(02):117-120.

[9] 李文兴,杨爱芬.我国交通运输价格的现状和改革设想.北方交通大学学报,1994,(3):398-404.

[10] 侯荣华.港口定价策略研究.上海海运学报,1997,(18):71-75.

[11] 李晶.港口间价格竞争的效率分析.水运管理,2003,(4).

[12] 周甫宾.政府对港口定价管与制合作效应的分析.水运管理,2003,(12).

[13] 李幼萌.港口自主定价的必要性及策略.港口科技,2007(10).

[14] 赵秋玉,许源,李南.我国水运定价的放松规制与市场化.综合运输,2004,(11).

[15] 王育蕃,基于博弈论的港口企业内贸价格决策.中国港口,2006,(9).

[16] 真虹,张婕姝.论中国港口经营的有序竞争.水运管理,1997,(10).

[17] 眭凌,徐萍,余静,等.我国港口价格形成机制及发展趋势.价格理论与实践2016,7:81-83.

[18] 眭凌,高爱颖,闫磊,等.港口费收调整解读.中国港口,2015,9:10-12.

[19] 刘斌,赛玲香.关于港口建设费的征收.世界海运,2003,(4):54-55.

[20] 魏明,武芳,朱博麟,等.港口建设费征管制度体系研究.中国水运,2015,(9):10-13.

[21] 窦兴晓,黄通涵.港口建设费征收对水运经济及地方政府影响机理分析.珠江水运,2014,(9):57-59.

[22] 章泽昂.港口建设费"稽查"工作流程及策略研究.中国海事,2013,(12):54-56.

[23] 徐东明,李萌.港口建设费政策调整后的执行情况、问题与建议——以对C海事局相关检查为例.财政监督,2013,(16):48-50.

[24] 李珊珊,张春廷.港口建设费"稽查"工作初探——基于烟台征管辖区的分析.交通财会,2012,(9):34-37.

[25] 陈美华.刍议港口建设费征收管理中存在问题的分析与建议.经营管理者,2011,(19):11,9.

[26] 曹正军,韩平.港口建设费征收政策亟须改变.财政监督,2010,(5):33-34.

[27] 何业钢.港口价格自律的前提是规范港口建设费的征收.中国港口,2007,(5):42-43,49.

[28] 林军保.港口建设费继续保留.中国港口,2007,(1):43.

[29] 赵雪芳.港口建设费征管存在问题的分析.交通财会,2006,(6):63-68.

[30] 蹇令香,杨赞.港口建设费征收与投向问题.中国水运,2003,(3):28-29.

[31] 周天麟.从深圳港看有没有必要征收港口建设费.中国港口,2002,(6):20-27.

[32] 方炎中,金国平.港口建设费征收过程中存在的问题及改进意见.交通财会,1992,(11):24-26.

[33] 李宜春,平伟.我国道路运输价格形成机制分析.交通企业管理,2008,(9):29-30.

[34] 柳茂森.论公路运输价格形成机制的改革.综合运输,2001,(8):24-28.

[35] 王晓红.我国交通运输价格指数编制方法研究.统计研究,2003,(2):7-10.

[36] 王春华.试析我国水运价格指数的编制方法与经济功能.港口经济,2007,(3):40-42.

[37] 何琳.价格指数理论问题浅探.科技情报开发与经济,2000,(5):22-23.

[38] 胡永举,郭艳,张艳,等.道路运价指数的作用及其编制方法的探讨.交通科技与经济,1999,(1):48-49.

[39] 汇通天下信息技术有限公司.中国公路货物运输市场价格指数.货运与物流,2007:82-83.

[40] 李文兴.铁路运价指数编制方法的探讨.统计研究,2003,(7):54-57.

[41] 李文兴.我国铁路运价评价体系的研究.数量经济技术经济研究,2003,(7):67-71.

[42] 安世蔚.铁路运价指数编制方法研究.铁路经济研究,2003,(6):41-42.

[43] 龚树生,常大勇.两种价格总指数之间的差异成因探析.中国流通经济,1996,(4):18-21.

[44] 薛娇.货物运价破雾看花.运输经理世界,2006,(8):20.

[45] 姚伟福,李钢,施欣.中国运价指数与航运市场建设.水运管理,1998,(9):10-13.

[46] 施欣.关于波罗的海运价指数的研究与思考.统计研究,1999,(2):45-48.

[47] 吴燕,宿帆,梁晓辉.我国道路运输市场发展现状及问题研究.交通标准化,2009,6:71-74.

[48] 郑华章.浅谈构造经济指数的两种方法.江苏统计,1998,(4):11-13.

[49] 睦凌,刘晓菲,余静,等.国外拖轮费的收取办法比较.中国港口,2017,(11):16-17.

[50] 睦凌,刘晓菲,余静,等.国外典型港口拖轮收费规则.中国港口,2017,(11):18-23.

[51] 睦凌.《港口收费计费办法》修订解读.中国港口,2017,(11):14-15.

[52] 睦凌.关于引航费收调整的答疑.中国引航,2015,(9):10-11.

[53] 睦凌,徐萍,余静,等.我国港口价格形成机制及发展趋势.水运管理,2015,(1):14-18.

[54] 东朝晖,睦凌,梁晓杰.我国港口设施保安费收取情况分析及对策.中国水运,2009,(12):12-13.

3. 普通图书

[1] 真虹.港口管理.北京:人民交通出版社,2011.

[2] 曹振良.价格指数概论.天津:南开大学出版社,1999.

[3] 陈引社.道路运输市场学.北京:人民交通出版社,2002.

[4] 黄盛初.2009中国煤炭发展报告.北京:煤炭工业出版社,2010.

[5] 李宏.中国煤炭运输——能力、消耗和价格.北京:中国市场出版社,2008.

[6] 中国社会科学院经济政策与模拟重点研究室.经济政策与模拟研究报告.北京:经济管理出版社,2007.

[7] 张化中.价格监测及预测预警.北京:中国市场出版社,2006.

[8] 张光远,张冬生,王伟.运价管理——政策、现状、借鉴与分析.北京:中国市场出版社,2005.

[9] 王成钢.交通运输市场概论.北京:人民交通出版社,2003.

[10] William G·Sullivan. Fundamental of Forecasting. Third Edition. New York:The Dryden Press,1985,P.254-P.286.

[11] Esra Bennathan, A. A. Walters. Port Pricing and Investment Policy. First Edition. Oxford city:Oxford University Press,1979,P.15-P.41.

[12] 让-路易·布尔森.价格指数.戴达民,译.北京:商务印书馆,2004.

4. 标准、通知、规则

[1]《航行国际航线船舶及国外进出口货物港口费收规则》,交通部,1978.

[2] 《关于国外进出口货物港口装卸费计费办法的补充规定》,交通部,1980.

[3] 《关于再次明确国外进出口货物港口装卸费付费标准的通知》,交通部,1987.

[4] 《制止牟取暴利的暂行规定》(国函[1995]1号),国家计委第4号,1995.

[5] 国务院《关于中外合资建设港口码头优惠待遇的暂行规定》(国发[1985]118号,已废止),2008.

[6] 交通部《关于修订公布国际客运、旅游船舶和旅客码头收费试行办法的通知》(交运字[1991]433号),交通部,1991.

[7] 转发国家物价局、财政部《关于发布交通部水上安全监督收费项目及标准的通知》的通知(交财发[1992]395号),交通部,1992.

[8] 关于颁发《航行国际航线船舶及外贸进出口货物理货费收规则》和《航行国际航线船舶理货费率表》的通知(交财发[1993]272号),交通部,1993.

[9] 水路旅客运输规则(交水发[1997]522号),交通部,1997.

[10] 关于发布《中华人民共和国交通部港口收费规则(外贸部分)解释》的通知(交水发[1999]195号),交通部,1999.

[11] 关于发布交通部、国家计委《国内水路集装箱港口收费办法》的通知(交水发[2000]156号),交通部,国家发展计划委员会,2000.

[12] 关于修改《中华人民共和国港口收费规则(外贸部分)的决定》(中华人民共和国交通部令2001年第11号),交通部,2001.

[13] 国务院办公厅转发交通部等部门《关于深化中央直属和双重领导港口管理体制改革意见的通知》(国办发[2001]91号),国务院办公厅,2001.

[14] 《关于调整外贸港口收费规定和标准的通知》(交水发[2001]542号),交通部,国家发展计划委员会,2001.

[15] 《交通部关于明确内贸港口收费有关问题的通知》(交水发[2003]473号),交通部,2002.

[16] 《交通部关于明确港口政企分开后货物港务费征收有关问题的通知》(交水发[2003]125号),交通部,2003.

[17] 《关于印发中国船舶代理行业协会制订的航行国际航线船舶代理费收项目和建议价格的通知》(厅水字[2004]173号),交通部办公厅,2004.

[18] 《中华人民共和国港口收费规则(内贸部分)》(中华人民共和国交通部令2005年第8号),交通部,2005.

[19] 《关于调整港口内贸收费规定和标准的通知》(交水发[2005]234号),交通部,国家发展和改革委员会,2005.

[20] 《关于我国港口引航管理体制改革实施意见的通知》(交水发[2005]483号),交通部,2005.

[21]《关于收取港口设施保安费的通知》(交水发〔2006〕156号),交通部,发展改革委.2006.
[22]《关于请严格按中央定价目录征收使用港口费收的函》(厅函水〔2008〕173号),交通运输部办公厅,2008.
[23]《关于延续港口设施保安费政策的通知》(交水发〔2009〕167号),交通运输部,国家发展改革委,2009.
[24] 财政部、交通运输部关于印发《港口建设费征收使用管理办法》的通知(财综〔2011〕29号),财政部,交通运输部,2011.
[25] 财政部、交通运输部关于印发《船舶油污损害赔偿基金征收使用管理办法》的通知(财综〔2012〕33号),财政部,交通运输部,2012.
[26]《航行国内航线船舶及国内进出口货物海港费收规则》,交通部.
[27]《关于反馈有关港口收费问题的函》(水运交口函〔2017〕287号),2017.
[28]《交通运输部 国家发展改革委 关于印发〈港口收费计费办法〉的通知》(交水发〔2017〕104号)2017.07.
[29]《交通运输部办公厅 关于明确拖轮费适用范围的函》(交办水函〔2016〕1317号)2016.
[30]《交通运输部 关于深化改革港口建设费和货物港务费征收使用管理政策建议的函》(交财审函〔2016〕315号),2016.
[31]《交通运输部 国家发展改革委 关于印发〈港口收费计费办法〉的通知》(交水发〔2015〕206号),2015.
[32]《交通运输部 国家发展改革委 关于调整港口船舶使费和港口设施保安费有关问题的通知》(交水发〔2015〕118号),2015.
[33]《交通运输部关于明确港口收费有关问题的通知》(交水发〔2014〕255号),2014.
[34]《交通运输部 国家发展改革委 关于放开港口竞争性服务收费有关问题的通知》(交水发〔2014〕253号),2014.
[35]《交通运输部办公厅关于进一步加强引航管理 提升服务水平的意见》(交办水〔2014〕233号),2014.
[36]《交通运输部关于推进港口转型升级的指导意见》(交水发〔2014〕112号),2014.
[37]《关于推进全国引航机构事业单位深化改革的指导意见》(交水发〔2012〕308号),2012.
[38]《关于延续港口设施保安费政策的通知》(交水发〔2009〕167号),2009.
[39]《关于报送延续港口设施保安费政策意见的函》(交函水〔2009〕34号),2009.

5.论文集、会议录

[1] 李文兴.建立中国交通运输价格指数的研究——以铁路为例.2008中国交通运输价格高层论坛论文集,2008,11:26-32.
[2] 逄诗铭.公路运输价格指数编制方法研究.2008中国交通运输价格高层论坛论文集,2008

年 11 月:38-42.
[3] 翟学魂.2007—2008 年公路运输价格指数.2008 中国交通运输价格高层论坛论文集,2008 年 11 月:33-37.

6. 报纸中析出的文献

[1] 眭凌.国外港口咋收费?中国交通报,2016 年 2 月 2 日,6 版.
[2] 眭凌.还原真实的港口收费.中国交通报,2016 年 2 月 23 日,6 版.
[3] 眭凌.费率结构简化了 市场味更浓了——解读《中华人民共和国港口收费计费办法》.中国交通报,2016 年 1 月 19 日,6 版.
[4] 刘俊.中国沿海(散货)运价指数五年首"变身".航运交易公报,2009,(20):6-7.
[5] 刘俊.新版 SCFI 首发中国集装箱运价指数衍生品呼之欲出.航运交易公报,2009,(40):5-6.
[6] 刘俊.开创国际集装箱运价指数衍生品新时代——专访上海航运交易所总裁张页.航运交易公报,2009,(40):7-8.

7. 科技报告

[1] Daryl Williams, Subhashni Subrail, Paul Boling and Rebecca Eales. Producer Price Indexes for Road Freight Services within Australia. Australian Bureau of Statistics Price Index of Road Freight Transport Services, Voorbug Group, 2006.
[2] Nick Palmer, Keith Jones. Price Index For Freight Transport By Road, Voorbug Group, Nantes, 2002, 9.
[3] Petra Jansson, Maria Martinsson. Service Producer Index for Freight Transport by Road, service Producer Price Index, price unit, Economic statistics, Statistics Sweden, 2003, 10.
[4] Petra Jansson, Martinsson. Service Producer Price Indes for Other Transport Agencies, service Producer Price Index, price unit, Economic statistics, Statistics Sweden, 2003, 10.
[5] Monica Montella. Innovations on price index of the output of freight transport on road. ISTAT—Central Department of National Accounting Department of Integration of Technical Standards, 2001, 9.
[6] Camilla Andersson, Rolf Björnsson, Mical Tareke. Review of Services producer price indices for Freight transport by road. Services producer price indices, Price Statistics Unit, Statistics Sweden, 2007, 12.
[7] 国家发展改革委,中国经济导报社,北京世经未来投资咨询有限公司.2008 年煤炭行业风险分析报告,2009.